中国城市财政发展报告2014

政府购买公共服务：理论、实务与评估

上海金融学院城市财政与公共管理研究所/编

中国财政经济出版社

图书在版编目（CIP）数据

政府购买公共服务：理论、实务与评估/上海金融学院城市财政与公共管理研究所编著．—北京：中国财政经济出版社，2015.12

（中国城市财政发展报告．2014）

ISBN 978－7－5095－6525－4

Ⅰ．①政…　Ⅱ．①上…　Ⅲ．①国家税制－社会服务－研究－中国　Ⅳ．①D630.1

中国版本图书馆 CIP 数据核字（2015）第 305459 号

责任编辑：吕小军　　　　责任校对：张　凡
封面设计：郁　佳　　　　版式设计：兰　波

中国财政经济出版社 出版

URL：http：//www.cfeph.cn

E－mail：cfeph @ cfeph.cn

社址：北京市海淀区阜成路甲 28 号　邮政编码：100142

营销中心电话：88190406　北京财经书店电话：64033436　84041336

北京富生印刷厂印刷　各地新华书店经销

889×1194 毫米　16 开　12 印张　310 000 字

2015 年 12 月第 1 版　2015 年 12 月北京第 1 次印刷

定价：30.00 元

ISBN 978－7－5095－6525－4/F·5257

（图书出现印装问题，本社负责调换）

质量投诉电话：010－88190744

打击盗版举报热线：010－88190492，QQ：634579818

本书编写组名单

主　任： 储敏伟　上海市财政学会副会长

　　　　　　　　上海金融学院学术委员会主任

副主任： 李　昕　中共上海市长宁区委副书记

　　　　　宋宗德　上海市长宁区副区长

编委会成员（按姓氏笔画排序）：

　　　　　王　莹　上海金融学院科研处处长

　　　　　赵仲星　上海市长宁区社团局局长

　　　　　钱建华　上海申杰社会组织培育评估中心理事长

　　　　　黄志华　上海市慈善基金会宣传部部长

　　　　　章　辉　上海金融学院财税与公共管理学院院长

执　笔： 第1章　李留义

　　　　　第2章　罗月领

　　　　　第3章　汪宜丹

　　　　　第4章　李　响

　　　　　第5章　周　翔　谢雨濛

　　　　　第6章　张毅强

　　　　　第7章　谢　玲

　　　　　第8章　黄志华 张艳芳

　　　　　政府购买公共服务大事记　曾琳智

目录

第一部分　理论篇

第1章　政府购买公共服务概述　3
1.1　政府购买公共服务的概念　3
1.1.1　公共服务　3
1.1.2　政府购买公共服务　6
1.1.3　政府购买公共服务与政府采购的区别　9
1.2　政府购买公共服务的功能　9
1.2.1　优化政府职能　10
1.2.2　提高管理效率　10
1.2.3　推动非营利组织发展　11
1.2.4　提高公共服务的效率与质量，促进社会和谐　12
1.3　国内外政府购买公共服务的概况　12
1.3.1　国外政府购买公共服务的概况　12
1.3.2　我国政府购买公共服务的概况　14

第2章　政府购买公共服务的理论基础　20
2.1　关于公共产品与公共服务的理论　20
2.1.1　公共产品理论　20
2.1.2　新公共服务理论　21
2.2　关于公共服务供给主体多元化的理论　23
2.2.1　政府失灵理论　23
2.2.2　治理理论　23
2.2.3　新公共管理理论　25
2.3　关于政府购买公共服务的其他相关理论　26
2.3.1　志愿失灵理论　26
2.3.2　整体性治理理论　27
2.3.3　委托代理理论　28

2.3.4 交易成本理论 30

第3章 政府购买公共服务制度框架 32
3.1 政府购买公共服务的程序 33
3.1.1 政府购买公共服务的主体和内容 33
3.1.2 政府购买公共服务的程序 35
3.1.3 政府购买公共服务的财务管理 37
3.2 政府购买公共服务的纠纷解决机制 38
3.2.1 政府购买公共服务存在的问题 38
3.2.2 政府购买公共服务的风险和成因 41
3.2.3 政府购买公共服务的纠纷解决机制 42
3.3 政府购买公共服务的监督机制 44
3.3.1 建立全过程预算绩效管理机制 44
3.3.2 加强对政府购买公共服务的审计 47
3.3.3 建立健全政府购买公共服务信用管理机制 48
3.3.4 加强政府购买公共服务的标准化建设 48
3.3.5 推行信息公开 51

第二部分 实务篇

第4章 政府购买公共服务的国际经验 55
4.1 欧美发达国家政府购买公共服务的现况 55
4.1.1 英国政府购买公共服务的概况 55
4.1.2 美国政府购买公共服务的概况 60
4.1.3 德国政府购买公共服务的概况 64
4.2 亚洲国家和地区政府（当局）购买公共服务的实践 68
4.2.1 日本政府购买公共服务概述 68
4.2.2 韩国政府购买公共服务概述 71
4.2.3 台湾当局购买公共服务概述 73

第5章 上海市及长宁区政府购买公共服务的探索 76
5.1 上海市政府购买公共服务的总体现状 76
5.1.1 上海市政府购买公共服务的概况与实践内容 76
5.1.2 上海市政府购买公共服务的特点与成效 78
5.1.3 政府购买公共服务实践中的问题与建议 81
5.2 长宁区政府购买服务工作发展历程 85
5.2.1 初期探索 85
5.2.2 加快推进 86
5.2.3 逐步完善 91

第三部分　评 估 篇

第 6 章　政府购买公共服务的风险评估　111

6. 1　政府购买公共服务的主要风险　112

6. 1. 1　政府购买公共服务的风险理论　112

6. 1. 2　政府购买公共服务的风险类别　115

6. 1. 3　政府购买公共服务的风险成因　119

6. 2　政府购买公共服务风险评估的方法　122

6. 2. 1　政府购买公共服务的风险评估理论　122

6. 2. 2　政府购买公共服务的风险评估指标体系　124

6. 2. 3　政府购买公共服务的风险评估模型　125

6. 3　政府购买公共服务的风险管理　128

6. 3. 1　政府购买公共服务风险管理的基本策略　128

6. 3. 2　政府购买公共服务风险管理的配套措施　129

第 7 章　政府购买公共服务绩效评估　136

7. 1　政府购买公共服务绩效评估的模型　136

7. 1. 1　以效率为主要价值取向的评估模型　137

7. 1. 2　以结果为主要价值取向的评估模型　139

7. 1. 3　以民众为主要价值取向的评估模型　141

7. 1. 4　基于中国国情的绩效评估模型选择　143

7. 2　政府购买公共服务绩效评估的方法　144

7. 2. 1　基于 DEA、FDH 与 SFA 等的效率评估方法　144

7. 2. 2　基于多元回归与结构方程等的结果评估方法　146

7. 2. 3　基于 ACSI、ECSI 与 SCSB 等的民众满意度评估方法　146

7. 2. 4　基于中国国情的绩效评估方法选择　148

7. 3　提升政府购买公共服务绩效的建议　149

7. 3. 1　加大民众与第三方评估机构的参与力度　151

7. 3. 2　评估指标更多倾向社会公平和公民满意　152

7. 3. 3　推进数据绩效测评与透明化资金使用　152

7. 3. 4　标准化政府购买与绩效评估流程　153

第四部分　案 例 篇

第 8 章　政府购买公共服务的案例　157

8. 1　让心灵充满阳光——居民心理健康教育项目　158

8. 1. 1　项目概况　158

8.1.2 项目运营情况 159
8.1.3 项目启示 163
8.2 绿色家园——基本公共服务项目 166
8.2.1 项目概况 166
8.2.2 项目运营情况 167
8.2.3 项目启示 171

附录 政府购买公共服务大事记 174

参考文献 177

第一部分

理　论　篇

第 1 章

政府购买公共服务概述

1.1　政府购买公共服务的概念

1.1.1　公共服务

据李军鹏教授的考证，最早的“公共服务”概念，是由法国公法学派代表莱昂·狄骥（Leon Duguit）于 1912 年提出来的。狄骥对“公共服务”的定义是：任何因其与社会团结的现实与促进不可分割，而必须由政府来加以规范和控制的活动，就是一项公共服务，只要他具有除非通过政府干预，否则便不能得到保障的特征。在内涵界定上，狄骥借用了“社会团结”或“社会连带”的观念，前者指人们的共同需要，只有通过共同的社会生活才能实现自己的目标；后者则指人们有不同的旨趣和能力，必须通过分工并交换彼此的服务才能满足各自的需要。为了维护这两种连带关系，人们需要各种各样的规范，即经济的、道德的和法律的规范。由于时代背景和知识的局限，狄骥对于“公共服务”的内涵界定偏重于法治的核心作用，他不仅指出政府是传统公共服务提供唯一的合法主体，而且将政府控制与公共服务的内涵直接等同起来。从行动理论的逻辑出发，奥克森教授认为，（公共）服务应是指一系列集体选择行为的总称，它就如下事项作出决定：需要提供什么样的物品和服务，物品和服务的数量和质量标准，需要筹措的收入数和如何筹措，如何约束和规范公共物品和服务消费中的个人行为，以及如何安排物品和服务的生产。

此后，“公共服务”伴随着“公共物品”概念的演变而来。这一方面是因为公共经济学的逐步发展；另一方面是随着福利国家时代的到来，政府直接从事公共物品生产或者通过政府干预刺激经济快速增长，成了一种主导性选择。理论界最典型的是萨缪尔森的“公共物品”理论，以及后来布坎南、奥斯特罗姆教授对于公共物品分类研究，从而导致目前研究公共服务的主流途径是通过公共物品的规定性来界定公共服务的规定性。[①]

目前，“公共服务”一词，在中国被关注和使用的频率还是比较高的。何谓“公共服务”，人们一直在争论之中，基于不同的关注点和学科知识的不同，“公共服务”概念的界定问题上还存有很大的分歧，所以，对公共服务的定义就成为一个复杂的问题，很难达成高度的一致。虽然如此，在公共服务的基本内涵的主要方面，也能达成基本的共识。学者对公共服务的内涵有着不同的理解，主要的解读方式有：

第一，从提供服务的主体来看。学者各抒已见，认为“公共服务是一项必须由政府加以规范和控制的活动，因它与社会团结的实现有着紧密的联系，只有通过政府的干预，才能使其得到保障”。[②] 这也是法国公法学者莱昂·狄冀“公共服务”概念的首次界定。公共服务是政府组织和操作的，正如在《北京市“十二五”时期社会公共服务发展规划》中对公共服务的界定：公共服务是指政府为满足民众生存权和发展权，运用法定权力和公共资源，面向全体公民或某一类社会群体，组织协调或直接提供的以共同享有为特征的各种产品和服务。所以，公共服务不同于私人服务（由营利性的私人部门利用私人资源提供的服务）。

第二，从提供的服务物品看。学者们众说纷纭，认为“公共服务是政府在纯粹公共物品、混合性公共物品以及带有生产的弱竞争性和消费的弱选择性私人物品的生产与供给中的职责”。[③] 2005 年 3 月，时任国务院总理温家宝在十届人大三次会议的《政府工作报告》中指出“公共服务，就是提供公共产品和服务，包括加强城乡公共设施建设，发展社会就业、社会保障服务和教育、科技、文化、卫生、体育等公共事业，发布公共信息等，为社会公众生活和参与社会经济、政治、文化活动提供保障和创造条件”。从公共服务所提供的产品范围看，“公共服务不仅包含通常所说的公共产品（具有非竞争性和非排他性的物品），而且也包括那些市场供应不足的产品和服务。”[④]

第三，从服务的特性看。有研究者认为，公共服务是社会发展领域中为大众提供的服务，是以满足公众基本需求为主要目的、非盈利的公益性服务，依托公共资源、借助公共管理手段来实现的服务形式，体现着大众性、基础性和公益性等基本特征，范围涉及社会生活的多个层面，主要包括公共教育、公共卫生和基本医疗、社会保障、社会福利、社会救助和公共安全等，“具体可以分为三类。第一类：具有非竞争性和非排他性的服务，如国防服务、公共安全服务等。第二类：非竞争性和非排他性弱的服务，包括邮政、电信、民航、铁路服务，水电气服务等。第三类：非竞争性和非排他性强的服务，包括公共环境服务（如垃圾处理、公园、道路管理、公共卫生、气象服务）、公共科教（基础教育、基础研究等）、

① 郑晓燕：《中国公共服务供给主体多元发展研究》，上海人民出版社 2012 年版，第 13—14 页。
② ［法］莱昂·狄冀：《公法的变迁：法律与国家》，辽海出版社 1999 年版，第 446 页。
③ 马庆钰：“关于‘公共服务’的解读”，《中国行政管理》2005 年第 2 期，第 79 页。
④ 陈昌盛、蔡跃洲：“中国公共服务综合评估报告（摘要）”，《中国经济时报》2007 年 1 月 22 日。

文体事业（如公共体育馆、图书馆、博物馆服务）、公共医疗、公共交通以及社会保障等”。[①] 也有研究者认为，“公共服务主要可分为金钱、实物给付型公共服务与设施、组织提供型公共服务、维持型公共服务与发展型公共服务、收费公共服务与免费公共服务”。[②]

第四，从法律和所有权角度来看。有研究者认为“公共服务主要指由法律授权的政府和非政府公共组织以及有关工商企业在纯粹公共物品、混合性公共物品以及特殊私人物品的生产和供给中所承担的职责。其范围包括：纯粹公共物品、混合性公共物品以及带有生产的弱竞争性和消费的弱选择性的私人物品的生产和供给中的职责”。[③] 也有的研究者认为，“公共服务是在一定的社会经济条件下，公民生存和发展所必需的、关系基本人权的社会服务，其具体内容和范围受到国家或者地区经济发展水平、生活习俗和道德理念的影响”。[④]

公共服务，不仅是学界的热门话语，而且中国政府对“公共服务”也加以强调。党和政府的多个官方文件中多次提到“公共服务”，并且高度重视政府的“公共服务”职能，提出了建设“服务型政府”的目标。在1998年3月6日的九届全国人大一次会议上，在《关于国务院机构改革方案的说明》中曾指出：“要把政府职能切实转变到宏观调控、社会管理和公共服务方面来。”2002年3月15日九届全国人大五次会议审议通过的《政府工作报告》进一步将政府职能调整为“经济调节、市场监管、社会管理和公共服务”。中国政府对公共服务的关注体现在政府职能方面，有助于政府职责范围的合理确定，有助于厘清公共服务与其他政府职能的区别，改变效率不高的问题。财政部副部长刘昆指出，公共服务大致可以分为三类：第一类是支撑经济社会正常运转、全民受益，且无法分割的公共性服务，如宏观调控、环境保护、市场监管等，这一类公共服务的实施工具多为法规、发展战略、政策、标准的制定和实施，其职能承担者主要是行政管理部门；第二类是能够增加公共福利，且有特定受益对象的公益类服务，如教育、科技、文化、卫生等；第三类是介于前两者之间，具备支撑经济社会正常运转、民众受益且无法分割的特点，无需通过制定法规实施生产，受益范围具有辖区特点，且未必一定由行政管理部门承担，如基础理论研究和社会管理服务等。[⑤]

准确把握“公共服务”的概念需要注意以下几个问题：第一，要避免“空谈”公共服务；第二，要防止对公共服务概念的泛化理解。“公共服务的设立必须以公共利益需求无法得到满足或者公共利益面临损害威胁为前提。”“是政府对公众提供生存照顾、满足公众基本生存和发展需要的职能，是政府对市场失灵、社会自治失败以及因此导致的社会差别和个人弱势地位的一种积极矫正。”“公共服务的范围和水平受限于本国的经济发展水平和政府财政能力”“基于矫正市场失灵和维护基本人权的需要”。[⑥]

公共服务，我们既可以做宽泛的理解，又可以做具体的解读。在宽泛的意义上讲，只要是利用公共资源所开展的工作，都可称之为公共服务。但从实际操作的角度看，若是对公共服务进行过于宽泛的理解，就不具有实质性的意义，所以，我们在理论研究和实际的工作中，将公共服务界定在一定范围内。

为了更好地理解和把握公共服务，本文把公共服务的内涵限定在具体的语境和范围之

---

① 王锋、陶学荣：“政府公共服务职能的界定、问题分析及对策”，《甘肃社会学》2005年第4期，第1页。
② 蔡乐渭：“公共服务的发展与行政法的新任务”，《中国行政管理》2008年第6期，第25—28页。
③ 马庆钰：“公共服务的几个基本理论问题”，《中共中央党校学报》2005年第2期，第58—64页。
④ 李善峰：《山东社会蓝皮书2010年：城乡公共服务体系建设》，山东人民出版社2010年版。
⑤ 刘昆：“贯彻落实三中全会精神大力推广政府购买服务”，《中国财政》2014年第4期。
⑥ 马英娟：“公共服务：概念溯源与标准厘定”，《河北大学学报（哲学社会科学版）》2012年第2期，第77页。

内，认为公共服务是政府基于公共利益的需要，通过直接或间接的方式满足社会公众基本生存和发展需要的职责和功能，是基于经济和社会发展的基础上，为满足公民共同生活和发展的基本需求而提供服务的过程，主要内容涉及基础性公共服务，经济性公共服务，社会性公共服务等。

目前，学界对于公共服务的分类，大致概括为以下七种：即公共支出的领域、公共服务的特性、政府职能体系、资本和劳动力投入的比例、专业知识领域、公共需要的内容以及消费空间的范围，由此形成七种典型的公共服务分类框架。① 公共服务具有鲜明的特点：公共性或非竞争性；公众性，主要是满足公众的基本生活和发展需求；过程性等等。

1.1.2 政府购买公共服务

对于"政府购买"，在西方国家，人们更多地把它理解为"合同外包"。人们对"政府购买"的接受或认可，是社会政治发展的必然结果，促使"政府购买"的要素也是多种多样的，并且随着行政环境的不断变化，"政府购买"的内容和形式也不断地发生变化，政府购买公共服务实际上也正是"政府购买"方式发展的具体体现。若是从公共服务的角度上看，政府购买公共服务则是公共服务供给方式的巨大变革，是在公共服务提供过程中引入市场化机制，打破政府原来的"垄断式"服务，在政府提供公共服务的过程中，充分利用竞争机制，发挥市场高效率、低成本的优势，不断为公众提供更多优质的公共服务，满足公众需求。这种变革实际上是充分利用以社会组织为主体的社会力量，追求一种公共服务民营化，因为成功的民营化能提高政府公共服务的效率、质量和服务水准。萨瓦斯认为公共服务民营化的动因主要在于：现实压力、经济推动力、意识形态动力、商业动力、平民主义五个方面②，这种变革基于应对政治、经济和社会环境的变迁对政府角色与政府地位的转换，政府不再是公共服务唯一的提供者，而是公共服务市场供给的机会创造者、合作者，由此，公共服务的民营化是改进政府职能转变的重要举措，也是提升政府服务效率的措施。

从产生来看，政府购买公共服务源于西方国家的社会福利制度改革，并且在欧美一些发达国家得到更广泛的应用。政府购买公共服务的实行，是政府职能转变的需要，也是提高公共财政使用效率，增强公共服务供给效力的需要。

政府把购买公共服务作为其新的改革方向，从目前来看，主要的原因在于：（1）社会大众对公共服务需求日益增长，而政府原来提供公共服务的方式已不适应新形势发展的需要，如由于提供公共服务的低效率而引发公众不满；（2）由于新公共管理运动的发展，社会组织自身不断完善，为政府改革公共服务方式提供了有利的条件。

通过梳理学者们对政府购买公共服务的界定发现：其一，在政府购买公共服务的主要内涵上，学者们基本达成一致，即政府购买公共服务是政府部门履行公共服务职能，以满足公民对公共服务的需求，依照法定程序，借助公共服务市场化，以一定方式实现公共服务供给的最优化。如有研究者认为，政府部门为了履行公共服务职能，通过公共财政向各类社会服务机构购买服务，以实现公共财政最优的行为。政府购买公共服务，是政府将公共服务市场化，从而达到公共服务供给最优化的重要途径。其二，在政府购买公共服务的具体方式上，学者们主要关注政府向社会组织购买公共服务，有的学者不太重视政府向企业购买公共服务的研究。目前，相关研究者有着不同的着眼点和界定，主要有两种：第一，政府向社会

① 王海龙："公共服务的分类框架：反思与重构"，《东南学术》2008 年第 6 期，第 48—58 页。

② ［美］E. S. 萨瓦斯：《民营化与公司部门的伙伴关系》，中国人民大学出版社 2003 年版，第 5—13 页。

组织直接购买公共服务。“政府部门为了转移和分散部分公共服务职能，向社会组织直接购买公共服务，以实现政府财政效益的最大化。而政府购买公共服务是政府遵循市场的基本原则最有效地满足社会公民对公共服务需求的一种行为”。[①] 第二，政府把公共服务事项交给社会组织完成。“即政府以合同的形式将公共服务的生产交由营利组织或非营利组织，而政府在合同中规定服务的种类及质量，从而向生产者购买全部或部分公共服务”。[②] 顾平安认为，政府购买公共服务是一种新型的政府提供公共服务方式，又称作“政府公共服务合同制管理”，[③] 也有的研究者认为，政府购买公共服务是政府提供公共服务的一种方式，是指政府部门为开展业务活动或满足公民对公共服务的需求，将原来由自己直接承担或政府通过事业单位承担的公共服务事项，以合同方式交给有资质的社会组织来完成，对其所提供公共服务的数量和质量进行评估，最后根据评估结果支付费用。[④] 或者，“政府将垄断的公共服务事项，通过财政拨款，以公开招标的方式选择有资质的社会组织来进行生产，最后根据择定者或者中标者提供的公共服务的数量和质量来支付服务费用”。[⑤]

鉴于学者们对政府公共服务的分析和探讨，我们认为政府购买公共服务就是政府把部分向社会公众提供的公共服务事项，通过市场机制的作用，转交给具有一定资质的企业或社会组织，按照一定的方式和程序来实现，政府向相应的社会组织支付相应的费用。政府购买公共服务是政府承担并实现公共服务的新模式，是现代国家行政管理理念和模式的创新，也是国家职能的转变。在本质上，政府购买公共服务是政府为实现特定的公共服务目标而实行的一种财政性资金的转移支付方式，政府通过支付资金的方式，与营利组织或非营利组织等主体建立契约关系，并由他们来提供公共服务的管理行为模式，其基本构成包括：购买者即政府；生产者即企业或社会组织；消费者即社会公众；购买内容即公共服务。

专栏1.1　相关文件关于承接政府购买服务的主体的规定

承接政府购买服务的主体包括依法在民政部门登记成立或经国务院批准免予登记的社会组织，以及依法在工商管理或行业主管部门登记成立的企业、机构等社会力量。——《国务院办公厅关于政府向社会力量购买服务的指导意见》（国办发［2013］96号）

承接政府购买服务的主体，包括在登记管理部门登记或经国务院批准免予登记的社会组织、按事业单位分类改革应划入公益二类或转为企业的事业单位，依法在工商管理或行业主管部门登记成立的企业、机构等社会力量。——《政府购买服务管理办法（暂行）》（财综［2014］96号）

承接政府向社会力量购买公共文化服务的主体主要为具备提供公共文化服务能力，且依法在登记管理部门登记或经国务院批准免予登记的社会组织和符合条件的事业单位，以及依法在工商管理或行业主管部门登记成立的企业、机构等社会力量。——国务院办公厅转发文化部等部门关于做好政府向社会力量购买公共文化服务工作意见的通知》（国办发［2015］37号）

---

① 李慷：“关于上海市探索政府购买服务的调查与思考”，《中国民政》2001年第6期，第23—25页。

② 虞维华：“政府购买公共服务对非营利组织的冲击分析”，《中共南京市党校南京市行政学院学报》2006年第4期，第46—51页。

③ 顾平安：“推进政府公共服务的合同制管理”，《理论前沿》2008年第18期，第25—26页。

④ 闫海、张天金：“政府购买公共服务的法律规制”，《法制建设》2010年第6期，第68—72页。

⑤ 王浦劬、莱斯特·豫萨拉蒙：《政府向社会组织购买公共服务研究》，北京大学出版社2010年版，第3—4页。

要深入理解政府购买公共服务，还需要重点关注的几个问题：

第一，政府购买公共服务的基本前提是转变政府职能，精简机构，完善公共财政。政府职能的转变是实行政府购买公共服务的方式。在政府购买公共服务中，政府是公共服务安排者而不是生产者，是掌舵者而不是划桨者；也需要调整政府组织结构，完善公共财政体制，减少行政性开支，为购买服务提供财政资金保证。

第二，积极培育社会组织的成长和发展，放松对社会组织的控制。政府购买服务的对象就是社会组织，社会组织承担起公共服务生产者角色的关键，是其拥有足够的发育成熟的良好行政生态环境。唯有通过行政体制改革，改善政企关系、政社关系，拓展企业发展空间，尤其是放松对社会组织的严格控制，才能形成数量充足的公共服务生产主体，也才能形成竞争的局面。毫无疑问，政府购买公共服务会导致政府部门利益受损，购买服务必然遭遇利益相关部门的各种抵制和干扰，从而使购买服务的实践效果大打折扣。唯有通过行政体制改革，承认部门合理利益，彻底革除不当利益，破除部门私利藩篱，才能使政府购买服务顺利推进。

第三，打破政府的垄断地位，建立和完善公共服务的市场准入制度。目前来看，政府公共服务质量与效率不高，主要根源是政府垄断公共服务供给而排斥竞争，集权的行政管理体制又是阻碍公共服务发展的又一障碍。唯有深化行政体制改革，建立和完善公共服务准入制度，开放公共服务市场，让企业、社会组织有机会成为公共服务的生产者，打破公共服务领域政府一家独大的垄断地位，在提供服务过程中形成竞争局面，才能提高公共服务水平。

第四，把握好政府购买公共服务的创新突破点。（1）要抓好政府购买公共服务制度的健全和完善。政府购买公共服务是一个互动的综合过程，政府向社会组织购买公共服务过程不仅环节复杂，而且涉及多方的利益关系，特别是关系到社会公众的切身利益，能否处理妥当，怎样规范和如何适当规范购买过程和利益相关者，能否以良性的激励机制激励参与公共服务的社会组织按照契约服务民生的要求积极行事，关系到购买公共服务的目标能否实现，关系社会的稳定与和谐。由此，在政府购买公共服务的过程中，制度是否健全和完善就显得至关重要，如北京正是在购买社会组织公共服务的过程中不断加强政府购买公共服务制度建设的。2006 年，北京市海淀区出台的《关于政府购买公共服务指导意见（试行）》，就明确界定了政府购买公共服务的内涵、指导原则、购买价格和总体流程、部门职责和监督考核等内容等；在北京市民政局制定的《关于开展政府购买社会组织公益服务项目的意见》中，也明确指出了政府购买服务的资金管理、项目范围、工作程序和购买方式等。（2）落实好政府购买公共服务流程的科学性。购买公共服务的过程由多个环节组成，如由需求意向、项目申报、资质审核、购买和实施、评估和激励等。在政府购买公共服务的流程中，各环节都需要有一个科学的设计，从而保证各个环节之间有效的衔接，这样就会对参与公共服务购买主体形成一种内在的激励，保证提升政府购买公共服务的整体绩效。再次，高度重视政府购买服务的监督体系。由于在政府购买公共服务的过程中，涉及大量资金转付，在购买环节中，不排除会有内部购买、虚假购买和形式性购买等问题的出现。所以，为了避免此类现象的发生，就需要构建强有力的监督体系，通过分权、监督和公开透明的制度约束，把购买环节与评估监督结合起来，把购买与监督有机地结合起来，保证政府购买公共服务的公开、公正与透明，从而有力整合政府的权力，调动社会组织的积极性，有效实现政府职能的转变和对政府权力的监管，确保政府购买公共服务健康有序地进行。（3）增进社会公众对政府公共服务购买的了解和参与以及对社会组织资质的筛选和合作。在政府购买公共服务中，要深刻把握公共服务所面向的对象是社会公众，社会公众对购买过程和项目实施过程的了解和参与是解决问题的关键，所以，必须要做到信息公开、公众评价和动态管理。政府在购买公共服务的过程中，为了有力推动社会组织合作，政府向社会组织购买公共服务的过程中要自动调节企业间的合作，有意识地实现政府公共服务的职能与社会组织优势之间实现功能互补。为此，根据资源互补、利益共享的原则，按照项目需求，政府实现与社会组织共同承担公共服务项目，在两者之间展开合作，从而形成一种合力，实现政府购买的公共服务能覆盖更大范围，具有更高层次。

1.1.3　政府购买公共服务与政府采购的区别

政府购买公共服务与政府采购的主体都是政府，两者既有相同之处，又存在着明显的区别。两者之间的区别主要表现在：

第一，从基本内涵上看，政府购买公共服务作为政府的新型公共管理方式，是政府运用公共财政资金，通过委托、承包、采购等方式向社会组织购买公共服务的活动；政府采购是指“各级国家机关、事业单位和团体组织，使用财政性资金采购依法制定的集中采购目录以内的或者采购限额标准以上的货物、工程和服务的行为”。①

第二，从范围来说，政府采购在理论上比政府购买公共服务更宽泛，既包括政府购买公共服务，又包括货物和工程的采购。《政府采购法》规定的服务是指工程和货物以外的采购对象，但根据我国目前采购的实际运作来看，政府采购的服务仅限于政府自身运作的服务，而以公众作为受益对象的公共服务项目并没有被纳入政府集中采购目录之中。我国现行的《政府采购品目分类表》并没有把“公众服务”纳入服务类采购品目，政府所采购的“服务”主要是“政府自身服务”，但是，基于公共财政体制构建的需要，应在调整财政支出结构的基础上，将“公众服务”和“政府自身服务”全部纳入政府采购的范围。②

第三，从服务的对象看，政府购买公共服务主要购买的是公共服务，即本应由政府向公众提供的各种服务行为，服务的对象是社会公众；政府采购主要购买的是不仅包括政府自己使用的商品，还包括政府购买的公共服务，服务的对象是政府。

第四，从采用的方式看，政府购买公共服务既可以以公开招标的方式进行，但由于服务产品的特性，也可以以其他多种形式进行。政府采购基本上要采用公开招投标的方式，非公开招投标的方式只有在其他特定的条件下才可以采用。

第五，从服务生产者来看，政府购买公共服务所依托的服务者多为非营利组织，它们的目标并不是以营利为目的，而是更好地实现公共服务的供给。政府采购的竞标者多为营利性组织，这些企业主要是从为政府提供的货物、工程和服务中获取利益或利润。

1.2　政府购买公共服务的功能

政府购买公共服务的实行，改变了政府在提供公共服务过程中的角色，打破了政府的

① 杨灿明、李景友：《政府采购问题研究》，经济科学出版社 2004 年版。
② 章辉、李景友：“扩大服务类政府采购路径分析”，《财政研究》2013 年第 4 期，第 51—54 页。

“垄断式”的“全面”服务，成为公共服务的合作者和监督者。政府购买公共服务作为政府提供公共服务的新模式，有利于建立一个高效、精简，为公民提供优质公共服务的政府。目前来看，政府购买公共服务的模式逐渐应用于社会服务的多个领域，已成为公共服务提供的重要组成部分，并呈现出专业化和多元化的发展趋势。政府购买公共服务是在公共服务的生产环节引入竞争机制和合作，以契约化购买的方式改变了传统的政府提供公共服务的模式，加强了公共服务提供过程中的透明化，节约了政府管理成本，有利于政府职能的转变和管理能力的提升，并且政府购买公共服务的模式在实践的过程中发挥着特有的服务功能。

1.2.1 优化政府职能

在中国，随着社会主义市场经济的不断发展，政府的职能定位也逐步地发生相应的变化，不断地改变过去的“全管”政府，改变以前包办一切的全能型政府，逐步“放权”，争取做到“有所管”、“有所不管”，把政府的职能定位于服务社会主义市场经济的发展，定位于服务社会公众。并且通过在适应社会主义市场经济发展的过程中，转变政府职能，有效实现政府向社会公众提供公共服务，使政府向社会力量购买服务，能按照政府主导、部门负责、社会参与、共同监督的要求，确保工作规范有序开展。地方各级人民政府可根据本地区实际情况，建立“政府统一领导，财政部门牵头，民政、工商管理以及行业主管部门协同，职能部门履职，监督部门保障”的工作机制，拟定购买服务目录，确定购买服务计划，指导监督购买服务工作。相关职能部门要加强协调沟通，做到各负其责、齐抓共管等。总之，政府购买公共服务在我国的探索和实践，在实现政府角色定位和职能转变的过程中，有效实现了公共服务供给体制的创新。政府通过购买公共服务将其所承担的公共服务的职能进行转移，使政府从公共服务的生产领域退出，将其交由社会组织进行生产，以实现政府角色的转换，从而成为公共服务的购买者和监督者。

政府通过购买公共服务举措能推动政府由全能型向有限型转变，由生产型向服务型转变。政府从集决策者、生产者、提供者和监管者于一身的全能型政府，转变为公共服务的“决策者”、“提供者”和“监督者”，这样，政府就能够从大量事务性工作中脱离出来，把重心工作进一步转移到了解公众需求、规划和制定公共服务政策、确定公共服务的标准、监管社会力量对公共服务的提供等工作上来，更好地承担公共服务责任。这样，政府把公共服务的职能分出一部分交由社会力量来完成，但对公共服务提出具体要求并进行监管从而有效地提高了公共服务生产效率，同时也让政府能集中精力做好规划和监管工作，有利于公共服务意识的提高，其实质是促进对社会更好的服务。

政府购买公共服务推行的过程中，公共服务的具体生产工作交给社会力量来完成，能够有效降低政府的公共服务成本，提高公共服务质量，使得政府公共服务的效率更高，专业性也往往更强、发展方向更明确，使得公共服务的监管机制更有效，从而提高资金使用绩效，降低社会成本。

政府购买服务更有利于提升公共服务的质量，更好地满足公众的多元化需求。当前公众的公共服务需要越来越多元化，仅仅依靠政府已经不可能满足公众多层次、宽领域和广范围的公共服务需求。而社会组织往往都是专业性很强，他们基本上是遵循市场发展规律而成立的专业组织，具有公益性、志愿性和多样化特征，他们能够准确地捕捉到市场信息，及时提供符合公众实际需要的特色服务，并且能根据公众需求来制定具体的服务方案，具有政府不具备的明显优势，从而为社会和居民提供更高效、更优质的公共服务。

1.2.2 提高管理效率

从我国目前来看，政府公共服务的发展方

面还存在亟须解决的问题，如政府购买公共服务存在着政府公共服务机构的垄断，缺乏公共服务在供给方面的竞争机制，所以，在一些公共服务领域缺乏专业的人才和技能，决定了政府所提供的公共服务的质量和效率相对较低，使得政府公共服务缺乏应有的社会效益，也使政府在提供公共服务方面缺乏一种创新和动力机制。政府通过引入市场机制，充分发挥市场的调节作用，改变原来的方式，采用向社会组织购买公共服务，从而打破了政府垄断提供公共服务的局面，使公共服务的供给模式呈现多元化，有效地促进政府、社会和市场这三大主体的有机结合。同时，也有力地激发了服务生产者的积极性，使公共服务的购买者和提供者具有内在的较强的创新动力，因此有利于公共服务的质量、效率的大幅度提高，使公共资源的配置达到最优化。

同时，政府购买公共服务有利于政府机构的精简，可以使得政府“有所为”和“有所不为”。根据形势的发展和现实的需要，政府的职能得到有效的转变，充分利用了市场机制，发挥了市场的作用，把政府职能和市场的功能有效地结合起来，因此，政府在发挥公共服务功能的过程中，在保留决策者和监督者的基础上，在发挥好决策和规则制定的同时，把一定的执行权交给社会力量来完成，在一定程度上，改变了政府直接提供公共服务的方式，有利于政府机构的精简和职能的有效性，有助于政府激励与约束机制的构建，有利于政府在提供公共服务方面自觉节省开支，弥补政府财力的不足，扩大政府功能的输出能力，提高了效率，从而实现财政资源的合理配置。

1.2.3　推动非营利组织发展

总体来讲，社会组织已经成为我国经济社会发展的一股重要力量，但与西方发达国家相比，一些社会组织力量较为薄弱，社会组织包括非营利的组织，发展比较缓慢，各种举措和制度还不完善。在社会组织上存在的诸多问题，主要表现在：组织结构不合理，人员构成的基本素质还比较低，服务意识和服务水平还有待提高，甚至一些社会组织只顾着追求经济利益最大化，不严格遵守职业道德和职业操守，不能为公民提供优质的公共服务，得不到足够的社会信任，甚至得不到基本的社会认可。随着政府购买公共服务的推行，一些社会组织，特别是一些非营利的社会组织现状得到较大的改观。

政府购买公共服务在推行的过程中，会通过制定购买公共服务计划，明确购买方向等，引导成立特定类型的社会组织，特别是一些非营利组织参与到公共服务的提供中来。这些组织在承担更多的社会责任，出色地完成政府购买公共服务任务的过程中，在承接公共服务任务的过程中也锻炼了专业服务和实践能力。

由于政府购买公共服务的承接者是一些社会组织，特别是一些非盈利的社会组织，他们在承接政府所转接的公共服务中，承担着社会自我管理和自我服务的功能，能够在一定范围内为公民提供精神寄托和服务支持。社会组织作为公益性、资源性、非营利性的组织机构，具有自发性和自组织能力，能够根据社会和民众的实际需要决定服务内容和服务对象，同时也有助于社会组织实现自我管理和自我服务。

政府作为公共服务的购买者，为非营利性组织的生存和发展提供了必要的资金、场地、政策支持和活动项目，这是社会组织生存和发展的重要基础，对社会组织起了积极的作用。政府通过向社会组织购买公共服务，能够在为社会组织提供资金支持的同时，也加强了非营利性社会组织与政府或其他社会组织的合作与交流，从而获得更多的理解和支持，增强公众对他们的认同感。

政府购买公共服务的推行，可以把非营利组织纳入公共服务购买对象的范围中，积极推进民间组织登记管理体制改革，取缔双重管理，提高执行效率，赋予自下而上组织的身份合法性。同时有利于规范非营利组织行为，对其资金使用、透明度、绩效等予以规范，对购买服务事项予以考核，从而保障其的公信力。而且，政府的有效监督和管理可以促使非营利组织向着积极健康的方向发展，以保证其在公共服务提供方面的独特优势得到充分发挥。

政府在推进购买公共服务的同时，设立能力发展和专项基金，支持非营利组织能力的发展；政府积极支持某类或者某个非营利组织，甚至直接设立非营利组织。中国政府购买公共服务与非营利组织的成长同步发展，两者形成相互促进和相互依存的关系。要真正促进非营利组织的健康发展，仅靠政府和非营利组织自身的力量还远远不够，需要整个社会的共同努力才能实现。

1.2.4 提高公共服务的效率与质量，促进社会和谐

政府购买公共服务的推行，有效改变了政府自身生产公共服务效率低的现状，并且政府在履行公共服务职能时，对其提供的公共服务质量效益有明确的约束机制和追究制度。政府购买公共服务的竞争机制中的社会组织，出于竞争的需要，必须拥有专业化的队伍，所以就需要对员工进行定期和不定期的教育和培训，使其专业技术保持领先优势，并且使他们对社会公众需要有着充分的了解。让技术人员来组织公共服务的生产，既可以提高公共服务的供给效率，也可以改善其质量水平。随着经济和社会的发展，公众对于公共服务的数量需求不断增加，质量要求也在不断提高，资金有限的政府部门不可能满足公众所有的公共需要，作为单一的公共服务供给主体也不能够掌握足够的资源和信息，更没有能力生产出多样化的公共服务来满足公众日益增长的多层次的公共服务需求。而通过政府购买公共服务，可以把有限的财政资金作为杠杆，吸引更多的社会资金参与公共服务的提供，也可以聚集社会组织所掌握的信息和技术来生产多元化和差异化的公共服务，既降低了财政负担，也满足了公众的需求。另外，随着政府购买公共服务的推行，既可以调动一切社会积极因素，优化资源配置，从而增强社会的创造活力，还可以为社会提供高质量的公共服务，有助于逐步建立均等化的基本公共服务体系，促进社会公平与和谐。

总之，实践证明，政府购买服务的推行是创新公共服务提供方式、加快服务业发展、引导有效需求的重要途径和举措，对深化社会领域改革，推动政府职能转变，整合利用社会资源等方面发挥着重要作用，并且对增强公众参与意识，激发经济社会活力，增加公共服务供给，提高公共服务水平和效率，都具有重要的时代意义，发挥着重要功能。地方各级人民政府根据社会不断发展的社会需求，积极地结合当地经济社会发展状况和人民群众的实际需要，因地制宜、积极稳妥地推进政府向社会力量购买服务工作，不断创新和完善公共服务供给模式，加快政府职能的转变，努力建设服务型政府。

1.3 国内外政府购买公共服务的概况

1.3.1 国外政府购买公共服务的概况

国外“政府购买公共服务”的产生有着特定的时代背景。“政府购买公共服务”萌生于18世纪，从英格兰已开始购买路灯保洁服务，到澳大利亚在公共服务外包中产生的有关成本和责任的讨论，“政府购买公共服务”不

断地发展和被人们所接受。国外的“政府购买公共服务”最直接的原因是政府财政危机，源于20世纪70年代西方国家政府职能急剧扩张导致财政赤字，现实的困境使得西方国家政府不得不寻求变革。在这样的财政困境下，西方国家政府不得不退出经济的微观干预，改变政府财政支付的方式，改变了政府为所有公务人员以及机构运行买单的方式，转为向第三方服务承接者进行资金支付，将大量公共物品供给交由社会组织来完成，并由第三方向社会公众提供公共服务，从而实现政府在治理方面的创新。直到90年代，政府购买公共服务已是西方政府基本的政策工具。

在西方社会，根据购买和消费的主体不同，政府购买公共服务的方式主要有两种：一种是生产方补助；另一种是消费方补助。政府购买公共服务的方式，通过市场机制和竞争手段选择价低质优的服务承接者，由其向公众提供更为专业的公共服务，提高了供给绩效；与此同时，实行政府购买公共服务后，还可以精简机构，减少对机构运行和公务人员的维持成本。国外政府向社会组织购买公共服务的模式，依据不同的标准，可以划分为不同的种类。根据公共服务购买双方关系的独立性不同，可以分为：独立关系竞争性购买模式、独立关系非竞争性购买模式；根据购买程序的竞争性的不同，又可划分为：依赖关系非竞争性购买模式、依赖关系竞争性购买模式。

西方学者以公共服务的市场化改革为基本着眼点，探索和总结出了在西方社会中多种可以促进公共服务市场化的方式，主要概括为：第一，国家部门或公共部门和社会组织或私人部门建立相互合作关系，通过共同生产、合同外包和特许经营等方式来提供公共服务；第二，完全由私人部门或社会组织独立来负责提供公共服务；第三，公共服务由服务的享用者来承担具体的相关费用；第四，公共服务的生产和供给完全由市场自行调节等等。在以上所有的可以促进公共服务市场化的方式中，契约制或合同承包制度得到了较为广泛的认可，正如美国民营化的大师萨瓦斯指出，合理规范地使用合同承包这种方式能够促进良好的竞争态势的形成，从而有利于改善公共服务的绩效；与其他的民营化方式相比，合同承包除了具有整体的操作过程比较透明的优点外，还能够提高生产率、节约财政成本。[①] 由此，契约制或合同承包制度已成为西方国家在进行公共服务市场化改革过程中所采用的最主要方式。

国外的政府购买公共服务主要建立在新公共管理政府行政改革的实践基础和更关注民主价值和公共利益的价值维度上。新公共管理运动中出现的著名学者，如欧文·E. 休斯、埃莉诺·奥斯特罗姆和罗格·帕克斯及戈登·惠克特、克里斯托弗·波利特和海尔特·鲍克尔特等等，这些研究者们也都在探究新公共管理的层面上对政府购买公共服务进行探究，并总结出新公共管理政府行政改革对政府购买公共服务的积极意义，促进政府经济职能的优化，市场作用的加强，政府部门公共服务职能的强调，公共服务供给的市场化运作，以及在公共服务领域引入顾客导向和绩效评估等。但新公共管理同时也给西方国家带来了社会失衡加剧、公共利益流失等问题。新公共服务理论的产生是对新公共管理的批判和反思，该理论主要代表人有美国学者珍妮特·V. 登哈特和罗伯特·B. 登哈特等，他们为政府购买公共服务的提升和超越提供了方向，认为政府的职能是服务，而不是掌舵；公共利益是追求的目标，而不是副产品；思想上的战略性与行动上的民主性相统一；服务于公民，而不是服务于顾客；政府服务公众并非简单的责任与义务；政府不应当只是重视生产率，更应当重视人；公民权和公共服务比企业家精神更重要。新公共服务理论的建立并不是对新公共管理理论的全盘否认，而是进行扬弃，它试图在摒弃新公共管理理论缺陷的基础上，接受新公共管理理

① ［美］E. S. 萨瓦斯：周志忍等译，《民营化与公私部门的伙伴关系》，中国人民大学出版社2002年版，第156页。

论的实践价值，并强调其公共服务本质，从而建立一种更关注民主价值和公共利益的新理论。[①] 在一些主要西方国家，如美国政府购买公共服务的范围十分广泛，基本覆盖了行政、法律、交通、医疗、教育、娱乐、卫生、安全、维护等各方面，节省了政府机构的运作成本，并满足了社会公众在不同方面的异质性公共服务需求。英国政府在社会公共服务的范围和领域划分得十分清楚，明确了各方的职责范围。并且，在强制性竞争投标制度下，能够督促各中标机构在提供公共服务的同时完善自身专业化水平，提高公共服务供给效率，并侧重于关注需要照顾的群体。在德国，政府购买社会公共服务的领域受到一定的限制，态度较为谨慎，一般集中于高市场化的领域，并且主要由非营利社会组织来提供。[②]

国外的政府购买公共服务的定位和发展趋势大致如下：国外的政府购买公共服务更多地指向服务，而不是"掌舵"，公民更多地参与政府对公共服务的提供。彼得斯在《政府未来的治理模式》中提出了政府治理未来发展形成的四种模式："一是市场式政府，强调政府管理的市场化；二是参与式政府，即对政府管理有更多的参与；三是弹性化政府，即认为政府需要更多的灵活性；四是解制型政府，即提出减少政府内部规则。"[③] 国外的"政府购买公共服务"在未来的发展中，一方面，通过提高政府行政效率来达到公共服务供给的高效率；另一方面将协调社会组织，共同为社会公众提供高质量公共服务，为社会组织提供一个良好的竞争环境，制定相关政策加快社会组织发展，与社会组织形成良好的合作伙伴关系。在未来的公共服务中，非营利组织将扮演着重要角色，能够对公众需求的变化迅速作出反应，不断满足社会多样化需求。当然，美国学者唐纳德·凯特尔认为非营利组织在社会服务供给中功能的发挥离不开政府部门创造的宽松环境。[④] 西蒙教授认为政府部门应当为社会组织的发展构建一个平等的框架，同时在公共服务领域中引入竞争，以社会组织之间的竞争来维持社会组织与政府之间的合作稳定。[⑤] 将竞争机制引入到公共服务供给中，探索出多种公共服务实现方式，主要有以下几种：第一，公私合作，包括合同外包、特许经营；第二，使用者付费；第三，国有企业私有化；第四，自由市场。在以上几种形式中，合同外包最为常见。美国学者萨瓦斯认为，合同外包制既能提高公共服务供给效率又能降低生产成本，同时具有操作透明的特性。合同外包的正确实施可以引入竞争并且形成制度化，刺激公共服务承接者提高服务绩效。[⑥] 国外政府购买公共服务的要求，重新界定在公共服务领域中政府和企业等不同主体的地位和作用，鼓励将企业管理方式引入到政府公共服务管理，强调绩效管理，主张以公众需求为公共服务导向，建立政府与社会组织的合作关系，共同实现公共服务。

1.3.2 我国政府购买公共服务的概况

20 世纪 90 年代，我国开始实行政府购买公共服务制度。早在 1995 年，上海就开始尝试政府购买公共服务模式的探究，上海浦东新区开始探索政府购买公共服务的新模式，浦东新区选择罗山会馆（上海基督教青年会委托管理的市民社区活动中心）作为试点，采取委托非营利组织进行运作的模式，这在我国还属首次，打破了以往仅仅依靠政府自身投入和

① 珍妮特·登哈特、罗伯特·登哈特：丁煌译，《新公共服务：服务，而不是掌舵》，中国人民大学出版社 2004 年版，第 127—130 页。

② 许燕："国外政府购买公共服务范围及特点比较分析"，《价格理论与实践》2015 年第 2 期，第 111 页。

③ B. Guy Peters. The future of governing: four emerging models. University Press of Kansas, 1996: 25.

④ 唐纳德·凯特尔：孙迎春译，《权力共享：公共治理与私人市场》，北京大学出版社 2009 年版，第 141 页。

⑤ Karla W. Simon. Reinvigorating Civil Society in China - A Socio - LegalAnalysis. Oxford University Press, 2012: 22 - 23.

⑥ [美] E. S. 萨瓦斯：周志忍等译，《民营化与公私部门的伙计关系》，中国人民大学出版社 2002 年版，第 70 页。

运作的机制。

此后，各地方政府陆续进行了公共服务购买探索实践，政府向社会组织购买服务的范围也逐渐扩大到居民养老、残疾人康复、城镇医疗、社区服务、社会就业等诸多领域。上海静安区在1999年，建立了老年生活护理援助中心，针对老年人生活护理、日间照料、精神抚慰等方面，推出乐龄家园等助老服务。同年，深圳市以罗湖区环卫的清扫工作外包为突破口，开始政府购买公共服务的实践尝试。2000年，上海市卢湾区民政局通过政府购买“居家养老服务”和“入住养老服务”开始购买服务的探索。

2002年，全国人大常委会第二十八次会议通过了《中华人民共和国政府采购法》。自2003年开始，随着《政府采购法》的全面实施，政府购买公共服务在全国全面开展试点工作，并且在主要城市迅速展开。自2003年以来，上海、北京、无锡、广东等各地方政府向民间组织购买公共服务的措施增多、形式多样，涉及教育培训、养老助残、公共卫生、残疾人服务、社区发展、城市规划、科技文化、环保、政策咨询等诸多方面。2003年，由上海政法委牵头，按照“政府主导推动、社团自主运作、社会多方参与”的总体思路，通过政府购买服务的方式，组建了新航、阳光、自强三个民办非企业单位，分别接受市矫正办、市团委和市禁毒委的委托，从事“失学、失业、失管”社区青少年和药物滥用人员的相关社会服务工作。[①] 2003年11月，南京市鼓楼区在全国率先创建“居家养老服务网”，以政府购买服务的方式与社会养老机构合作，免费为孤寡、独居和困难老人家庭提供日常生活照料服务，顺应了居民公共服务需求的变化趋势，满足了居民的个性化、多样化的服务需求。2004年，佛山市南海区狮山政府向辖区内民营医院购买公共卫生服务。从2005年开始，江苏省无锡市先后对全市市政设施养护、污水处理、路灯设施维护等十多项公共事业由政府直接参与转为实行政府购买公共服务的探索实践：2005年将结核病防治交给民营企业——安国医院实施；2006年通过公开招标的方式将市政环卫工作转交给社会组织完成；2007年通过向户籍内老人发放服务券的方式，方便居民在家养老。2006年，湖北省武汉市在7个主要城区联合建立银鹤居家养老护理服务工作站，为75岁以上老人提供由政府出资的专业护理。2009年，广东省广州市政府建立阳光社会事务中心，在社会福利与救助、婚姻家庭、矛盾调解、残疾人康复、青少年行为矫治、医疗卫生、社会就业等公共服务领域进行政府购买公共服务试点。2010年深圳市龙岗区社区综合服务中心作为首个社区综合服务中心成立，采用社工为主体的项目化运作模式，所有项目都是由政府出资，以公开招标形式向社会组织购买。主要服务内容包括社区内老人日间照料、残疾人服务、外来务工人员子女课后照看、亲子活动、外来人员社区融合、婚姻问题咨询等，所有的服务需求都是通过社工走访调查确定。2010年，湖南省邵东县社会治安综合治理委员会办公室与邵东县保安服务有限责任公司签订《夜间治安巡逻协议书》，邵东县保安公司承包邵东县夜间10点至第二日凌晨6点的治安巡逻任务。邵东经济发达，流动人口多，治安混乱，将治安巡逻外包给社会组织，城区治安得到有效控制，一定程度上遏制了“两抢一盗”案件的发生。河南省郑州市从2011年起，对依法设立、教学实施条件有保障并且收费标准与同等级公办幼儿园一致的民办幼儿园实施生源经费补贴。

在制度建设上，2006年财政部、国家发改委、卫生部联合下发财社61号文《关于城市社区卫生服务补助政策的意见》，指导政府购买城市社区公共卫生服务试点工作。2007

① 何海兵、刘易：“从包办到购买：政府公共服务供给模式的转变——以上海市五里桥社区为例”，《2010年中国社会学年会——社会建设的理论与实践：本土化的探索》，2010年7月1日。

年，国办发36号文《关于加快推进行业协会商会改革和发展的若干意见》，明确提出建立政府购买行业协会制度，政府为此支付的相关费用均纳入预算管理。2007年，国务院办公厅发布了《关于加快推进行业协会商会改革和发展的若干意见》，明确提出建立政府购买行业协会服务的制度。2008年，无锡市出台了《关于推进政府购买公共服务改革的实施意见》，把部分公共服务从政府机构职能中转移出来，交给社会服务机构提供，政府则重点加强对公共服务的监管。2009年，财政部、国家发展改革委、商务部等9部委联合下发了《关于鼓励政府和企业发包促进我国服务外包产业发展的指导意见》。2010年长沙市政协举行《关于建立和完善我市政府购买公共服务机制的建议》重点提案督办会，长沙市财政局表示，将把政府购买公共服务经费纳入预算管理，确保使用效率，加快推进社会保障、文化及养老服务领域政府购买社会组织的服务工作。

从2011年以后，政府购买公共服务不断走向成熟和稳定。2011年，北京市政府表示将继续利用社会建设专项资金，向社会组织购买5个方面、40个类别合计300个公共服务项目，涵盖社会基本公共服务、社区便民服务、社会公益服务、社会管理服务以及社会建设决策研究信息咨询服务等多种服务内容。2011年12月，《民政事业发展第十二个五年规划》提出，要向社会组织开放更多资源，向社会组织转移职能。2011年4月，广州市尝试由政府向公关公司购买公共服务，让其协调拆迁中的公共利益冲突。2012年2月，财政部出台的《2012年政府采购工作要点》中第一条提到，财政部将研究制定推进和规范服务采购的指导意见，逐步扩大公共服务、商务服务及专业服务的政府采购实施范围。2012年3月19日，在第十三次全国民政会议上，时任国务院总理温家宝表示，政府提供的公共服务，可以通过适当的方式交给社会组织、中介机构等。此后，民政部宣布，2012年中央财政将首次安排2亿元，用于购买社会组织公共服务；《中央财政支持社会组织参与社会服务项目资金管理办法实施细则》等文件也相继公布，对政府购买社会组织公共服务的项目申报条件、评审程序、监管体系等作出相应规定。2013年7月31日，国务院总理李克强主持召开国务院常务会议，研究推进政府向社会力量购买公共服务，部署加强城市基础设施建设。2013年9月30日，国务院公布《关于政府向社会力量购买服务的指导意见》。2013年11月公布的《中共中央关于全面深化改革若干重大问题的决定》提出，要“推广政府购买服务”，这是我国第一次在国家战略层面提出政府购买公共服务的改革任务，说明政府购买公共服务正在迈向制度化。

目前我国政府购买公共服务仍在实验探索阶段，政府购买公共服务作为一种新型的政府提供公共服务方，正呈现方兴未艾之势，近年来已被各级政府广泛应用于社会公共服务的各个领域，逐渐成为政府提高公共服务水平的重要途径。《国务院办公厅关于政府向社会力量购买服务的指导意见》中提出了目标任务，即“十二五”时期，政府向社会力量购买服务工作在各地逐步推开，统一有效的购买服务平台和机制初步形成，相关制度法规建设取得明显进展。到2020年，在全国基本建立比较完善的政府向社会力量购买服务制度，形成与经济社会发展相适应、高效合理的公共服务资源配置体系和供给体系，公共服务水平和质量显著提高。

从总体上看，我国政府购买服务内容上经历了一个从居家养老到城市管理和社会救助等，推行地区由东部沿海发达地区逐渐向中西部地区拓展，由地方政府到国家层面的制度要求扩展，购买过程不断规范的历史过程，已经取得了明显的成效，如在广东省已陆续出台以下三类目录：政府需要转移出来的职能目录；政府向社会组织购买服务的目录；承接公共服务的社会组织的目录。该目录为政府转变职能和社会组织承接政府部门职能转移提供了明确指导，也为社会组织发展指明了方向。但在推行政府购买公共服务的进程中，不可避免会出现各种问题和障碍，存在购买范围和购买模式都不太明确、层次不齐全，购买竞争性不足，购买的监督评估机制不完善，法律法规不健全等问题。

在我国，政府购买公共服务探索实践已形成几个比较有影响和特点的购买模式，总结近年来的政府购买案例发现，国内模式呈现多元化趋势。在制度化程度方面，既有完善和明晰的制度化操作，也有遵照某领导意思的非制度化操作。相对而言，经济发达地区的政府购买改革更多的是增量式改革，制度化程度较高。在竞争程度上，既有竞争性的筛选也有非竞争性的选定。但是，即使采用竞争方式，其竞争程度差异也较大，大致可以总结为完全开放的招投标、有资质认定的招投标和邀约招投标三类。在购买主体间的关系方面，由于政府对民间组织实施“双重管理”，以及中国民间组织特定发展环境下可以分为官办、半官半民、草根三类。在购买主体的关系上，存在购买双方非独立、平等关系，政府单向主导，低成本购买，职权介入的问题。因此，购买主体之间的关系就存在依附性的可能。那么，国内政府购买主体间既有独立性也有依附性，此处所言的依附性实质就像商业的“关联交易”，或者说“体制内循环”。[①] 当前，国内大量的购买项目仍然集中在体制内，也就是政府借用行业协会等民间组织间接垄断公共服务。这些模式一般都是根据购买过程中政府部门与社会组织之间的关系和购买程序来划分，主要的着眼点就是，他们之间是独立性的还是相互依赖，是竞争性的还是非竞争性的。主要的模式有两种：第一，竞争性购买。这种购买服务的模式也可以理解为契约式公共服务管理，或称作公共服务合同制管理，“是一种将政府权威制度与市场交换制度功能优势互补的复合制度安排，因而这是一种有效的政府职能履行方式；体现了政府‘掌舵’，市场‘划桨’，决策与执行分开的公共服务机制，其目的在于有效发挥市场和社会力量提供公共服务的能动作用”。[②] 该模式需要完全满足契约双方主体独立、有着明确的购买目标和可选择性的竞争市场及公开的竞标程序等，从而在政府与社会组织之间形成一种竞争性的契约关系，是公共服务购买的典型模式。第二，非竞争性购买。在这种购买服务模式中，购买政策是政府单方制定的，承接方也是政府部门通过非竞争性过程决定的。在这种购买服务模式中，政府和社会组织双方的主体地位是独立的，购买目标是明确，但两者之间的契约关系一般也比较明确，如果双方主体之间存在某些依存关系而影响各自的决策独立性，它实际上就不构成契约关系，也就不属于公共服务购买。这种非竞争性的购买，实际上也是一种定向购买模式，即基于成本收益、专业技术性等多种因素的考虑，政府直接将服务项目或服务职能委托给特定组织或机构。对此，有的研究者对这种模式进行了多角度、多层面的理解和解读，认为包含：其一，直接资助制，即指政府通过直接拨款、物资资助、政策优惠等形式将资金下拨给承担公共服务职能的企事业单位、民办机构和社会组织，由他们根据自身职能、专业及人员特色，提供相应的公共服务；其二，项目申请制。指社会组织根据民众需求，主动向政府有关部门提出项目申请，经过评审同意后，政府以立项的方式予以资金支持，并通过招标、过程监督、绩效考核等方式来规范项目的运作过程。其三，凭单制。凭单制是政府与具备资质的机构达成协议，由政府给消费者发放公共服务消费凭单，由消费者自行选择向不同机构购买相应的公共服务。[③]

我国政府购买公共服务也存在不足之处。

① 杨宝、王兵：“政府购买公共服务模式的中外比较及启示”，《甘肃理论学刊》2011 年第 1 期，第 142 页。

② 顾平安：“推进政府公共服务的合同制管理”，《理论前沿》2008 年第 18 期，第 25—26 页。

③ 贺巧知：“政府购买公共服务研究”，财政部财政科学研究所 2011 年，第 51 页。

我国实施政府购买公共服务没有一个明确的定义，人们对哪些服务可以纳入政府购买，政府购买服务应占份额比例等问题并没有科学的界定。社会公众和社会组织对政府购买公共服务也存在一定的认识偏差。政府在一定范围内仍将公共服务视为公益性事业，统包统揽，正如仍全面负责公共服务的提供、生产、投资和管理等，没有真正把握住政府购买公共服务的精神实质，从而制约着这一新模式在我国推行的实效性。政府在购买公共服务之后，应当对服务绩效、服务质量进行监管，而目前实践中，受制于思想认识、人手力量、技术装备、法律依据等多方面的制约，购买服务的绩效监管仍然是一个没有得到充分重视的薄弱环节，社会组织对政府购买公共服务也缺乏真正的了解，从而导致其缺少内在动力去争取生产公共服务。具体来看，第一，政府购买公共服务存在制度缺失和监管不力的现象。从当前来看，我国各级地方政府越来越重视政府购买公共服务模式，并取得了一些成效，但是各级政府的努力依然处于探索和尝试阶段，政府购买公共服务还没有常态化和制度化。在公共服务提供方式上由于许多政府存在思维惯性，当出现新的公共服务需求时，他们依然倾向于由政府大包大揽的方式。此外，由于当前缺乏对政府活动成本与绩效的考核，地方政府购买公共服务的动力不足，在这些因素的共同作用下，我国政府购买公共服务的规模得不到有效扩张，规模依然十分有限。我国政府购买公共服务还处于试点阶段，缺乏统一的法律法规和切实可行的规章制度，制度的缺失导致在政府购买公共服务的实践中很难使各社会主体平等参与、公平竞争从而实现公共服务提供的公平、公正和高效。在现有体制下，监管的权力分散在不同部门，而这些部门往往又和一些社会组织存在千丝万缕的联系。这种复杂的利益关系使监管很难得到有效执行，缺乏相应的监督机制，监管不到位就容易产生寻租，滋生腐败，并且导致公共服务供给效率下降，不能实现政府购买公共服务的最初目的。因此，要构建我国政府购买公共服务体系，制度的缺失是必须扫除的一项障碍，只有政府制定了一系列科学的规则，才能保证市场机制有效运行，社会组织的利益才会得到保障，才能实现政府购买公共服务的初衷。第二，社会组织有待完善，政府公共服务的专业化水平有待提升。尽管总的来看，社会组织已经成为我国社会经济发展中一支重要力量，但就其能够和应当发挥的作用而言，我国的非社会组织还远远没有办法和国外社会组织的发展相比，我国的社会组织力量尚显薄弱，在获取和运用资源协调关系、发挥作用等方面都显得不成熟和弱质。另外，当前我国正处于社会转型时期，政府主导的现代化模式导致社会组织发展的路径及方向不太明朗，社会组织在发展过程还存在众多不确定因素。当前我国社会组织存在的主要问题表现在资源不足、缺乏自治、能力不强、管理不善等方面，这些问题的出现既有先天性的因素，也有后天的不足。在问题的先天性因素方面，缺乏有效的竞争机制和显示绩效的有效方式；在问题的后天不足方面，行政干预严重，缺乏有效的社会监督，缺乏社会公信度、缺乏明确的宗旨与使命，管理体制不健全，这些都制约了我国社会组织的发展。总而言之，我国正处于社会主义初级阶段，社会主义市场经济体系构建还要逐步地健全和完善，而社会组织的发展在很大程度上还依赖政府，导致其缺乏独立性。社会组织相对落后，参与的工作人员少，缺乏经验，且专业水平有限。与此同时，设立的门槛制度过高也进一步阻碍其发展脚步。我国大多数的社会组织在政府规制和市场的“狭缝”中艰难地寻求生存和发展，难以看到国外社会组织的勃勃生机，在公共服务供给中难以发挥显著作用，公共服务供给的多元化和市场化，要求社会组织的进一步发展和完善。另外，我国政府购买公共服务作为一种较新的模式，大多数地方政府对这种新模式的规律性和特点的认识比较欠缺，只是很简单地将某项公共服务交给社会组织去实施。我国实践政府购买公共服务模式的运用范围还比较模糊，还没有形成一套有效的定价机制，专业化水平有待提升。

针对政府购买公共服务存在的问题，政府应加强认识和管理。国务院总理李克强 2013 年 7 月 31 日在主持国务院研究推进政府向社会力量购买公共服务的常务会议上表示："要放开市场准入，释放改革红利，将适合市场化方式提供的公共服务事项，交由具备条件、信誉良好的社会组织、机构和企业等承担。"这为政府职能的转变和公共服务方式的创新明确了方向，也给社会组织的发展带来了新的契机。首先，推进政府购买公共服务在提供公共服务、履行服务职责上的观念转变，树立服务型政府的理念，为社会公众提供高质量的公共服务，要逐步实现公共服务由政府"直接提供、直接管理"变为"政府购买公共服务、实施监管"，将政府部门的工作重心转移到制订发展规划、确定服务标准、加强监督管理、了解群众需求等方面。其次，把政府购买公共服务法治化、规范化。改变政府购买社会组织的公共服务中无法可依的局面，应制定专门的法律法规或规范性文件，如可以通过修订《政府采购法》来实现将政府购买公共服务纳入其中的目的，根据公共服务性质在法律上确定哪些服务适于购买，以及购买程序、监督机制、绩效评估、纠纷解决机制等；同时应在法律上明确作为服务对象的公民的监督权、投诉权，避免该机制偏离其原本目标。再次，建立和健全信息公开制度。当前我国政府在公共服务购买的实践中，必须公开购买服务的信息，建立全面的信息公开制度。政府购买公共服务过程中所产生的相关信息都应依法纳入政府信息的范畴，并适用政府信息公开法律制度。公开的信息应当包括：购买前的决策依据、预算资金和审批程序，公共服务目录；购买中的招投标程序，购买合同的主体资质和合同文本；购买后的合同履行、监督评估等。这些信息应当由政府依职权或依公众申请向社会公开，成为公众知政、参政、监督政府权力的有力保障。[①] 最后，构建多元监督评价体系。对政府购买公共服务进行有效监管，是改进和加强政府管理职能的重要举措，是顺利推进政府职能转变和购买服务的重要路径。为了确保政府购买公共服务的实现，在购买公共服务项目的过程中，要进行跟踪评估，建立服务项目的动态监管措施，实行必要的监督。监督应当包括内部监督和外部监督，其中媒体监督是社会公众监督的一个平台与渠道，应该在法律上保障媒体监督的地位。

① 杨桦、刘权："政府公共服务外包：价值、风险及其法律规制"，《学术研究》2011 年第 4 期，第 56—57 页。

第2章

政府购买公共服务的理论基础

2.1 关于公共产品与公共服务的理论

2.1.1 公共产品理论

人们在日常生活中主要消费着两大类物品：一类是私人物品，又叫作私人服务产品；另一类是公共物品，又叫作公共服务产品。私人服务产品主要是为了满足个人特殊需求；公共产品则主要是为了满足与社会上每个人都有利益关系的公共需求。一般认为，私人服务产品可以由市场机制主导供给；而公共服务产品由于其本身有比较特殊的性质（比如消费的非竞争性和非排他性、产品利益边界不清楚、投入成本和产出效益不成比例），就需要有政府来主导供给。[①]

公共产品的研究始于18世纪，其概念最初是由休谟提出。休谟在《人性论》一书中提到有些服务对个人可能并没有好处，但对集体来说却是必要的，只有通过集体行动才能完成。其后，亚当·斯密在《国富论》、约翰·穆勒在其名著《政治经济学及赋税原理》中

① 马庆钰：“关于‘公共服务’的解读”，《中国行政管理》2005年第2期，第78—82页。

提出有很多服务必须是由政府提供，并对为什么必须由政府提供这些服务，即政府提供服务的合理性做了进一步论证。

1896 年瑞典经济学家维克塞尔在《财政理论研究》中将边际成本定价运用于公共事业研究，提出了“纯公共产品”理论。现代福利经济学家萨缪尔森将“公共产品”定义为：每个人对这种产品的消费对另一个的消费并无影响。他认为，大部分商品的总消费量等于每个消费者对该商品消费量的总和，而公共产品的人均消费量并不会因为消费人数的增加而降低。[①] 因此要区分私人物品与公共产品的不同主要看其是否具有非排他性或非竞争性。

然而现实生活中的很多事实是无法用“萨缪尔森归纳”法来解决的，因此，公共选择学派的代表人物布坎南对该定义进行了补充。他们认为：萨缪尔森定义的公共产品是纯公共产品，而完全由市场决定的产品是纯私人产品。[②]

纯公共产品和纯私人产品只是两个极端的例子，在现实生活中是极少存在的，而更多的是介于两者之间的产品，在这里称之为准公共产品。纯公共用品是完全没有竞争性的物品，而私人物品具备强烈的竞争性和排他性。准公共产品具备其中的一个特性，如轨道交通、广播电视等这类物品，显然随着人数的增加，物品的重量并不受影响，但是由于其需要付费，因此具备了排他性的特点。

公共服务属于准公共物品，它至少具备非竞争性或非排他性两特征中的一个。即人们对公共服务的使用不会减少他人对同一服务的使用，或者不会因为收取费用而把其他人排除在外。理想的公共服务机制应当是公正、高效地为公众提供优质服务，有效满足公众需要。

公共服务是一个庞大的整体，其中主要包括了三类角色：安排者、生产者、消费者。（1）公共服务的安排者，主要任务是把公共服务的产品分配给消费者，并且做好日常的维护工作，同时对产品的正常使用承担责任。（2）公共服务的生产者，主要负责产品或者项目的策划、实施到最后顺利投入使用，他可以是政府机构也可以是民间组织。（3）公共服务的消费者，他们是直接使用公共服务产品的群体，可以是特定区域的人或特定的组织。

政府提供公共服务方式主要分为直接提供和间接提供。前者是指直接由政府部门提供或者其下属单位生产供给；而间接提供是指由政府部门进行预算、政策指导、合同管理等措施，引导社会组织参与公共物品的供给。政府间接提供这一途径能够获得高质量、低成本、高效率的物品，相对而言，直接提供次之，这也是西方国家越来越多采取这种方法的原因。[③]

2.1.2　新公共服务理论

新公共服务理论的产生源于对新公共管理理论的反思，它由美国著名公共行政学家罗伯特·B. 登哈特等人创立。所谓新公共服务是指关于公共行政在以公民为中心的治理系统中所扮演的角色的一套理念。[④] 新公共服务理论吸收并融合了当代民主治理的先驱理论，即民主社会的公民权理论、社区和市民社会理论、组织人本主义和后现代主义的话语理论，从公民权利、信任建构和公共对话三个维度树立了检验公共行政发展的标尺，创立起比较完整的理论体系和概念框架。

“新公共服务”理论是政府在治理系统中以公众为中心进行行政管理的新理论。它主张政府部门官员在对公共组织的管理过程中应该

---

① Paul Anthony Samuelson. The Pure Theory of Public Expenditure [J]. Review of Economics and Statistics, 1954 (36): 387 – 389.

② James M. Buchana. An Economic Theory of Clubs [J] . Economics, 1965 (32): 1 – 14.

③ 欧莉萍：“地方政府购买公共服务研究”，湖南大学 2012 年。

④ 丁煌：“政府的职责：‘服务’而非‘掌舵’——《新公共服务：服务，而不是掌舵》评介”，《中国人民大学学报》2004 年第 6 期，第 151 – 152 页。

承担主要的职责，如在服务与放权公民方面，从而使建立起来的公共机构更具回应力和整合力。这一理论的核心部分主要体现在以下方面：[①]

（1）政府的职能是服务，而不是掌舵。政府扮演掌舵角色在过去时期起到过十分重要的作用，然而，主导当今社会发展的公共政策是由多个利益集团相互作用的结果。以公共服务为导向的政府，被要求与社会组织合作为公众提供优质的公共服务。相应的，政府角色也应该从过去的控制者转变为协调者，协调各个集团，为促进公共问题的解决提供便利。因此，政府公务员最重要的角色就是帮助公民了解自身共同利益需要并且予以满足，而不是试图控制社会朝着某方向发展。

（2）公共利益是追求的目标，而不是副产品。政府公务员应当积极地为公民通过与政府对话清楚地表达并形成共同的公共利益提供平台，努力建立集体的、共享的公共利益观念，而不是在个人选择下找到解决问题的方案。

（3）思想上的战略性与行动上的民主性相统一。政府可以通过激发人们的自豪感与责任感，增强其参与、合作的意愿，共同制定合理的公共政策使公共服务方案得到最有效且最负责任地实现。

（4）服务于公民，而不是服务于顾客。公共利益并不是个人利益的集合，而是源于一种共同价值观的讨论。因此，政府行政人员不是对“顾客”的需求作出反应，而是与公民及公民之间建立起一种互信的关系。在公共部门，很难定位具体顾客，因此政府不应该仅仅关注某些直接当事人的短期利益，必须关注公民长期的、公共的需要。

（5）政府服务公众并非简单的责任与义务。公共行政人员已经并且应当受到包括公共利益、宪法法令、其他机构、职业标准、社会价值观念等在内多种复杂因素的影响，并且他们应当对这些制度及标准负责。政府的公共服务政策应当满足公众需要，并贴近现实，因而，政府责任问题极其复杂。

（6）政府不应当只是重视生产率，更应当重视人。新公共服务理论十分强调“通过人来进行管理”的重要性，要求政府善待公务员，也只有这样，公务员才能善待公民。公务员不只是职业雇员，他们更希望与别人的生活有所不同。[②] 因此，分享领导权概念会让他们的言行符合公共服务的动机，从长远来说，更有利于公共服务价值的实现。

（7）公民权和公共服务比企业家精神更重要。政府是人民的政府，其根本使命是为人民服务，因此政府有责任和义务在公共资源分配中担当管理者的角色为人民服务，着力解决公众所需，而不是把自己当作企业家来看待，通过公共服务为自己谋取利益。

新公共服务理论强调以人为本的观念，把公民作为服务的中心，进一步提高服务的水平、效率和质量，这就要求政府公共服务部门增强公共服务意识和责任意识，同时还应充分认识到市场化、专业化对公共服务供给有效性的作用。[③]新公共服务理论不仅对公共行政官员提出了更高的要求，而且也对公民提出了更高的要求。新公共服务理论认为，公共行政官员除了对上级或政治官员负责和对“顾客”负责外，他们还应该对包括公共利益、宪法法律、政府、媒体、职业标准、社会价值观念、环境因素、民主规范、公民需要在内的各种制度和标准等复杂因素负责；政府不应该仅仅关注顾客自私的短期利益，也必须关注全体公民的需要和利益。同时，新公共服务对

① 珍妮特·登哈特、罗伯特·登哈特：丁煌译，《新公共服务：服务，而不是掌舵》，中国人民大学出版社 2004 年版，第 127—130 页。

② Vinzant Janet. Where Values Collide: Motivation and Role Confliction Child and Adult Protective Services [J]. American Review of Public Administration, 1998 (4): 347 – 366.

③ 欧莉萍：“地方政府购买公共服务研究”，湖南大学 2012 年。

"公民"身份的推崇实际上也是对公民的素养提出了更高的要求。而这两方面的要求运用到城市治理中，有利于更好地满足"公民"的需要。

新公共服务的理论基础之一是后现代主义话语理论，而该理论把政策看作是一种从特定语境出发和不囿于既定模式的政治参与者之间不断互动和协调的对话过程，但政府并不是唯一的"元话语"，民众并不是"听众"，应通过政府与社会各种力量之间的互动形成"话语"的共同治理。[①]所以，在新公共服务理论看来，政府仅仅是公共服务供给多元主体中的一个，公共行政官员必须将其角色定位为公共事物管理中负责任的参与者而非企业家。公共行政官员的责任仅仅在于通过担当公共资源的管理者、公共组织的监督者、民主权利的促进者和公民参与的推动者等角色来完成公共服务的使命。[②]

2.2　关于公共服务供给主体多元化的理论

2.2.1　政府失灵理论

传统的西方经济学对于发生在 20 世纪 30 年代西方国家的金融危机束手无策，与一战中西方国家政府对于经济的计划与指导促使经济稳定形成鲜明对比。因而彻底打破了"市场万能"的神话，许多经济学家开始相信政府对经济的计划与指导是一种稳定力量。这些都为凯恩斯革命提供了良好的历史机遇。凯恩斯发表的《就业利息和货币通论》，认为资本主义在自由放任的情况下，有效需求不能实现充分就业，因此经济稳定需要政府的干预显得迫不及待。

由于凯恩斯主义的影响，许多经济学家都竭力反对传统自由放任的观点，主张政府通过财政政策和货币政策对经济进行干预，要求政府的角色由过去的"守夜人"调整到"积极的干预者"，弥补市场这只"看不见的手"对经济调节的缺陷。

政府作为公共部门，直接提供某些公共物品，弥补了市场的不足。然而，由于政府的内在特性，很难同时扮演好提供者和监督者这两种角色，最后很可能导致公共物品供给过剩及成本增加，造成供给低效率。主要表现在：(1) 由于政府部门自身地位、资源等优势，在公共物品供给中处于垄断地位，缺乏竞争的结果就是低效率操作。因为没有竞争就没有生存压力，政府部门提供公共物品的明显趋势就是成本扩大化；(2) 官僚机构提供公共服务并不是为了追求经济利益最大化而是社会效益。公共物品的成本及收益不能按照统一标准衡量，故而大众很难对政府行为进行监督，这些导致官僚体制内出现在追求社会效益同时追求自身个人利益最大化等问题，造成提供公共物品的部门具有超额生产的倾向，这些都是以牺牲社会效益为代价，是一种极大的资源浪费。

2.2.2　治理理论

"治理"（Governance）一词最早出现于世界银行 1989 年的一份报告中，这份报告使用

---

① 黄薇："新公共服务：理论认可及其现实困境"，《中共郑州市委党校学报》2007 年第 1 期，第 61—62 页。

② 王枫云："从新公共管理到新公共服务——西方公共行政理论的最新发展"，《行政论坛》2006 年第 1 期，第 91—93 页。

了“危机治理”（Crisis Governance），用以描述当时非洲紧张的环境局势。1992年，世界银行年度报告的题目也称为“治理与发展”。此后，“治理”这一概念逐步流行起来，并不断地被赋予新的含义，被广泛用于政治、社会和经济的各个层面。

20世纪90年代以来，许多西方学者对“治理”作出了新的界定，主要有以下几个方面：（1）1992年“全球治理委员会”（Commission on Global Governance）成立时，W. 勃兰特在《我们的全球近邻》（*Our Global Neighborhood*）的报告中将治理定义为：治理是各种公共和私人机构管理其共同事务的诸多方式的总和，它是使相互冲突的或不同的利益得以调和，并且采取联合行动使之得以持续的过程，它既包括有权迫使人们服从的正式制度和规则，也包括人民和机构同意的或以为符合其利益的各种非正式的制度安排。[①]（2）罗伯特·罗兹（R. A . W. Rhodes）概括了行政学界界定治理的六种含义：最低限度的国家干预、企业管理模式、新公共管理、好的治理、社会控制体制以及自组织网络。[②]（3）库伊曼（J. Kooiman）把治理定义为：一种在社会政治体系中出现的活动模式或结构，它是所有被涉及的行为者互动式参与努力的“共同”结果或者后果。[③]（4）全球治理委员会于1995年又进一步将治理定义为政府或公共行政管理的同义词，是“使用政治权威控制和经营社会及资源以争取社会和经济的发展”。委员会认为“好的治理”是：通过司法独立来实现公民安全得到保障、法律得到尊重，亦即实行法治；公共机构正确而公正地管理公共开支，亦即进行有效的行政管理；政府领导人就其行为向人民负责，亦即实行责任制；信息灵通，便于全体公民了解情况，亦即具有政治透明性。[④]这些治理概念都强调与传统统治的不同，如主体多元、权力多向、协调互动、主体之间资源共享等。（5）格里·斯托克（Gerry Stoker）认为各国学者们对作为一种理论的治理已经提出了五种主要的观点：①治理意味着一系列来自政府但又不限于政府的社会公共机构和行为者；②治理意味着在为社会和经济问题寻求解决方案的过程中存在着界限和责任方面的模糊性；③治理明确肯定了在涉及集体行为的各个社会公共机构之间存在着权力依赖；④治理意味着参与者最终将形成一个自主的网络；⑤治理意味着办好事情的能力并不仅限于政府的权力，不仅限于政府的发号施令或运用权力。[⑤]

《国际社会科学杂志》1999年第2期专门开设“Governance”专栏，介绍了该词的起源、概念，以及Governance理论的兴起、实践和意义，并以“治理”作为Governance的汉译名词。当然，对于Governance的汉译，仍然仁者见仁：香港特区将其译为“管治”；台湾地区用“统理”；城市规划界也多译作“管治”。目前，不少学者和国际组织纷纷提出了“元治理”、“健全的治理”、“有效的治理”和“善治”等概念，其中“善治”的理论最有影响。这些概念都对治理作出了诠释和发展。

国内对于治理的含义也是众说纷纭：①毛寿龙这样界定治理：“英文中的动词Govern既不是指统治（Rule），也不是指行政（Administration）和管理（Management），而是指政府对公共事务进行治理，它掌舵而不划桨，不直接介入公共事务，只介入于负责统治的政治与负责具体事务的管理之间，它是对于以韦伯的官僚制理论为基础的传统行政的替代，意味着新公共行政或者新公共管理的诞生，因此可译

① 全球治理委员会：《我们的全球伙伴关系》，牛津大学出版社1995年版，第2—3页。

② Rhodes R. A. W. Understanding Governance: Policy Networks, Governance, Reflexivity and Accountability [M]. Buckingham: Oxford University Press, 1997: 46-60.

③ Kooiman J. Modern Governance: New Government - Society interactions [M], London: SAGE Publications, 1993: 12.

④ 黄鹂：《国外大都市区治理模式》，东南大学出版社2003年版，第6—8页。

⑤ 格里·斯托克：“作为理论的治理：五个论点”，《国际社会科学杂志（中文版）》1999年第2期，第19—30页。

为治理。"[①] ②俞可平则认为："治理一词的基本含义是指官方的或民间的公共管理组织在一个既定的范围内运用公共权威维持秩序，满足公众的需要。治理的目的是在各种不同的制度关系中运用权力去引导、控制和规范公民的各种活动，以最大限度地增进公共利益。所以，治理是一种公共管理活动和公共管理过程，它包括必要的公共权威、管理规则、治理机制和治理方式。"[②] 毛寿龙的界定更加强调政府这一行为主体管理模式的变迁，而俞可平的界定则更多地强调公共权力行为主体的变迁。

综上所述，治理是在"政府失灵"和"市场失灵"的情况下，多元主体在对权力和权利的结构和运行机制重构的基础上，为实现公共利益而进行的管理和服务活动。[③]

就治理主体而言，"治理就是由许多主体和组织混合而成的网络的运作"，这些主体组织除了政府机构外，还包括准政府机构、公共企业、社会企业、志愿性的非营利组织等，[④] "在某种意义上，'公共行政问题'已经跳出了公共机构的边界"。[⑤] 因此，治理理论要求城市政府在处理公共事务过程中，与其他组织建立良好的互动关系，只有它们齐心协力，发挥各自的优势并最终形成整体合力，才能更有效地为顾客提供良好的服务。同时，社会问题的解决与公众的参与密切相关，"公民必须纳入到社会问题的定义中，而且他们的行动常常是解决方案产生的基础。国家在地方及其他层面都面临着复杂的社会领导任务，不仅要回应公民的需要，而且要构建集体方案产生的有效机制"。[⑥] 治理理论对公众参与的重视，能够推动其形成良性互动，并最终有助于提供更好的公共服务。

2.2.3　新公共管理理论

从 20 世纪 70 年代开始，面对各类经济及社会问题，尤其是全球化、国际冲突、信息革命、知识经济、环境保护等带来的压力，传统的官僚体制已普遍力不从心，而且造成西方各国政府规模不断扩大、政府角色日益膨胀，运转效率低下。在这种历史背景下，一种新的公共行政理论和管理模式——新公共管理（New Public Management）应运而生，并迅速扩展到西方各国。与以往传统的公共行政框架内进行的变革不同，新公共管理不是对现存行政管理体制和方式进行的局部调整，而是对传统的公共行政模式的一种全面清算和否定。在西方，这场行政改革运动被看作一场"重塑政府"（Reinventing Government）、"再造公共部门"（Reengineering the Public Sector）的"新公共管理"运动。

总的来说，新公共管理理论主要包括以下内容：

（1）企业化政府。企业化的政府注重引进市场中的竞争机制和私人部门的管理理论和方法，强调成本，重视对结果的绩效考核，以此提高行政效率。例如，20 世纪 90 年代初，奥斯本（David Osborne）和盖布勒（Ted Gaebler）在《改革政府：企业家精神如何改革着公营部门》一书中提出用企业家精神改革（重塑）政府，主张把企业或私营部门的一些成功的管理方法移植到政府公共部门中来，主张政府应像企业那样引入竞争机制、树立顾客意识、视服务对象为上帝。[⑦]欧文·E. 休斯也指出："新公共管理的基础是将市场原则运用

① 毛寿龙：《西方政府的治道变革》，中国人民大学出版社 1998 年版。

② 俞可平："全球治理引论"，《马克思主义与现实》2002 年第 1 期，第 20—32 页。

③ 罗月领：《城市治理创新研究》，清华大学出版社 2014 年版，第 3—5 页。

④ 杰瑞·斯托克："地方治理研究：范式、理论与启示"，《浙江大学学报》2007 年第 2 期，第 5—15 页。

⑤ Salamon, L. The Tools of Government. A Guide to the New Governance［M］. Oxford: Oxford University Press, 2002: 38.

⑥ 杰瑞·斯托克："地方治理研究：范式、理论与启示"，《浙江大学学报》2007 年第 2 期，第 5—15 页。

⑦ Osborne, D. Gaebler. T. Reinventing Government: How the Entrepreneurial Spirit is Transforming the Public Sector From the Schoolhouse to Statehouse［M］. Mass: Addison - Wesley. 1992: 5.

于公共政策和公共管理。它也是和精简政府、开发市场相联系的。”[①]

（2）多元化主体。在改革政府的同时，新公共管理重新界定了政府与企业以及非政府组织的关系，要求政府与其建立伙伴关系，发挥企业和非政府组织在公共管理中的作用。例如，英国的城市再造运动，这一运动将地域内的中央部门、地方政府、社区组织以及私有部门结合在一起。可以说，新公共管理不仅仅从政府的角度去定位政府角色，而且是从全社会的角度来区分公共事务由谁来负责。

（3）顾客导向。新公共管理理论改变了传统的政府与社会之间的关系，即政府不再是高高在上、“自我服务”的官僚机构，政府工作人员应该是负责任的“企业的经理和管理人员”，社会公众则是提供税收的纳税人和享受政府服务的“顾客”，政府服务应以顾客为导向，应增强对社会公众需要的响应力。[②] 例如，奥斯本（David Osborne）和盖布勒（Ted Gaebler）在《改革政府：企业家精神如何改革着公营部门》中提出了改革政府的10条原则，其中之一就是“受顾客驱使的政府，满足顾客需要，而不是满足官僚政治的需要”。[③] 史蒂文·科恩（Steven Cohen）和罗纳德·布兰德（Ronald Brand）在《政府全面质量管理》一书中始终使用了“顾客”的说法，并设计了“顾客分析工作记录单”，用于识别公共部门的“顾客”。[④] 欧文·E. 休斯（Owen E. Hughen）也认为“公共部门中顾客的角色正在日益雷同于私营部门中顾客的角色”。[⑤]

根据新公共管理理论，“政府在公共管理中扮演催化剂和促进者的角色”，是“掌舵”而不是“划桨”。[⑥] 在公共服务中引入市场机制，如合同出租、民营化等，强调公共部门与私人部门、非营利组织建立伙伴关系，并吸收企业管理的理论和方法，如目标管理、绩效评估等，有利于提高行政效率，为公众提供高效优质的服务。

2.3 关于政府购买公共服务的其他相关理论

2.3.1 志愿失灵理论

在政府失灵和市场失灵同时存在的前提下，独立于政府与市场之外的非营利组织便会发生作用。但如果没有政府参与，非营利组织并不能独立承担提供公共服务的责任，因为非营利组织本身也存在失灵的情况，这便是萨拉蒙的“志愿失灵”理论。志愿失灵包括四个方面的内容：慈善不足；慈善的特殊主义；慈善的家长式作风；慈善的业余主义。[⑦]

① 欧文·E. 休斯：《公共管理导论》，中国人民大学出版社2001年版，第257页。

② 金太军：“‘新公共管理’：当代西方公共行政的新趋势”，《国外社会科学》1997年第5期，第21页。

③ 戴维·奥斯本、特德·盖布勒：东方编译所译，《改革政府：企业家精神如何改革着公营部门》，上海译文出版社1996年版，第25页。

④ 蒂文·科恩、罗纳德·布兰德：《政府全面质量管理》，中国人民大学出版社2002年版，第152页。

⑤ 欧文·E. 休斯：《公共管理导论》，中国人民大学出版社2001年版，第41页。

⑥ 戴维·奥斯本、特德·盖布勒：《改革政府：企业家精神如何改革着公营部门》，上海译文出版社1996年版，第1—3页。

⑦ ［美］莱斯特·M. 萨拉蒙：《公共服务中的伙伴——现代福利国家中政府与非营利组织的关系》，商务印书馆2008年版，第47—50页。

（1）慈善不足。慈善供给不足的主要原因在于非营利组织在提供公共服务时往往不能募集到足够的资金，政府资助对于非营利组织提供公共服务的质量和数量起着重要的影响作用，甚至可以决定非营利组织的生存状况。这意味着非营利组织想要提供优质、充足的公共服务，拓宽自身的发展空间，必须与政府结成伙伴关系。在公共服务供给上，政府和非营利组织各有所长，政府便于筹集资金，非营利组织对社会需要敏感且生产成本较政府更低。[①]

（2）慈善的特殊主义。特殊主义是指非营利组织及其捐助者集中关注人口中的特殊亚群体。在一定时期，特殊主义也意味着有些特殊亚群体得不到非营利组织的关注，这不仅会导致某些特殊亚群体享受不到应有的服务，还会带来服务的重复和浪费。

（3）慈善的家长式作风。志愿活动的开展需要时间和知识方面的资源，也需要专业技能，也受某一些捐助者的影响，这些都意味着慈善不但是不民主的，还可能会损害特殊亚群体的权益，没有拒绝的机会，即表现为“被慈善”。

（4）慈善的业余主义。志愿活动的突出问题还表现在用业余的方法来处理人类社会问题。比如，照顾精神患者、看护老年人等，都需要一定的专业知识和专业技能，由于资金和专业社工人才的缺乏，往往不得不由业余人士完成这些工作。

2.3.2　整体性治理理论

由于各国政府一直希望系统内部各部门协调合作，整体性治理的想法其实很早就产生了，各国学者尝试利用“联合政府”或“整体政府”的方式来解决社会和经济问题。20 世纪 90 年代中后期，“整体性治理”（holistic governance）在西方国家开始实践，受其影响，1997 年英国首相布莱尔率先提出了“协同政府”。这一理论被冠以不同的称谓，如“协办同政府”、“全面政府”、“网络政府”、“连接政府”、“无缝隙政府”、“全观性治理”等，但都可被称为“整体性治理”。

1990 年，Andrew Dunsire 首先提出了整体性治理（holistic governance）概念，但最早公开表述论证整体性治理的则是佩里・希克斯，他认为针对新公共管理带来的碎片化、空心化政府等一系列问题才提出来整体性治理理论，其关注的重点是信息时代背景下的整体与合作。佩里・希克斯认为，整体性治理针对的是碎片化治理带来的一系列问题，整体主义的对立是碎片化，而不是专业化。希克斯认为，管制、服务和监督等所有层面上的整体性运作体现在三个方面：（1）可将不同层次或同一层次机构的治理进行整合。（2）可在公共部门内，也可在政府部门与非政府部门或私人部门之间进行整合。（3）可以在功能的内部来进行协调，也可在少数和许多功能之间进行协调。于是，希克斯将各种治理运作的实际情况放入层次、功能和部门三维组立方体模型中。

登力维认为，整体性治理非常注重重新整合。重新整合是对新公共管理的批判与改进，是一种作为反对新公共管理而产生的方法。其实，整体性治理在相当程度上是对新公共管理的修正，它更强调利用信息技术追求更快、更好、成本更低地为公众提供公共服务[②]。

从目标上看，整体性治理是为解决新公共管理治理过程中的结构化、功能化行为所导致的部门碎片化，以及由部门碎片化所导致的分散化、政策制定更加复杂化和部门间协调更加困难等问题，着眼于政府内部的整体性运作与治理[③]。曾凡军提出，整体性治理意味着一种全新的政府治理模式，即以风险社会理论为基础，在政府治理过程中，不断对新公共管理模式下政府服务裂解性和政府管理碎片化进行反

① 邱晶：“北京市政府向社会组织购买公共服务研究”，首都经济贸易大学 2012 年。
② 竺乾威：“从新公共管理到整体性治理”，《中国行政管理》2008 年第 10 期，第 52—58 页。
③ 曾凡军：“从竞争治理迈向整体性治理”，《学术论坛》2009 年第 9 期，第 82—86 页。

思与修正的基础上逐渐形成的，以满足公民需求为主导的治理理念，以信息技术为治理手段，以协调、整合和责任为治理策略，促使各种治理主体协调一致，实现治理层级、功能和公私部门的整合，以及碎片化的责任机制和信息系统的整合，充分体现包容性和整合性的整体型政府运作模式。整体性治理理论着眼于政府自身的整体性运作，但并不局限于政府。整体性治理理论也吸收了网络治理的理念，强调公私部门的合作。①

可以说，整体性治理的一个主要观点是整合，包括逆部门化和碎片化，大部门式治理，重新政府化，恢复或重新加强中央过程，极大地压缩行政成本，利用信息技术重塑一些具有公务支撑功能的服务提供链，集中采购和专业化，共享服务，网络简化。②而彭锦鹏认为，为了要达到整体性治理的境界，必须采用三种改革策略——运用信息科技而形成的在线治理模式、整合型政府组织和主动型文官体系，分别形成全观型治理的科技基础、组织基础和人员基础。③

总的来说，整体性治理理论的提倡者们认为整体性治理包括：互动的信息搜寻和提供；以顾客为基础和以功能为基础的组织重建；一站式服务的提供；政府服务数据库的建设；重塑从结果到结果的服务；灵活的政府过程；可持续性。④根据整体性治理理论的要求，在公共服务供给的过程中，也要注意发挥各职能部门的合力，政府也要整合私人部门和非营利组织的力量。

2.3.3 委托代理理论

委托代理理论是制度经济学契约理论的主要内容之一，其中心任务是研究在利益相冲突和信息不对称的环境下，委托人如何设计最优契约激励代理人。

委托代理理论最初是在私营部门的问题中出现，伯利和米恩斯首先发现企业所有者兼具经营者的做法中存在的极大弊端，于是提出“委托代理理论”，倡导所有权和经营权分离。20世纪70年代开始，该理论开始进入行政领域。米特克发表《委托理论：监督“悖论”与管制行为》一文，他认为传统的委托代理模型中，只有一个简单的委托人和代理人的关系，并没有组织结构，忽视了代理人的竞争。伍德和沃特曼则认为，委托代理研究的制度设计控制的不仅仅是代理人，委托人也应该包括其中，不能忽视委托人的受托责任，因此需要建立一种双向模型。梅尔则通过分析经济学中发展而来的委托代理理论的基本假设，发现委托代理中存在八种关系，而不是单一的。布莱姆和盖茨在传统研究的基础上构建了一个“改进的委托代理理论”，他们致力于分析监督者面临的约束，因为监督需要成本昂贵的资源；同时，致力于分析下属因为政策变化而带来的偏好的多样性和变化。⑤

代理理论遵循的是以“经济人”假设为核心的新古典经济学研究范式，基于以下两个假设：首先，委托人和代理人之间存在利益冲突。作为经济理性人的委托人和代理人都追求自身效用最大化，代理人可能利用委托人委托的资源决策权谋取自己的利益，即可能产生代理问题。因此，委托人与代理人之间需要建立某种机制契约来协调两者之间相悖的利益诉求⑥。再次，委托人和代理人之间存在信息不对称，这就增加了委托人对监督代理人行为的

① 曾凡军、韦彬：“后公共治理理论：作为一种新趋向的整体性治理”，《天津行政学院学报》2010年第2期，第59—64期。

② Patrick Dunleavy. Digital Era Governance: IT Corporations, the State, and E - Government. Oxford: Oxford University Press, 2006: 227 - 237.

③ 彭锦鹏：“全观型治理：理论与制度化策略”，《政治科学论丛（台湾）》2005年第23期，第61—100页。

④ 竺乾威：“从新公共管理到整体性治理”，《中国行政管理》2008年第10期，第52—58页。

⑤ 马骏、叶娟丽：《西方公共行政学理论前沿》，中国社会科学出版社2004年版，第63—78页。

⑥ 刘有贵、蒋年云：“代理理论述评”，《学术界》2006年第1期，第69—78页。

成本，从而导致两种典型的代理问题：道德风险和逆向选择。道德风险指的是代理人处于自身效能最大化、而违背委托人利益原则的投机行为。因此，严格的监督可以使委托人有效地抑制代理人的投机行为，并使其忠于委托人的目标[①②]。逆向选择则是指代理人在交易关系建立前利用已有信息选择对自己有利的合同，而使遭受信息劣势的委托人处于不利位置，最终形成“高质量”代理人被“低质量”代理人排挤出局的现象[③]。代理理论的核心任务，也是最大的挑战，即是研究在利益相冲突和信息不对称的环境下，委托人如何设计最优契约激励代理人。[④]

委托人与代理人间的利益冲突和信息不对称在各类组织间，或组织内不同角色的委托代理关系中普遍存在，因此具有广泛的理论意义和实用价值。在传统的代理理论视角下，政府外包公共服务以降低服务供给成本、提高服务供给效率和质量，机构在完全竞争的市场条件下竞标承接服务，并将受到详细设计的合同严格控制，以防止其偏离公益的自利行为。处于委托代理关系中政府和社会组织，彼此间的初始倾向是不信任的。委托人倾向于制定尽可能详尽的合同以明确规定代理人的权利和义务，从而最大限度地杜绝代理人的投机行为，维护公共责任。

政府作为委托人应如何通过控制管理手段来纠正社会组织利用信息不对称进行的投机行为，如何通过适当引入市场手段来提供公共服务供给的效率，但同时保证公平的服务分配，[⑤⑥⑦] 这些关于问责性的归属和维护的问题都是代理理论框架下需要解释的核心问题。

但众多研究已表明，公共服务外包市场通常只具有不完全竞争性。[⑧⑨⑩] 在政府向社会组织购买公共服务（特别是社会服务）领域，由于情感要素投入难以精确计量，以及服务效果、价值难以确切描述，其不完全性更加突出。德霍格（DeHoog R H）就指出竞争性购买模式需要诸多前置条件，在现实中很难实现。竞争式购买尤其不适用于社会服务、专业服务或研究与发展领域，现实中存在的多为谈判模式和合作模式。[⑪]

由于政府购买公共服务“并不总是那么容易发展或促进竞争”[⑫]，基于完全市场竞争、形成委托代理关系的传统外包理论遇到了适用性的难题，又逐渐发展出了关系契约（relmional contract）理论。关系契约是一种基于未

① Hansmann H B. The role of nonprofit enterprise [J]. The Yale law journal, 1980, 89 (5): 835-901.

② Fernandez S. Understanding contracting performance an empirical analysis [J]. Administration & Society, 2009 (1): 67-100.

③ Akerlof G A. The market for "lemons": quality uncertainty and the market mechanism [J]. The quarterlyjournal ofeconomics, 1970: 488-500.

④ Sappington DEM. Incentives in principal - agent relationships [J]. The Journal of Economic Perspectives, 1991 (6): 45-66.

⑤ Gazley B. Beyond the contract: The scope and nature of informal government - nonprofit partnerships [J]. Public administration review, 2008, 68 (1): 141-154.

⑥ Salamon Lester M. of market failure, voluntary failure, and third - party government: Toward a theory of govemment - nonprofit relations in the modem welfare state [J]. Nonprofit and Voluntary Sector Quarterly, 1987 (1-2): 29-49.

⑦ Sundquist J L Privatization: No panacea for what ails government [C]. Public - Private Partnership: New Opportunities - for Meeting Social Needs. Cambridge: Ballinger Books, 1984: 303-318.

⑧ DeHoog R H. Competition, negotiation, or cooperation: three models for Service contracting [J]. Administration & Society, 1990, 22 (3): 317-340.

⑨ Johnston J M, Romzek B S. Contracting and accountability in state Medicaid reform: Rhetoric, theories, and reality [J]. Public Administration Review, 1999: 383-399.

⑩ Lamothe M, Lamothe S. Beyond the search for competition in social service contracting procurement, consolidation, and accountability [J]. The American Review ofPublic Administration, 2009, 39 (2): 164-188.

⑪ DeHoog R H. Competition, negotiation, or cooperation: three models for Service contracting [J]. Administration & Society, 1990, 22 (3): 317-340.

⑫ [美] 唐纳德·凯尔特：孙迎春译，《权力共享：公共治理与私人市场》，北京大学出版社2009年版，第160-161页。

来关系价值的非正式协议。它多以不成文规章的形式出现，广泛存在于各类组织中，可以强烈影响个人或组织行为[①]。关系契约的主要特点是其自我履行机制（Self - Enforcing Contracts），正是因为其标的对第三方而言不可验证或验证所需成本高昂，缔约双方会依赖于自我执行从而保障交易顺利[②]。这种契约常常在开始时只是一个框架，其内容是在实施过程中不断依靠人际沟通技巧来逐步充实并实施的[③]。公共部门之间的关系契约有助于弥补某些正式契约的先天不足，如缔约双方只能在事后观察到交易结果的，通常只能依靠关系契约来保证合作的顺利进行[④]。因此，关系契约相当于在“死板”的合同基础上搭了一个“治理”的框架，将交易中可能出现的具体问题留到后续治理过程中去解决。

对公共服务外包中的政府与社会组织关系，除运用代理理论考察其经济交易特征外，对长期交易过程中的社会化关系考察亦不能忽略。关系契约正是在赢取长期合作关系的预期下形成的，将引导政府和社会组织遵循共同的行为规范，可能影响购买关系中控制权配置方式。这一点在我国的公私部门合作中表现得尤为显著。“关系社会”中的很多非正式关系无法用正式契约考察，因此理清正式契约和关系契约的成分，对理解并应用代理理论解释政府与社会组织的关系尤为重要。

2.3.4 交易成本理论

交易成本这个概念，是对交易没有成本的概念的挑战，20 世纪 80 年代末 90 年代初，交易成本理论开始用于公共部门和公共行政领域，是基于有限理性和机会主义这两个假设展开的，认为公共管理者是根据组织间的关系特征来设计和运用有效的治理模式，以应付潜在的或已知的交易风险。

交易成本最初是由科斯在《企业的性质》一书中提出，他认为企业代替市场并得以存在的原因就是交易成本的存在，签约外包的形式一定会产生交易成本，即获得准确的市场信息所需要付出的费用，以及谈判和经常性契约的反应费用等，他围绕节约交易成本这一中心，把交易作为分析单位，分析不同交易应该用不同的组织体制来协调。莫舍分析了私人部门决策和政府部门决策的成本并进行区别，得出交易成本和政府管理的关系。弗朗特则认为，交易成本理论的应用必须根据公共部门的特征进行调整。对于公共部门中交易成本理论的应用，必须关注“政治机会主义”，因为他认为政治是公共部门配置资源的基本制度。威廉姆森的交易成本理论则是相对静态的，是在契约的观点下提出的，即他将每一次交易都视为签订一次契约，主要是研究“交易的各方如何保护自己免受交易关系中各种风险的危害，并设计各种治理结构来解决这个问题”。威廉姆森认为交易成本主要有两种：一是事先交易成本，即为签订契约，规定交易双方的权利、责任等所花费的费用；二是事后的交易成本，即签订契约后，为解决契约本身所存在的问题，从改变条款退出契约所花费费用[⑤]。

综合考虑，交易成本泛指所有为促成交易发生而形成的成本，可以扩展到包括度量、界定和保证产权（即提供交易条件）的费用，维护交易秩序的费用等等。交易成本理论认为，公共部门在某些情况下可能会基于市场偏好、效率和质量的标准，通过签订合同等方法

① Baker G, Gibbons R Murphy K J. Relational contracts and the theory of the firm [J]. The Quarterly Journal of Economics, 2002 (1): 39 - 84.

② Ray D. The Time Structure of Self - Enforcing Agreements [J]. Econometrics, 2002 (2): 547 - 582.

③ 刘东、徐忠爱：“关系型契约特殊类别：超市场契约”，《经济理论与经济管理》2004 年第 9 期，第 54 - 59 页。

④ 张喆、贾明、万迪昉：“不完全契约及关系契约视角下的 PPP 最优控制权配置探讨”，《外国经济与管理》2007 年第 8 期，第 24 - 29 页。

⑤ 马骏、叶娟丽：《西方公共行政学理论前沿》，中国社会科学出版社 2004 年版，第 50 - 62 页。

而不是自己内部生产完成提供公共物品，因为交易产生的成本较之于政府直接提供产生的成本要低。正是基于这样的理由，政府才创新服务的提供模式，变直接财政投入为政府购买服务，他们相信，在社区公共卫生服务领域，政府购买过程中新产生的信息成本、议价成本、签约成本、执行成本、监督成本、违约成本等，较之于之前的公共服务内部生产，具有优越性，以市场为依托的生产方式更好。

与此同时，交易成本理论还强调交易成本有三个特性：交易商品或资产的特殊性、交易不确定性和交易的频率。由于环境因素充满变化，交易双方掌握的信息程度不同，人类的有限理性不足以预见未来不可预测事件的发生，因此交易常常存在复杂性和不确定性风险；也正是由于这种复杂性，导致交易频率越来越高，市场的先占者也可能由自利行为产生机会主义。交易理论认为，政府购买成为现实并能长期存在首先必须保证购买交易的合同谈判频率是在一定范围内，频率过高，则可能导致谈判成本增高而使得政府将交易的经济成本内部化，即放弃合同购买方式；其次是面对不确定性环境，交易双方保持相互信任的合作气氛，减少不必要的议价成本；最后是致力于信息成本，减少少数交易行为和投机主义。该理论通过研究人、交易的市场环境因素和公共部门的制度政策因素三个方面对行政领域交易成本的决定性影响因素进行分析，进而分析影响政府的效率和公平的因素，并为之进行制度供给以改变现状。①

① 赵慧云："合同制治理视角下的社区卫生服务政府购买研究——以长沙市 A 区为例"，中南大学 2011 年。

第3章

政府购买公共服务制度框架

政府购买公共服务是政府采购的基本内容之一。在社会主义市场经济环境下，政府购买公共服务即是公共服务的契约化。政府通过购买公共服务进而转变政府职能，提高政府效能，更好地为人民服务。随着改革开放的不断深化，政府购买公共服务的广度和深度不断增加，因而政府购买公共服务的制度化建设越发重要和迫切。

推广和规范政府购买服务，必须发挥市场在资源配置中的决定性作用。因此，政府购买公共服务必须依法行事。与之相关的法律包括：《中华人民共和国预算法》和《中华人民共和国政府采购法》。最新的《中华人民共和国预算法》由十二届人大第十次会议于2014年8月31日通过，自2015年1月1日起施行。《中华人民共和国政府采购法》由第九届人大第二十八次会议于2002年6月29日通过，自2003年1月1日起施行。与这两部法律相配套的分别是两个实施条例：一是《中华人民共和国预算法实施条例》，由国务院于1995年11月22日发布实施；二是《中华人民共和国政府采购法实施条例》由国务院于2014年12月31日通过，自2015年3月1日起施行。最直接规范政府购买服务行为的是由财政部、民政部和国家工商总局于2014年12月15日发布的《政府购买服务管理办法（暂行）》，本办法自2015年1月1日起施行。

除以上法律规章外，政府购买公共服务的制度框架还包括《中共中央关于全面深化改革若干重大问题的决定》、《国务院办公厅关于政府向社会力量购买服务的指导意见》（国办发［2013］96号）等有关要求和规定。

各地区政府根据以上规定，结合各自具体情况，分别制定了政府购买服务的相关具体制度。如北京、上海、广州等，尤其是上海市政府，作为政府购买公共服务最先试水的地区，在政府购买服务的制度化建设方面进行了许多有益的探索。

3.1 政府购买公共服务的程序

政府购买公共服务的原则包括：(1) 积极稳妥，有序实施。(2) 科学安排，注重实效。(3) 公开择优，以事定费。(4) 改革创新，完善机制。据此原则，政府购买公共服务在主体、内容、程序、纠纷解决和监督机制、绩效评估等方面都有明确要求。

3.1.1 政府购买公共服务的主体和内容

3.1.1.1 政府购买公共服务的主体

政府购买公共服务的主体分为购买主体和承接主体。购买主体包括：各级党政机关、具有行政管理职能的事业单位和纳入行政编制管理且经费由财政负担的群团组织。

承接主体包括在登记管理部门登记或经国务院批准免予登记的社会组织、按事业单位分类改革应划入公益二类或转为企业的事业单位，依法在工商管理或行业主管部门登记成立的企业、机构等社会力量。

《政府购买服务管理办法（暂行）》第七条　承接主体应当具备以下条件：

（一）依法设立，具有独立承担民事责任的能力；

（二）治理结构健全，内部管理和监督制度完善；

（三）具有独立、健全的财务管理、会计核算和资产管理制度；

（四）具备提供服务所必需的设施、人员和专业技术能力；

（五）具有依法缴纳税收和社会保障资金的良好记录；

（六）前三年内无重大违法记录，通过年检或按要求履行年度报告公示义务，信用状况良好，未被列入经营异常名录或者严重违法企业名单；

（七）符合国家有关政事分开、政社分开、政企分开的要求；

（八）法律、法规规定以及购买服务项目要求的其他条件。

政府购买公共服务就是政府利用财政资金，通过发挥市场机制作用，把政府直接向社会提供的一部分公共服务事项，按照一定的方式和程序，以购买的方式交由具备条件的社会力量承担，政府根据服务数量和质量向其支付费用。

3.1.1.2 政府购买公共服务的内容

政府购买服务的内容为适合采取市场化方式提供、社会力量能够承担的服务事项。

政府购买服务指导性目录：

(1) 基本公共服务。公共教育、劳动就业、人才服务、社会保险、社会救助、养老服务、儿童福利服务、残疾人服务、优抚安置、医疗卫生、人口和计划生育、住房保障、公共文化、公共体育、公共安全、公共交通运输、“三农”服务、环境治理、城市维护等领域适宜由社会力量承担的服务事项。

(2) 社会管理性服务。社区建设、社会组织建设与管理、社会工作服务、法律援助、扶贫济困、防灾救灾、人民调解、社区矫正、流动人口管理、安置帮教、志愿服务运营管理、公共公益宣传等领域适宜由社会力量承担的服务事项。

(3) 行业管理与协调性服务。行业职业

资格和水平测试管理、行业规范、行业投诉等领域适宜由社会力量承担的服务事项。

（4）技术性服务。科研和技术推广、行业规划、行业调查、行业统计分析、检验检疫检测、监测服务、会计审计服务等领域适宜由社会力量承担的服务事项。

（5）政府履职所需辅助性事项。法律服务、课题研究、政策（立法）调研草拟论证、战略和政策研究、综合性规划编制、标准评价指标制定、社会调查、会议经贸活动和展览服务、监督检查、评估、绩效评价、工程服务、项目评审、财务审计、咨询、技术业务培训、信息化建设与管理、后勤管理等领域中适宜由社会力量承担的服务事项。

（6）其他适宜由社会力量承担的服务事项。

目前政府购买服务范围着重突出公共性、公益性，体现紧贴保障和改善民生的财政支出重点，对公共卫生、社会（区）服务、养老服务、残障服务、就业促进、公共设施维护、物业服务等适合社会力量承担的项目，优先列入政府购买范围。主要包括基本公共服务类、社会事务服务类、社会技术服务类、社会劳务服务类以及经市政府批准的其他公共服务项目。

党的十八大报告把"基本公共服务均等化总体实现"列为2020年实现全面建成小康社会宏伟目标的重要内容：党的十八届三中全会指出："推广政府购买服务，凡属事务性管理服务，原则上都要引入竞争机制，通过合同、委托等方式向社会购买。"可以看出，推进公共服务政府购买机制将是各级政府在今后相当长的时期内进行职能转变，完善公共服务建设的重要内容。

政府购买公共服务的内容为适合采取市场化方式提供、社会力量能够承担的服务事项。不属于政府职能范围，以及应当由政府直接提供、不适合社会力量承担的服务事项，不得向社会力量购买。

对于一些与民生密切相关的领域，走向市场、交给社会的过程需要比较谨慎地推进，予以周密考虑，对市场主体和社会组织进行严格把关和监管。过去一些单纯走市场化路线的实践表明，如果政府在某些领域离开太早、抽身太快，或者说交给市场和社会后一放了之、不闻不问，事后监督管理没有及时跟上，那么就容易造成公共服务领域一些新的问题出现。目前，政府购买公共服务的主要内容见表3.1。

表3.1　政府购买公共服务的主要内容

服务民生类	1. 扶贫救助项目。为低收入家庭、贫困人群及灾区群众提供生活救助、资金或物资支持，改善生存状况
	2. 扶老助残项目。为老年人、残疾人提供包括生活照料、家政服务、医疗救护、文化娱乐、精神慰藉在内的个性化服务和物质保障
	3. 医疗卫生项目。资助低收入家庭、大病重病患者就医，开展公众卫生健康知识普及、送医送药活动，帮助困难群众解决看病难等问题
	4. 文体科普项目。为居民提供文化休闲、科学教育、体育健身等服务，推动公益文化、科学知识普及和体育事业的发展
	5. 妇幼保护项目。维护妇女儿童的合法权益，开展相关帮扶活动，救助困难儿童生活、学习，帮助少年儿童安全、健康成长
	6. 服务"三农"项目。支持新农村建设，开展相关帮扶、资助活动，提高农业产业化、专业化水平，提高农民生活质量
	7. 法律援助项目。为低收入城乡居民、外来务工人员等提供免费法律咨询、诉讼代理等法律援助服务
	8. 支教助学项目。对低收入家庭学生、外来务工人员子女在京就读所需费用提供支持，资助因病、因困等原因辍学的学生重返校园
	9. 生态环境项目。开展动植物保护、植树造林、美化环境、污染治理、低碳排放、环保宣传等活动
	10. 促进就业项目。针对大学生、外来务工人员、下岗失业人员等人群开展劳动技能培训、创业知识培训及其他有助于就业和创业的活动
	11. 拥军优属项目。为部队官兵、军烈属提供法律咨询、技能培训、心理咨询等方面的服务，加强军民团结，促进社会和谐
	12. 服务社区项目。为社区提供心理减压、居家养老、社区矫正、应急减灾、矛盾调解、知识讲授、垃圾分类等服务，提高居民生活品质

续表

公益服务类	1. 以街道社区等地域为基础，形成的社区服务项目
	2. 以公益服务品牌项目为核心的项目
	3. 围绕一类活动，自然形成的且能够进行资源配置的项目
	4. 围绕解决基层热点、难点问题的项目
	5. 以行业协会为核心，突出行业个性化的项目
	6. 建设社会组织枢纽型工作体系的项目
	7. 以党组织为主导的组团活动项目
	8. 以基金会资助而形成的项目
	9. 社会志愿公益服务类项目
	10. 维护社会稳定、建设和谐社区类项目
	11. 依据相关法律法规形成的开展垃圾分类、动物限养等服务的项目
专业服务类	1. 志愿者队伍建设项目。提高志愿者的综合素质，培育优秀志愿者服务团队，提供高效的志愿服务
	2. 社会工作建设项目。进行社工人才的理论研究，开展社工人才培训，提升社工人才能力，提供专业的社工服务
	3. 资金募集创新项目。以基金会为龙头，开展联合劝募，拓展资金筹集渠道，统筹配置社会组织公益资源
	4. 行业规范、自律建设项目。制定行业规范，开展行业自律与诚信建设，强化企业社会责任，提高行业竞争力
	5. 评价评估、监督指导项目。提供评价评估、监督指导等专业性服务，对公益服务项目进行全过程监管，保证公益服务项目有效实施
培育发展类	1. 社会组织示范基地建设项目。将制度健全、活动规范、特点鲜明的社会组织，打造成可参观、可学习的社会组织示范基地
	2. 社会组织活动基地建设项目。利用社会组织自身资源优势，兴办市、区（县）、街道不同层次的社会组织活动基地，为社会组织提供服务支撑
	3. 社会组织孵化基地建设项目。为初创期和中小社会组织提供能力建设、政策辅导、办公场地等关键性支持，促进社会组织健康成长
	4. 社会组织人才培养项目。开展社会组织领军人才和专业人才培养，提高社会组织从业人员素质，建立健全社会组织人才队伍建设体制
	5. 社会组织互助项目。社会组织相互之间通过人、财、物等资源的互联、互补，进一步扩大公益服务范围，多样化、多层次提供服务
	6. 政府决策研究、信息咨询服务项目。调动社会组织各方面研究机构和研究人员的积极性，为政府提供科学的、高质量的决策咨询研究成果
参与社会管理类	1. 流动人口管理服务项目。宣传政策，舒缓压力，化解矛盾，提供流动人口管理服务
	2. 社会矛盾调解服务项目。开展心理咨询、调适，调解矛盾纠纷，促进和谐，维护稳定
	3. 应急救援综合服务项目。进行紧急事件预防、预备、救援和恢复的综合性服务
	4. 参与社区管理项目。参与社区治安、环保、信息化建设等活动，提升社区管理水平，建设安全、和谐社区
	5. 公共安全服务项目。开展减灾防灾、消防等教育讲座，以及安全器材使用、保管培训等活动

3.1.2　政府购买公共服务的程序

根据《政府购买服务管理办法（暂行）》的具体规定，政府购买公共服务的程序大致包括以下六项程序：

（1）确定承接主体。购买主体应当按照《政府采购法》的有关规定，采用公开招标、邀请招标、竞争性谈判、单一来源采购等方式确定承接主体。

（2）开展购买活动。购买主体应当在购买预算下达后，根据政府采购管理要求编制政府采购实施计划，报同级政府采购监管部门备案后开展采购活动。购买主体应当及时向社会公告购买内容、规模、对承接主体的资质要求和应提交的相关材料等相关信息。

（3）签订购买合同。按规定程序确定承接主体后，购买主体应当与承接主体签订合同，并可根据服务项目的需求特点，采取购买、委托、租赁、特许经营、战略合作等形式。合同应当明确购买服务的内容、期限、数量、质量、价格等要求，以及资金结算方式、双方的权利义务事项和违约责任等内容。

（4）加强合同管理。购买主体应当加强购买合同管理，督促承接主体严格履行合同，及时了解掌握购买项目实施进度，严格按照国库集中支付管理有关规定和合同执行进度支付款项，并根据实际需求和合同规定积极帮助承接主体做好与相关政府部门、服务对象的沟通、协调。

（5）实施服务项目。承接主体应当按合同履行提供服务的义务，认真组织实施服务项目，按时完成服务项目任务，保证服务数量、质量和效果，主动接受有关部门、服务对象及社会监督，严禁转包行为。

（6）加强检查验收。承接主体完成合同约定的服务事项后，购买主体应当及时组织对履约情况进行检查验收，并依据现行财政财务管理制度加强管理。

在具体实践过程中，各地进行了长期的有效探索，形成了各具特色的购买服务流程，其细化过程详见图 3.1。

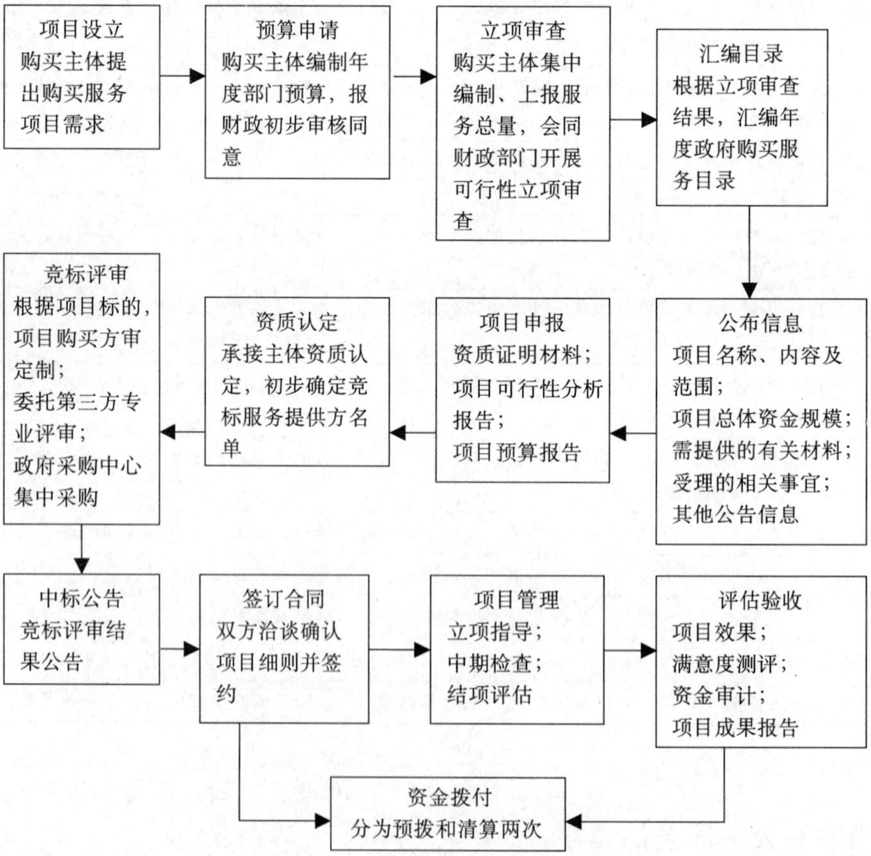

图 3.1 政府购买服务工作流程

在依法治国的国策下，一个概念逐渐被更多人所认可：程序有时比内容更重要。所以政府购买公共服务的程序正逐渐变得愈发规范和完善，但是相比国外发达国家比较成熟的购买程序，我们还有进一步学习和创新的必要。如英国政府购买服务程序包括八个阶段：制订采购计划——确定采购总负责人和配备律师、会计师或审计师——律师起草和在指定刊物上公布信息——接受咨询——按标准确定合格供应商名单——招标或直接采购——按照合同监督供应商完成服务——独立审计。美国政府购买服务则由至少八个环节构成：制订统一的单据格式——招标公告以及表述格式——对招标工作人员统一定位——详细制订招标采购操作规程——确定合格服务商名单——招投标——服务追查——进行采购审计和管理审计。相较英美，我们的购买程序在标准化和法治化建设方面还有待更上一层楼。

3.1.3　政府购买公共服务的财务管理

政府购买公共服务作为一项公共预算，其规模取决于公共服务的需求量和政府的财政负担能力。由于政府财政和资源的有限性和稀缺性，所以，政府能够提供的公共服务供给量总是小于需求量。

为了满足越来越多的公共服务需求，政府一般采取三种途径增加公共服务供给量：一是政府直接供给，即由政府部门专门设立服务机构提供服务，一般不划定服务区域；二是政府出资，委托非营利组织（NPO）代理供给，以特定区域为服务对象；NPO为代理人，政府为委托人；三是政府购买部分私人机构的服务转为公共供给，如政府向私人养老院购买部分床位服务提供给社区老人。

按照《中华人民共和国预算法》的要求：政府的全部收入和支出都应当纳入预算。所以，政府购买公共服务的预算和财务管理非常重要。

3.1.3.1　政府购买公共服务财务管理规范

根据《政府购买服务管理办法（暂行）》的相关规定，政府购买公共服务的预算和财务管理具体要求如下：

（1）按规定逐步增加政府购买服务资金比例；

（2）结合项目特点和相关经费预算，综合物价、工资、税费等因素，合理编制预算；

（3）在预算报表中制定专门的购买服务项目表，并与部门预算一并报送财政部门审核；

（4）财政部门负责对政府购买服务项目表进行审核；

（5）购买主体应当按照财政部门下达的购买服务项目表，组织实施购买服务工作；

（6）承接主体应当建立政府购买服务台账，记录相关文件、工作计划方案、项目和资金批复、项目进展和资金支付、工作汇报总结、重大活动和其他有关资料信息，接受和配合相关部门对资金使用情况进行监督检查及绩效评价；

（7）承接主体应当建立健全财务制度，严格遵守相关财政财务规定，对购买服务的项目资金进行规范的财务管理和会计核算，加强自身监督，确保资金规范管理和使用；

（8）承接主体应当建立健全财务报告制度，按要求向购买主体提供资金的使用情况、项目执行情况、成果总结等材料。

3.1.3.2　政府购买公共服务财务管理注意事项

（1）政府购买公共服务的预算要公开透明。目前政府购买公共服务的项目大多已纳入集中采购目录，在各级政府的预算编制中，政府采购资金预算单列，但预算并不向社会公开，因而社会部门对政府购买服务的需求并不了解，购买服务向市场的开放程度不足，市场透明度和竞争力不够，造成服务购买成本偏高，不利于财政资金节约。随着中国特色社会主义法律体系的不断完善，各级政府向社会组织购买服务的资金应该公开透明，各级政府要依法行政，严格管束购买公共服务经费预算的使用。

由于政府购买公共服务政出多门，再加上透明度不够，有时不能及时检查和监督，出现“多报少购、报而不购”的现象，不少采购人员趁机侵占国家利益，产生了大量腐败现象。其中不少“大老虎”由此而生。

（2）合理编制政府预算。目前，我国政府部门预算实行“两上两下”的程序：

①“一上”，各部门同时编制部门预算与政府采购预算，提出预算数额，主管部门审查后报财政部门审核；

②“一下”，财政部门预算评审小组根据预算部门上报的财务收支情况进行审核后，下达各部门预算额；

③“二上”，各预算部门根据预算额，结合本单位的收支情况，编制包括政府购买服务在内的单位预算，并报财政部门审核；

④“二下”，财政部门将预算单位的数额编入本级财政预算，报同级人大审批后，随单位财务收支预算一并下达到各预算单位。各单位必须认真执行，不得随意调整。如需调整，应报同级人大审批，必要时应举办“听证会”。

但这个预算额终究是“预估数”，在具体执行过程中，难免出现与实际不符合的情况，这种情况称为预算偏差。产生预算偏差的原因有三：一是成本上升；二是支出过剩；三是预算完整性出现偏差。这就要求预算执行部门兼顾原则性和灵活性。

纠正预算偏差的策略有：

①开展严格的定期预算执行检查，及时发现和修正预算偏差；

②政府集中采购有利于提升政府预算的准确性；

③编制预算调整计划，并按照程序审查和批准。

（3）发挥市场的决定性作用。政府购买公共服务财务管理应坚持“公正、公平、公开”的原则，兼顾成本与效率，发挥市场在资源配置中的决定性作用，尽量减少政府的干预。政府购买公共服务的成本分为有形成本和隐形成本两种：有形成本是政府购买公共服务直接相关的各种费用，如政府采购机构和人员的经费等；隐形成本是指为配合政府采购活动所产生的费用，如消费者和承接主体所发生的费用等。

财务管理的主要目的就是尽量降低以上两种成本，在社会主义市场经济前提下，应遵循成本价格规律，建立市场网络机制，缩短采购周期，从而提高购买服务的效率。

3.2 政府购买公共服务的纠纷解决机制

政府购买公共服务实质上就是政府、社会组织、消费者三者间的契约关系，所以实践中产生纠纷是不可避免的，产生纠纷的种类和原因也是多方面的，其解决方式主要有诉讼和非诉讼两种。

3.2.1 政府购买公共服务存在的问题

3.2.1.1 政府失位

政府购买公共服务产生纠纷的重要原因是政府失位，具体包括：政府越位、政府缺位和政府错位三种情况。

（1）政府越位：简言之就是“不该管的也去管”。是指政府部门超越了本部门的职权范围，管了别的部门该管的事情，也就是“越权”。

政府职能越位，主要是指政府干了不该干的事情和管了不该管的事情，直接包揽了本来可以通过市场进行的纯粹私人产品的生产供应，以及可以由政府、企业、非政府公共组织共同参与的混合性公共物品的生产。具体表现在以下几方面：

①政府职能与市场功能不分。目前我国大部分公共服务的直接生产者和提供者仍然是各级地方政府，“唱独角戏”的状态长期存在。提供公共服务的垄断地位，直接扼杀了政府自身降低服务成本的内在动能，容易造成公共资源的浪费。有限的政府无法及时准确掌握公共服务需求的变化，也没有能力通过有限的资源生产出“无限”的公共服务来满足公众多样化的公共服务缺口。为了履行政府职责，尽可能满足公共服务需求，“财大气粗”的地方政府通过巨大的财政支出和人员投入来达到目标，但伴随的则是机构臃肿、人员庞杂。

②政府与企业不分。表现为政府“大包大揽”，变相经营企业、经营公司，承担应当属于企业的经营管理责任。不仅为企业制定决策、筹集投资、掌管人事，而且还最终负担亏损，使企业长期处于政府的管束与庇护之下，无法成为自主经营、自负盈亏的法人，影响了我国公司制改革和完善法人治理结构的进程。

③政府与社会中介组织不分。表现为政府组织通过主管、指导等方式直接介入各种协会、社团、居民自治组织和村民自治组织的内部管理与事务运作，使它们直接或间接处于政府组织的附属地位，难以真正依照自我管理、自我约束、自我发展的原则成长发育，阻碍了非政府公共组织在公共管理中作用的发挥。

④政府与事业组织不分。我国政府组织与事业组织难以区分，既有使用事业编制的行政机关，又有使用行政编制的事业机构。有的事业单位实际上是行政部门的延伸，承担着一定的行政职能。

（2）政府缺位：简言之就是“该管的不去管”，是指政府部门没有认真履行自己的职责，没有管理好属于本部门的事务，也就是“失权”。

政府缺位，主要是指本来应当由政府生产和提供的公共产品和服务，政府却没有充分尽职尽责，甚至在某些公共领域出现了“真空”。如应由政府提供的水利设施、生态环境保护和其他必要基础设施的建设仍然力度不够；医疗、养老、失业、救济以及其他社会保障服务的公共供给仍然不足；市场经济秩序不健全，竞争规则不完备，信用体系尚不健全；应由各级政府提供的公共教育服务、公共卫生服务、城市公用事业服务等，仍然不能满足社会公共需要。

对政府的监督也存在缺位现象，目前的监督主要局限在行政化检查或监督制度，缺乏独立的监督机构，信息的真实性和竞争的公正性难以保证。现有体制对于公共服务的监管权分散在为数众多的政府部门手中，有的既是主管部门，又与社会组织存在隶属联系，复杂的利益纠葛下，对购买服务的监管和评价十分不利。已出台绩效评估的地区也往往缺少科学具体的考核指标，已有的定量指标多重视投入资金、人员、参与案例等方面，而对具体的实施效果、效益和效率评价不足。

（3）政府错位：简言之就是“该管的不会管”，是指政府部门对于自己该管的事情，却没有能力去管好，乱用权力、乱搞一通，也就是“乱权”。

政府职能错位，是指政府内部发生的职能混乱现象，即你干我的事，我越你的权，互相打乱仗。政府职能错位是个老问题，在对政府职能进行大规模的调整和改革时期，这个问题更加突出：

①在纵向上，既有中央政府对地方政府、上级政府对下级政府的职能越位，也有下级政府对上级政府、地方政府对中央政府的职能越

位。具体谁越位更严重一些，在不同时期不同领域的具体情况不尽相同。例如，在土地等资源的管理上，几乎都是下级政府和地方政府越位较严重，而在人事、机构管理方面，大都是上级政府越位较多。

②在横向上，主要是各级政府部门职能交叉、重叠，职权划分不清楚，互相推诿扯皮，政出多门的情况时有发生。

③在条块关系上，既存在条条对块块，即上级业务主管部门超越职权干预下级政府管理事务的现象，又有下级政府超越职能干涉上级业务主管部门业务的现象。

3.2.1.2 承接主体先天不足

2011年，我国正式登记的社会组织有45万个，备案的社区组织25万个，实际存在的300万个左右。年均增长率在8%—10%。这些组织几乎覆盖了社会的各个方面：科技、教育、文化、卫生、劳动、民政、体育、环保、法律、慈善等公益领域及中介、工商服务，初步形成体系。6万多个行业协会就联系企业会员2000多万个，4万多个学术团体联系专家学者500多万人，专业协会联系1000多万个。各类社会组织的经济实力也开始显著增强。据统计，2010年，社会组织拥有固定资产1089亿元，年收入约1247亿元。

党的十八大报告提出，“加快形成政社分开、权责明确、依法自治的现代社会组织体制”，强调要“深入推进政社分开”、“鼓励引导社会力量兴办教育”、“支持发展慈善事业”、“鼓励社会办医”、“加强民间团体的对外交流”、“引导社会组织健康有序发展”等，对于政府购买公共服务的承接主体建设非常重要。十八大报告同时指出：政府的事务性管理工作、适合通过市场和社会提供的公共服务，可以适当的方式交给社会组织、中介机构、社区等基层组织承担。《国务院关于第六批取消和调整行政审批项目的决定》规定，凡公民、法人或者其他组织能够自主决定，市场竞争机制能够有效调节，行业组织或者中介机构能够自律管理的事项，政府都要退出。

长期以来民政部门的前置审批政策和烦琐程序使多数NPO只能以挂靠机构和草根团队的形式存在。过度行政干预导致我国目前的社会组织独立性差、功能不全、总量不足、人才不足、结构不合理、地区分布不均衡。社会组织发展程度滞后，难以承接政府大规模的公共服务委托。造成社会组织不足的原因有：①社会组织自身能力不足；②现行双重管理体制限制了社会组织的发展。当前社会组织的双重管理体制导致大量社会组织无法正常注册，或者只能注册为企业法人。而当政府购买公共服务时，未登记注册的社会组织没有申请项目的资格而被拒之门外。

2012年，中央财政安排2亿元专项资金，用于支持社会组织参与社会服务。这是中央政府首次通过建立公共财政资助机制加强对社会组织的培育和扶持。资助项目包括发展示范项目、承接社会服务试点项目、社会工作服务示范项目、人员培训示范项目等四大类，2012年共执行项目377个，举办培训120余期，培训1.77万人次。项目共带动社会资金3.2亿元，185万群众直接受益。一些地方和部门也拿出专项资金支持社会组织发展，促进了社会组织能力建设与作用发挥。

目前政府购买的维持自身运转的服务（如物业、印刷、车辆维修等）由于纳入集中采购目录多年，规模效应显现，企业参与的积极性很高。但为公众提供的公共服务，由于其非竞争性和非排他性使得市场价格机制难以发挥作用，公共品的价格扭曲使企业盈利空间十分有限，因而供给动力不足。

加强社会组织的建设包括：

①加强完善社会组织内部管理制度，形成规范的管理模式；

②积极参与各种公益活动，提升服务质量，进而提升知名度和美誉度，以吸引更多资金加强自身建设；

③加大宣传力度，吸引专业人才，提升社会组织的服务能力和质量。

加快培育和发展社会组织，增强公共服务市场的竞争性。建立各类社会组织孵化基地，着力引导、培育社会需求旺盛、服务潜力大的公益类社会组织，提升公共服务市场的竞争性和活力。

3.2.1.3　消费者参与缺失

由于种种原因，政府购买公共服务中普遍存在着消费者缺失的问题。消费者既是购买服务的消费对象，也是服务的主要评价者，更应是政府购买服务的立项主体。消费者参与公共服务，既可以保持对公共权力的监督，也可以避免因行政权力的违法而对公民造成伤害。在我们这样一个人口老龄化的大国，如要人人都能享受政府购买养老服务是不可能的，因此很多社区采用雇佣本社区的下岗职工来照顾孤寡老人的工作，这样既解决了养老的问题，也使得下岗工人重新获得就业。因此，政府购买公共服务的对象也可以是个人，通过参与机制，消费者不仅成为服务对象，也成为公共服务的直接提供者。

更重要的是在参与过程中，消费者也体验到政府的良苦用心与不易，学会辨识什么是正当需求，什么是非正当需求，学会自我约束和自我提高，促进了公民意识和素质的提升。通过消费者参与，使得政府、社会组织、公民三者间互助合作，不断发现公共服务中的新问题，避免公共服务的浪费。现实中，公民参与的典型案例是关于公共服务的各种听证会，如准入资格听证会、价格听证会等，消费者借此机会向政府反映自己的诉求，为公共服务的提供者改进服务提高了依据。

目前，应推进公共服务决策民主化，促使公共服务充分体现公众意愿。优化公共服务决策机制，提高决策的民主化、科学化水平，反映和尊重民意，保障公众的知情权、话语权以及决策参与权。在确定服务外包合同的种类、数量和方式时，可采用直接调研、统计分析等方法，明确汇总公众的真实需求。最重要的是建构公民社会基本结构，增强公民参与意识不强，切实贯彻群众路线，倾听人民群众的呼声和诉求，发挥人民群众的参政议政积极性。

3.2.2　政府购买公共服务的风险和成因

政府购买公共服务的风险主要包括：(1) 对政府做绩效评估，评估政府在该项服务方面的管理效率高低，如果效率高，服务好，就没必要交出去；如果有可能进一步降低成本提升效率，就可以交出去。(2) 购买服务前要做全面的风险评估。如服务商是否能够提供有效和高水平的服务？如果社会力量做不好，是否有其他可替代方案？政府购买服务以质量为主，数量上也不是越多越好，而是以满足公众需要为己任，公众的满意度才是最重要的。

3.2.2.1　政府购买公共服务的风险

(1) 标的物风险。在资源有限条件下，政府如何集合公众对公共服务的需求，满足其多样化、多层次需求，是公共决策面临的首要问题。如果购买服务的界限模糊，可能导致政府履行职能出现新的“缺位”或“越位”。

(2) 买方风险。具体表现为：①信息失灵风险。信息失灵不利于政府筛选、甄别供应商的资质、信誉和能力，产生高昂的交易成本。②设租、寻租风险。决策者可能根据自己的偏好选择产品，把本来的“为公众做个好交易”变成“为自己做个好交易”，化公为私，导致监管失效。

(3) 卖方风险。①供应方缺乏主体独立性。我国多数社会组织行政色彩明显，难以保证其以实质独立地位与政府平等谈判，在合同拟定中讨价还价。企业与政府或其主管部门有千丝万缕的联系，或其本身是政府隶属或延伸、分流的部分。服务承接方地位不独立，购买演化为内部性购买，背离了政府外购公共服务的初衷。②行业内社会组织或企业数量少、规模有限，难以满足竞争性市场的基本条件。③社会组织或企业的专业资质不足、服务能力偏低，降低了政府购买服务成功的可能性。

（4）技术性风险。①定价风险。公共项目成本核算困难，需求偏好显示不足，核定服务价格存在较大的自由空间。定价风险致使服务外包后政府支出可能不降反升。②履约风险。政府购买公共服务的合同条款交易界定模糊，产生合同歧义和灰色地带，容易引发合同执行争议和冲突，为后期评价、监管留下隐患。③监管风险。公共服务质量、绩效评价量化困难，尤其对于经济效益较小、社会效益显著的项目而言，无形收益的难衡量、未来收益的贴现等问题均使项目评价难以取得双方共识。

3.2.2.2 政府购买公共服务的风险成因

（1）政府购买公共服务意识还不强，存在购买走形式变样的情况。当前，在提供公共服务领域，有相当一部分地方政府部门实行两套方案，即：将成本大、提供有难度的公共服务向社会一推了之，而群众意见小、容易提供的公共服务则由政府部门自行生产，结果，使得公众无法获得高质量的服务。

（2）公共服务购买的竞争性不足。虽说政府开始向社会购买公共服务了，但是提供公共服务的生产者依旧有限。加之个别的地方政府招投标存在内部操作，因此，市场竞争机制无法有效实现，使得政府购买公共服务走样，经济寻租情况出现，滋生腐败。

（3）缺乏有效的监督管理机制。政府购买公共服务是好是坏，一是看购买公共服务是否有效，即投入一定数量的资金能否购买到最大量、最优质的服务；二是看购买的公共服务的效果如何，即群众对政府服务的满意程度。由于公共服务的社会化生产才刚刚起步，很多标准难以确定，对于政府来说，想要准确地评估一项公共服务的成本和价格还比较困难。另外，政府职能依旧是以行政管理为主，因此在管理监督公共服务的购买上难以做到科学合理。最后，因为又没有第三方机构对公共服务购买监督把关，很容易导致购买者和生产者之间信息的不对称，使得公共服务的质量得不到保障。

3.2.3 政府购买公共服务的纠纷解决机制

政府购买公共服务的过程中存在着三方主体间的权利义务关系，第一方是购买主体，即政府；第二方是承接主体，即社会组织；第三方是消费者。在服务实施过程中，三方之间产生纠纷是不可避免的。首先政府是委托方，社会组织是受托方，社会组织以政府的名义向消费者提供公共服务，这就构成了法律上的代理关系。如果公共服务消费者与提供者间发生了纠纷，消费者应该以政府为责任主体，假设纠纷中的过错在承接主体，政府部门在对消费者进行赔偿后，可以依法向承接主体追偿。其次对于公共服务承接主体和消费者之间，两者可能构成权益受害方和侵害方。

3.2.3.1 政府与社会组织之间的纠纷

首先明确政府部门与社会组织签订的合同的性质，合同的一方是行政主体，另一方是社会组织，可能是私营企业也可能是公益性组织，合同的目的是运用市场机制将某些公共服务由政府供给变为市场供给，提高公共服务的供给效率。合同的目的也是为了实现政府公共服务的职能，而且整个合同的签订过程中，政府部门始终占主导地位，所以政府部门与社会组织签订的合同的性质属于行政合同。政府部门与社会组织在提供公共服务的过程中产生的纠纷，社会组织违反合同，首先依照合同中的违约条款进行处理，合同没有规定的情况下，政府部门也可以对社会组织进行行政处罚。但是政府部门侵犯了社会组织的合法权益，是否能进行行政复议或者提起行政诉讼还没有明确的法律规定，针对政府在行政合同中的违约或者侵权是可以纳入到行政复议或者行政诉讼范畴的，因为政府与社会组织签订行政合同的行为可以看作是一个具体行政行为，而且行政合同也完全符合具体行政行为的成立要件，有行政权能的存在、行政权的实际运用、法律效果的存在和意思表示的行为的存在。

如果承接主体惧于政府压力或者害怕影响后续合作，就算政府部门出卖公权力，侵害承接主体合法权益而不起诉时，检察机关仍然可以作为原告，即公共利益的代表人，独立的起诉，这属于行政公益诉讼的范畴。世界上许多国家都通过立法肯定了行政公益诉讼的存在，我国虽然在立法上并没有赋予检察机关此类权力，具体的司法实践中也没有出现类似案例，但是在学术界，对于检察机关的这种原告资格持肯定的态度。

3.2.3.2 社会组织与消费者之间的纠纷

1. 诉讼方式

平等民事主体之间的纠纷应该适用民法来调整，但是由于社会组织所提供的商品是公共服务，因此又不能完全由民法来调整，具体可以分为两种情况：

（1）社会组织与消费者在公共服务的提供过程中由于社会组织的责任而导致的纠纷，那么消费者可以就社会组织为被告提起民事诉讼，也可以与社会组织达成和解，一般民事纠纷适用的方式在这里都能适用，因为两者之间的纠纷是纯民事纠纷。

（2）虽然消费者的损失是由提供公共服务的社会组织造成的，但是这种损失的造成是社会组织严格依照政府要求所导致的，也就是说公民的损失追根溯源是由于政府的决策错误而导致的，与社会组织没有直接的关系，因而可以说是政府部门对公民权益的侵害，如果因此由社会组织来承担损失赔偿，对社会组织来说就太不公平了，因此消费者可以就此进行行政复议或者行政诉讼，社会组织可以作为第三人。

非诉讼方式是诉讼制度以外的非诉讼纠纷解决程序或机制的总称。其纠纷解决机制适用的范围广泛，而且高效、便民、成本低、专业性强，有利于维护社会的稳定，因而应该在我国得到相应的适用，我国目前非诉讼方式主要包括：调解、仲裁、信访。在政府购买公共服务过程中，不论是社会组织还是公民与政府部门发生纠纷都可以选择非诉讼的方式去解决，例如采取行政复议或者行政裁决的方式，都比诉讼的效果好，而且在社会组织与公民的民商事法律关系中，非诉讼的方式更应该得到广泛的适用。

3.2.3.3 政府购买公共服务的纠纷解决机制

推进公共服务决策民主化，促使公共服务充分体现公众意愿。应优化公共服务决策机制，提高决策的民主化、科学化水平，反映和尊重民意，保障公众的知情权、话语权以及决策参与权。在确定服务外包合同的种类、数量和方式时，可采用直接调研、统计分析等方法，明确汇总公众的真实需求。

明确政府购买服务界限，逐步扩大服务购买范围。应当选择服务质量易于衡量、便于进行监督和绩效评估的准公共物品。除国防、司法与法律、行政管理、基础科学研究等纯公共物品由政府直接组织安排生产外，其他诸如医疗、环保、社会保障、道路交通等准公共品均可探索向社会组织、企业购买。我国已有的政府购买服务多集中于养老、医疗和就业服务等领域，可进一步拓展至基础教育、公共卫生以及文化服务等领域。

健全相关法律法规体系，构建公共服务购买的制度性保障。现在施行的仍是《政府购买服务管理办法（暂行）》，希望随着时间的推移，早日完善成为正式法律条文。把公共服务标的纳入政府采购目录，规定公共服务购买的原则、标准和程序规范，明确政府购买服务的规则和操作细则，促进公共服务购买制度化。

推进购买服务透明化，建立严格的评估监督体系。建设政府购买服务信息平台，及时发布招投标需求、进度等信息，公开政府购买服务目录、资格预审信息、评标机制、竞标过程和中标结果，确保购买服务公开、公正。构建政府、社会公众和第三方机构等多方参与的监督体系，并坚持绩效评估监督制度化、长效化。

重视和强化服务合同监管，推进合同管理动态化、全程化。加强对购买服务全过程的管理，包括服务合同的签订、执行、监督及绩效评价等环节。合同评价监督的重点是构建绩效评价体系，确保供应商按约定标准履约。考虑采用定期评估、服务对象回访、满意度测评等方式进行连续性、动态化评估监控，全面提高服务合同监管能力。

3.3 政府购买公共服务的监督机制

政府购买公共服务的监督机制是政府购买公共服务制度建设的重要内容，是提高政府购买公共服务质量的重要保障。具体包括：建立全过程预算绩效管理机制、加强政府购买公共服务的审计、建立健全政府购买公共服务信用管理机制。

3.3.1 建立全过程预算绩效管理机制

绩效一词来源于英文“performance”，意为“履行”、“执行”、“完成”等，在管理学中引申为“成绩”、“成果”、“效益”。简言之，绩效就是个人、组织、政府等的投入和产出比，以及投入和产出的合理性和有效性。衡量绩效管理的指标包括：（1）经济性，即成本和投入的关系，指的是以低成本购买优质服务；（2）效率性，即投入和产出关系，指的是以最小的投入获得最大的服务；（3）效益性，即产出与目标的关系，指的是多大程度上达到了政府购买公共服务的预期结果；（4）公平性，即社会大众是否得到了公平待遇和享受了公平的公共服务。

预算绩效管理，是以预算为对象开展的绩效管理，即将绩效管理理念和方法应用于预算编制、执行和监督的全过程，最终实现与预算管理有机融合的管理模式。突出“用钱必问效，无效必问责”的理念。预算绩效管理的全过程包括：绩效目标管理、绩效运行监控、绩效评价实施、评价结果应用四个环节。

预算绩效管理的主体包括：（1）财政部门；（2）预算部门；（3）中介机构和专家学者；（4）社会各界，如人大、政协、纪检监察、审计等部门以及社会公众代表等。预算绩效管理的客体包括：（1）纳入政府预算管理的资金，包括公共财政预算、政府性基金预算、国有资本经营预算、社会保障基金预算管理的资金；（2）纳入部门预算管理的资金，既包括财政预算安排资金，也包括部门自有资金。此外，非政府预算部门（如企业）因受扶持获得财政资金后，由其配套安排的部分自有资金等，也属于此范围。

根据政府购买公共服务的具体内容，加强全过程预算绩效管理，力争做到预算编制有目标、预算执行有监控、预算完成有评价、运算结果有反馈、反馈结果有应用。最终目标是政府少花钱、多办事、办好事，向社会提供更多和更好的服务和产品，使得政府更加务实和高效。

在政府购买公共服务的实施过程中，全过程绩效管理不断得以完善，具体评估内容见表3.2、表3.3。

表 3.2 政府购买公共服务项目绩效评估表

项目名称			
需求单位			
中标机构			
中标金额		项目实施期限	年 月至 年 月
评估单位（含第三方）		评估时间	年 月至 年 月
评估得分		评估结果	按照“优秀、良好、合格或不合格”四档填写
评估结论			
评估单位（盖章）		公告时间	
联系人		联系电话	

表 3.3 政府购买公共服务项目绩效评估内容表

项目名称：		服务机构：	
评估内容	评估指标	指标说明	得分
完成情况（25 分）	项目进展与项目计划的符合性（4 分）	项目有服务内容、服务人群、服务方法、服务区域以及项目进度 5 个方面，与项目标书一致	
	服务人数（5 分）	根据项目合同以及项目标书所制定的相关评估指标，项目实际服务人数达标率达到 100% 以上	
	服务频次（5 分）	根据项目合同以及项目标书所制定的相关评估指标，项目实际服务频次的达标率达到 100%。除有客观原因且得到需求方认可	
	安全服务情况（2 分）	无服务投诉或服务投诉结案率达到 90% 以上。发生重大影响的安全责任事故，则本政府购买公共服务项目的绩效评估总分为 0	
	服务成效（9 分）	根据项目合同以及项目标书所制定的相关评估指标，项目服务成效达标率达到 80%。除有客观原因且得到需求方认可	
服务满意率（20 分）	服务对象满意率（10 分）	根据项目合同以及项目标书所制定的相关评估指标，服务对象满意率达标率达到 90% 以上	
	项目相关方满意率（10 分）	项目需求方、购买方、合作方对项目运作情况的满意度	

续表

财务状况 （19分）	项目支出符合规定 （3分）	项目资金支出符合我国相关法律、法规规定及项目合同等法律性文件约定	
	项目支出合理性 （2分）	项目服务单价与多个同类服务项目的服务单价均值的比值为110%以下	
	内部资产管理 （2分）	95%以上的项目内部资产的配置、使用、处置及其收益符合相关规定	
	预算管理 （2分）	在项目预算调整合法合规，并符合购买方调整程序的情况下，预算调整比例为5%以下。未履行必要手续，私自调整项目预算，则该项评分为0	
	财务管理 （10分）	项目财务核算、账户开立是否符合《民间非营利组织会计制度》和《会计基础工作规范》？项目专款被挪用或贪占，则本政府购买公共服务项目的绩效评估总分为0	
组织能力 （16分）	组织管理架构 （2分）	组织具有明确的架构图，管理层次清晰	
	组织制度建设 （2分）	组织的管理制度能够覆盖组织的各项工作，组织制度完备	
	项目管理能力 （6分）	组织在项目需求调研、项目策划、项目合作、项目评估、项目实施与监控5个方面中能力突出	
	社会动员能力 （3分）	组织对于服务对象、所服务的社区、NGO、政府部门、企事业单位以及社会公众6类对象均有较强的动员能力	
	项目可持续发展能力 （3分）	项目在需求、策划、管理、财务4个方面，均有较强的可持续性	
人力资源 （12分）	项目人员数量 （2分）	一线服务提供者占项目工作人员总数的比重达到80%以上	
	项目专业人员数量 （2分）	具有相关专业职称的项目专职人员人数占工作人员总人数的比例达到80%以上	
	项目工作人员培训 （2分）	每名项目工作人员年接受各种培训达到48课时以上	
	项目志愿者培训 （2分）	每名志愿者年接受各种培训达到48课时以上	
	人员管理 （4分）	项目对工作人员及志愿者均进行了有效的管理	

续表

综合能效（8分）	项目对同类服务的影响（2分）	项目对同类服务质量提升与服务模式推广均有积极影响	
	项目对项目执行组织的影响（2分）	项目对社会组织的竞争力和社会影响力提升均有积极影响	
	项目对行业的影响（2分）	项目对公益服务行业的影响力及发展均有积极影响	
	项目对社会的影响（2分）	项目对社会观念与风尚、社会关系与秩序、社会管理与体制、社会价值观与社会进步4个方面均有积极影响	
总得分			
评估人员（签字）		评估日期	
评估机构（盖章）			

3.3.2 加强对政府购买公共服务的审计

依据《政府购买公共服务管理办法（暂行）》第三十二条规定：财政、审计等有关部门应当加强对政府购买公共服务的监督、审计，确保政府购买公共服务资金规范管理和合理使用。对截留、挪用和滞留资金以及其他违反该办法规定的行为，依照《中华人民共和国政府采购法》、《财政违法行为处罚处分条例》等国家有关规定追究法律责任；涉嫌犯罪的，依法移交司法机关处理。

审计部门对政府向社会力量购买服务依法、独立组织实施审计监督。审计对象包括：（1）政府向社会力量购买服务的相关主管部门；（2）与政府购买公共服务直接相关的承接主体的财务收支活动。

审计部门可以委托有资质的社会中介机构或聘请相关专业人员参与审计。审计项目包括：（1）基本公共服务主要包括基本公共教育、劳动就业服务、社会保险、基本社会服务、基本医疗卫生、人口和计划生育、基本住房保障、公共文化体育、残疾人服务等事项；（2）社会管理服务主要包括社区事务、社工服务、法律援助、慈善救济、公益服务等领域服务事项；（3）技术服务主要包括科研、行业规划、资产评估、检验检测检疫、检测服务等领域服务事项；（4）辅助政府履职服务主要包括会议、经贸活动、展览、绩效评估、项目评审、审计服务等辅助政府履职领域服务事项；（5）其他适宜由社会力量承担的公共服务事项。

审计内容包括：（1）相关部门建立健全管理制度情况；（2）相关部门执行管理制度情况；（3）资金预算编制情况；（4）购买资金使用、管理及效益情况；（5）其他事项。

审计结果包括审计报告、专题报告、综合报告、审计决定等。审计结果应当作为对项目责任单位领导干部经济责任评价的重要依据。审计部门应结合年度财政预算执行情况，向相关政府部门提交项目审计结果专题报告或综合报告，并通报有关情况。

此外，签订购买服务合同时，购买服务主体应当在合同中明确服务承接主体接受审计监督，并在审计时积极支持配合审计部门开展工作，及时提供与服务相关的资料及电子数据。购买服务主体应当建立健全内部监督管理制度，对服务承接主体提供服务的质量和效率开展事前、事中和事后的监督，同时加强日常管理，完善项目档案资料。

3.3.3 建立健全政府购买公共服务信用管理机制

《政府购买公共服务管理办法（暂行）》第三十三条规定：民政、工商管理及行业主管等部门应当按照职责分工将承接主体承接政府购买公共服务行为信用记录纳入年检（报）、评估、执法等监管体系，不断健全守信激励和失信惩戒机制。

同时，第三十七条规定：财政部门应当会同相关部门、购买主体建立承接主体承接政府购买公共服务行为信用记录，对弄虚作假、冒领财政资金以及有其他违法违规行为的承接主体，依法给予行政处罚，并列入政府购买公共服务黑名单。

依据以上两条的规定，政府购买公共服务的监督重要内容就是信用记录的建立和信用管理的完善。具体内容包括：

（1）加强承接服务的主体信用的监督。如具有独立承担民事责任的能力；具有开展工作所必需的条件，具有固定的办公场所，有必要的专职工作人员；具有健全的法人治理结构，完善的内部管理、信息公开和民主监督制度；有完善的财务核算和资产管理制度，有依法缴纳税收、社会保险费的良好记录；近3年内无重大违法记录；法律、行政法规规定的其他条件。

（2）加强对承接服务的主体信用的审查。社会组织在承接政府购买公共服务时，应当按要求提供登记证书、年检结论、年度报告、财务审计报告、依法缴纳税收和社会保险费，无重大违法记录的声明等相关证明材料，供购买主体审查。购买主体可根据购买内容的特点规定社会组织的特定条件，但不得对承接主体实行歧视性差别待遇。

（3）完善信息公开制度。按照公开、公正、公平原则，推进社会组织登记管理和承接政府购买公共服务的信息公开和信息共享。建立健全由购买主体、服务对象及专业机构组成的综合性评价机制。各级财政部门要配合购买主体及相关机构加强政府购买公共服务活动的监管，在推广政府购买公共服务过程中，对守信社会组织予以支持和激励，对失信社会组织予以限制和禁止。各级民政部门要建立完善社会组织信用体系，协助核实社会组织的资质及相关条件，及时收录承接政府购买公共服务的社会组织绩效评价结果和对违法社会组织的处罚决定等内容，每年按时向社会公布社会组织名录和信用记录。有关部门要将社会组织承接政府购买公共服务情况纳入年检、评估和执法工作体系，加大对违法违规行为的执法监管力度。

另外，这里的信用管理机制还应该包括政府本身的信用体系建设。政府信用体系的主要内容为：政府信用信息系统；政府信用责任制；行政承诺兑现制度；公务员信用教育制度；民生工程督办考核制度；政务公共信息平台；政府重大决策专家咨询论证制度。

建立政府信用体系，首先要建立政府信用资料数据库及开放的平台，将各政府机构与人员在购买服务中的诚信与不诚信事项收集记录并予以公开，组织人事部门依托这样的一个平台，将干部的任用与奖惩建立在政府信用体系之上：对于守信者给予奖励，对于失信于民、不认真履行职责者及时给予警示，对以权谋私者给予严厉的惩处。其次要建立政府信用评估制度，借鉴西方发达国家政府信用评价指标体系，由专业的评估机构对政府信用进行评估并公布评估的结果。

这样，购买服务的双方才能恪守诚信为本，更好地为广大民众服务。

3.3.4 加强政府购买公共服务的标准化建设

政府购买公共服务的标准化和规范化方面有待进一步加强。如由于缺乏具体清单，政府可以移交社会组织的事务性管理职能和公共服务职能尚没有明确界定和分类，导致政府部门职能转移难以开展，市场化衔接停滞不前，购买社会组织服务的探索仅能在扶持社会组织发展、助推民政转型升级方面小步前进，无法在转变政府职能上有突破性进展。在医疗卫生、环境保护、文化教育等公益活动领域的购买服务不多，流动人口、社会边缘人群等受益较少。

针对这些问题，建议国家要尽快修订社会团体、民办非企业、基金会的登记管理条例，进一步简化社会组织登记流程，规范社会组织运行机制，为政府购买社会组织服务奠定基础；并细化购买社会组织服务的相关资质、绩效评估指标以及相应的惩罚措施，将社会组织承接服务实施情况与依法行政结合起来，使政府购买社会组织服务流程标准化、规范化；还应对《政府采购法》进行修订，将购买公共服务的相关内容如招投标的方式、程序和评估规则等纳入，为公开招标、公平竞争提供法律依据。

全过程地加强政府购买公共服务的标准化。如制定统一的单据格式，统一的表格样式，招投标人员统一培训和定位，统一招标，统一流程，统一监督审计等。专栏 3.1 是一个合同示范文本，仅供参考。

专栏 3.1　　政府购买公共服务项目合同示范文本

上海市××区××办

上海市××区××局

上海市××区××局

政府购买社会组织公共服务项目合同

甲方：＿＿＿＿＿＿＿＿＿＿＿＿＿＿＿＿＿＿（购买方）

乙方：＿＿＿＿＿＿＿＿＿＿＿＿＿＿＿＿＿＿（服务方）

丙方：＿＿＿＿＿＿××区＿＿＿＿＿＿＿＿＿＿（见证方）

根据《中华人民共和国合同法》和××市××区人民政府《××区关于政府购买社会组织公共服务的实施意见（试行）》（×府发［2011］16号）等有关规定。为保证所购的服务质量，明确双方的权利义务，甲乙双方在平等、自愿、协商一致的基础上，就有关事宜达成如下协议：

第一条：项目内容

第二条：服务项目及要求

（项目标准、量化指标、时间节点）

1.

2.

3.

4.

5.

第三条：项目经费使用原则及支付方式

项目经费确保专款专用，支付方式：

A. 分段划拨（　　）　　B. 按月划拨　　（　　）

C. 按季划拨（　　）　　D. 项目完成结算（　　）

1. 合同购买服务价款总额为：（大写）

2. 第一次划拨时间：　　　　；金额：

第二次划拨时间：　　　　；金额：

第三次划拨时间：　　　　；金额：

第四次划拨时间：　　　　；金额：

本合同预留价款金额：

合同终止后根据绩效评估及合同履行中的过错或过失责任造成经济损失的进行清算后支付。

第四条：合同期限与终止

1. 合同期限为　　年/月，自　　年　　月　　日起至　　年　　月　　日止。

2. 合同的终止

（1）合同期满，双方未续签的；

（2）乙方服务能力丧失，致使服务无法正常进行的；

（3）在履行合同过程中，发现乙方不符合《××区关于政府购买社会组织公共服务的实施意见（试行）》（×府发［××××］××号）中规定的服务供应方（社会组织）应具备的条件，造成合同无法履行的。

第五条：项目绩效评估

乙方承接服务项目后，由丙方和有关部门对项目实施情况进行全程跟踪和监督。项目完成后，丙方会同相关部门和社会评估机构对项目的工作绩效、服务对象受益情况、公众满足等进行评估并对资金使用情况进行审计。

第六条：双方权利和义务

（一）甲方权利、义务

1. 项目为合同期内实施，甲方每季度了解掌握项目工作进度及资金运作情况，每半年对乙方资金的使用情况审核一次。

2. 协调与乙方提供服务相关的政府部门和单位。

3. 为开展绩效评估，甲方应对乙方制定具体的考评意见。

（二）乙方权利、义务

1. 乙方可要求甲方按本合同的规定按时足额拨付项目经费。

2. 乙方承接甲方的服务项目的资金，其溢出部分主要应用于乙方的再发展，不得挪作他用。

3. 乙方在履行合同过程中，不得将服务项目委托给第三人，应按本合同如实报告项目进展情况，按时、按标准完成项目任务。如乙方未能在合同期内完成全部项目的服务内容，合同结束后，应将相应款项返还甲方。

第七条：在合同履行过程中，双方因违约或重大过失造成对方经济损失的应当赔偿。

第八条：本合同在履行过程中发生争议，由甲、乙方协商解决，协商不成的，可以向有管辖权的人民法院提起诉讼。

补充条款

双方约定以下补充条款：

第九条：本协议一式肆份，甲方、乙方、丙方、区社建办各执一份，在丙方见证下，经甲、乙方法定代表人签章之日起生效。

附件：（签订具体合同时，若有附件应注明，并注明附件名称）

1.

2.

甲方（公章）	乙方（公章）
单位名称：	单位名称：
法定代表人：	法定代表人：
地址：	地址：
电话：	电话：
传真：	传真：
签约日期：　　年　月　日	签约日期：　　年　月　日

丙方（公章）

单位名称：

法定代表人：

地址：

电话：

传真：

签约日期：　　年　月　日

3.3.5　推行信息公开

政府和社会组织之间产生纠纷很大程度上是由于信息不对称。在政府购买公共服务过程中，为了竞标成功，一些竞标者就在组织招标的官员身上打起了主意，通过不法手段，获得政府预期价格，然后以最优惠的价格赢得竞标。如果这些信息能及时公布，则会在很大程度上杜绝此类现象的发生。

《中华人民共和国政府信息公开条例》规定，政府应该公开的信息包括：

（一）涉及公民、法人或者其他组织切身利益的；

（二）需要社会公众广泛知晓或者参与的；

（三）反映本行政机关机构设置、职能、办事程序等情况的；

（四）其他依照法律、法规和国家有关规定应当主动公开的。

特别是第十条，明确规定：政府集中采购项目的目录、标准及实施情况以及扶贫、教育、医疗、社会保障、促进就业等方面的政策、措施及其实施情况等，应向社会公开信息。

信息公开的方式为政府公报、政府网站、新闻发布会以及报刊、广播、电视等。政府应当自该信息形成或者变更之日起20个工作日内予以公开。公民、法人或者其他组织应当采用书面形式向行政机关申请获取政府信息，凡属公开信息，行政机关应当告知申请人获取该信息的方式和途径。

近年来，政府部门为了加强政务公开，纷纷开设了自己的门户网站，对政府的活动做了详细的记载，这些门户网站作为沟通政府部门和社会组织的桥梁，将招标的信息第一时间发布在网站上，以便竞标者快速、便捷地获取相关信息，也能有充裕的时间来制订竞标方案，除了涉及国家秘密、个人隐私之外的信息都应向社会公开。随着微信的普及，各级政府纷纷建立自己的信息公开服务渠道，并增加了公民参与环节，进一步提升了政府购买公共服务的制度化建设。

第二部分

实　务　篇

第 4 章

政府购买公共服务的国际经验

政府购买公共服务已经成为全球公共行政改革发展的重要实践内容。虽然我国的政治和行政体制与其他国家有着明显差异，但发达国家在政府购买公共服务过程中的实践，特别是在具体运作中的模式、内容以及各种服务供给方式的适用范围等经验尤其值得我们学习。对国外和其他地区政府购买公共服务成熟模式的分析能够为我们提供借鉴价值。

4.1　欧美发达国家政府购买公共服务的现况

4.1.1　英国政府购买公共服务的概况

4.1.2.1　英国政府购买公共服务的历史背景及政策发展

英国是最早将国有企业私有化的国家，早在 18 世纪，英国就已经出现了私人部门向公共服务的承包契约，但当时公共服务的外包情况并没有普及全国，涉及的领域也相当少。英国政府真正开始重视购买公共服务政策的实施要追溯到 20 世纪 70 年代末时任首相撒切尔夫人推行的市场化改革。

英国政府对公共服务的供给政策大致经历

了三个阶段：

1. 政府对公共服务的垄断供给

20世纪30年代至70年代中期，随着工业化程度的加深和发展，出现了疾病、住房、失业、贫困等一系列社会问题，为此，英国政府开始实行大规模的国有化运动和"福利国家"政策，建立了由政府垄断提供公共服务的制度模式，此时的政府扮演了多重角色，既是公共服务的生产者、提供者、管理者，又是公共服务的监督者。

2. 民营化为导向的公共服务供给

20世纪70年代末至90年代末，政府引入了市场机制。随着社会福利的发展壮大，单靠政府的财政收入来维持所有公共服务的开支已经非常吃力，甚至出现了财政赤字现象。由政府垄断供给公共服务的弊端渐渐显露，英国政府开始意识到引入市场机制的必要性，把公共服务交由社会来提供。英国是最早进行民营化改革的国家，[①] 1979年，在撒切尔夫人的领导下，开始实施以效率为目标、民营化为导向的市场化改革道路，推行公共服务执行与决策分开的"执行局"模式。直至梅杰当政，开始关注公共服务的质量问题，提出了"竞争求质量"的改革运动，强调提高公共服务质量的根本措施应该引入市场竞争机制，使公共部门与私营部门之间平等进行竞争，占优势一方即可向社会公众提供服务，确保效率和质量。

3. 多元化的公共服务供给模式

20世纪末以来，推行多元治理模式，注重政府部门、社会组织与市场之间的密切合作。2001年，布莱尔政府设立了公共服务改革办公室，[②] 鼓励政府和社会团体在志愿服务、学校管理、收领养儿童、公共健康、青少年犯管制计划等社区发展项目上展开合作，实行中央与地方"分治"，把更多的医疗、教育、培训、住房、运输、环境等公共服务决策权下放给地方政府。[③]

4.1.2.2 英国政府购买公共服务的基本模式

经过政府市场化改革，英国政府对于公共服务的供给更加注重引入市场竞争机制，以"市场检验"为原则，以提高服务质量为导向，采用了多种服务提供方式，主要包括合同外包、公私合作、个人账户直接付款、消费券制度等。

1. 合同外包

合同外包在英语国家称 Outsourcing，亦可翻译成公共服务民营化、合同出租等，是指把原来由某政府机构直接向社会公众提供的一部分公共服务项目，转变为通过社会公开招标、政府直接拨款等方式和程序，交给有资质的社会组织、企业、机构等供应商承担公共服务的提供，同时政府从公共预算中根据民营供应商提供公共服务的数量和质量支付费用。[④] 该方式是政府购买公共服务最常见的一种。

英国的地方与国家合同，公共服务合同外包可以使用"采购"和"委托"两种方法。2000年出台、2005年修改、2008年重印的《资助和采购最佳实务准则》规定了采购的条件，对资助和合同都适用。2009年最新出台的《委托指导》，内容是关于"对某地区人民需要进行评估，设计服务，最后取得合适的服务的运作周期"。[⑤] 因此，它更多的是针对资助而非合同，但是，因为委托服务是由社会组织提供的，所以可能会因为利益冲突的问题而

① [美] 萨瓦斯：周志忍译，《民营化与公私部门的伙伴关系》，中国人民大学出版社2002年版，第140页。
② 魏中龙：《政府购买服务的运作与效率评估研究》，武汉理工大学出版社2000年版，第96页。
③ 魏中龙：《政府购买服务的理论与实践研究》，中国人民大学出版社2014年版，第87—88页。
④ 许光建、吴茵："政府购买公共服务国际经验比较与借鉴"，《人民论坛》2013年第32期，第24—25页。
⑤ [美] 撒拉蒙、王浦劬：《政府向社会组织购买公共服务研究》，北京大学出版社2013年版，第46—50页。

削弱社会组织在计划阶段的参与①。

英国政府根据不同性质的公共服务，采取多种形式的合同购买。地方政府对于密集型劳务的购买合同，采用周密的收费表，事前确定好价格以及浮动的上下限，它具有细节详尽、格式规范、规模较大的特点；而对于社会福利、医疗卫生、文化娱乐等专业服务的购买，则采用个案合同管理，或者采取金额固定、数量不固定，价格和数量固定等形式。②

英国政府合同外包的主要特点是强调引入市场竞争机制，实行非垄断化。1990 年的《公共医疗和社区关怀法》明确规定，中央政府拨付的特殊款项的 85% 必须以竞争招标的方式向私营或非政府组织购买服务。③ 为了加强竞争，防止垄断，政府对股东在私有化后的公共部门中的持股比例作了明确的规定，其中，股东在私有化 5 年内每个持股者不得持有 15% 以上的股份。④ 对于具有较高风险性和巨大成本投资的基础设施建设领域，英国政府以立法的形式强制要求实行政府部门与社会组织之间以合同外包或公开竞标的方式引入竞争。

然而，强制性的竞标并不是万能的，英国曼彻斯特大学的一份调查报告显示，英国铁路部门实施民营化以来，政府的花费不仅没有降低，反而增长了一倍，现在每年的花费达到了 40 亿英镑。⑤ 其实，早在 1998 年就已经取消了强制性竞标，允许地方政府回购以前的外包服务。2011 年卓越公共服务协会（APSE）的一项调查发现，在 140 个地方委员会中，有 80 个收回了包括垃圾回收与处理、街道打扫、住房管理、场地维护、信息技术与会计工作等领域的公共服务，而在规模上，57% 的受访者表示已经或正在收回以前的民营化服务。⑥ 英国铁路部门的市场化改革颇具代表性，1997 年开始大量推行民营化，就连路轨系统也实行了私有化，但因私有化之后各种问题不断发生，2002 年，政府只好从企业将铁路回购到公众手中。⑦

2. 公私合作（public private partnerships，简称 PPP 模式）

公私合作是指在公共项目建设或运营中，政府不需要出资购买私营部门提供的服务，而是充分发挥政府部门和非政府部门的各自优势，特许或其他形式吸引中标的非政府部门公担风险责任、共享收益，相互合作提供公共服务的一种模式，它是一种特殊形式的合同外包。公私合作的形式有多种多样，主要包括：BOT（Build - Operate - Transfer，建设—经营—转让）、BTO（Build - Transfer - Operate，建设—转让—经营）、LBO（Lease - Build - Operate，租赁—建设—经营）、TOT（Transfer - Operate - Transfer，移交—运营—移交）、BOO（Build - Own - Operate，建设—拥有—经营）、BBO（Buy - Build - Operate，购买—建设—经营）等多种操作方式。

英国在 20 世纪 90 年代首先提出了公私合作关系的概念，是 PPP 模式的发源地，之后在美、日、德等欧美和亚洲等国家得到巨大的响应。90 年代，英国进一步将政府向社会机构购买服务的做法常态化、制度化，形成“政府、市场与社区、志愿组织等第三部门”合作机制，使得政府在获得高收益服务的同

---

① 玛丽莲·泰勒：“迄今为止的英国经验”，《新华日报》2014 年 12 月 23 日。

② 魏中龙：《政府购买服务的理论与实践研究》，中国人民大学出版社 2014 年版，第 102—103 页。

③ Karla Simon. Government policies and guidelines of England [J]. Country (Region) Studies, 2013 (12): 37—39.

④ 杨建伟：“西方国家购买公共服务对我国的启示”，《东方企业文化》2010 年第 11 期，第 260—261 页。

⑤ BOWMAN. The Great Train Robbery: Rail Privatization and After [EB/OL]. http://www.cresc.ac.uk/sites/default/files/GTR%20Report%20final%205%20June%202013.pdf, 2014 - 03 - 05.

⑥ APSE. The Value of Returning Local Authority Services In - House in an Era of Budget Constraints [EB/OL]. http://www.unison.org.uk, 2014 - 04 - 15.

⑦ Lucas. Privatizing the Railways was a Disaster [N]. The Guardian, 2013 (5).

时，又支持了社会组织发展。[①] 同时，在布莱尔政府提出的“第三条道路”理论的推动下，英国采取了公共部门与私营部门之间的合作来提供公共服务。政府在公益性较高、投入较大、风险较高等基础建设领域主要通过此方式进行购买公共服务，例如，在隧道、公路、铁路、港口机场等交通基础建设，国防、公共监狱、污水处理设施等领域。英国采用 PPP 模式在城市公共设施方面的建设取得了非凡的成绩。

3. 个人账户直接付款

所谓的个人账户直接付款是指政府部门将财政公款直接转入符合相关条件的公民个人账户。[②] 例如在英国政府发布的《公共服务开放白皮书》（2011）中贯彻“选择”与“放权”的原则，指出个人服务项目（Individual services）中的成人社会救济（adult social care）、儿童保健（childcare）、残障特殊教育需求（special educational needs and disability）、弱势群体住房（housing for vulnerable people）等服务项目均采用个人账户直接付款的采购服务方式。[③]

4. 消费券制度

消费券制度亦可称为凭单制度，是指政府给有消费资格的特定人群发放公共服务消费券，社会公众凭借此票券，可自由选择服务的提供方。其中，服务提供方可以是政府、非政府组织等，若消费者选择服务的提供方是非政府组织，则可凭借此凭单向政府报销。英国政府在住房、教育领域等都采用此种方式，这种方式使得政府和社会组织之间展开公平的竞争。

5. 补贴与付费相结合

补贴与付费相结合的购买服务方式在英国的医疗卫生领域使用的比较多。英国政府给向社会提供卫生服务的公共医疗机构一定的合理经费补助。同时，在总额控制下，采用按病种、按人头种等多种付费方式，充分发挥医疗机构的积极性，使医疗机构和医务人员通过主动控制医疗成本、节约医疗资源，获得更多的收入。据统计，2007 年，英国卫生费用支出占国民生产总值的 8.4%，政府卫生支出占政府总支出的 15.6%，在政府卫生支出中，购买社区卫生服务约占 80%。[④]

4.1.2.3 英国政府购买公共服务的主要内容

英国政府购买公共服务的类型较多，涉及的领域比较广泛。撒切尔政府最先在石油领域实现私有化改革，开始出售部分股票，引入市场竞争机制，政府公共服务的外包内容逐渐增加，原由政府垄断供给的航天航空、建筑工程、污水处理、能源、电信等领域都实现了私有化。20 世纪 80 年代末，英国政府开始全面改革，政府购买公共服务的领域进一步扩大，国家的许多垄断行业都实现了公共服务的外包，譬如与民生密切相关的自来水供应、房地产行业、天然气、电力等等。到了 90 年代初，英国的邮政部门、铁路部门、交通运输[⑤]等也都成了私有化的对象。与此同时，英国政府大力鼓励和支持居民购房，允许教育部门和医疗服务进行私有化改革。[⑥]

政府在购买医疗卫生服务领域，所涉及的服务内容广、项目多，除购买常规的妇幼保健、健康教育、精神卫生、慢性病控制、老年人保健、儿童保健、建立健康档案、免疫接种等项目外，还购买伤残人士保健服务等特殊服

① 李一宁、金世斌：“推进政府购买公共服务的路径选择”，《中国行政管理》2015 年第 2 期，第 95 页。

② 王泽彩：“健全完善政府购买服务管理体制研究”，《学习园地》2014 年第 8 期，第 13 页。

③ 麻富根：“政府购买公共服务的国际经验与启示”，《中国政府采购》2014 年第 9 期，第 27 页。

④ 王洋：“发达国家政府购买公共服务的经验及启示”，《辽宁经济》2013 年第 23 期，第 8 页。

⑤ Wistrich E. Contracting in the public services: the case of transport in the UK [J]. New Public Management EGPA, 1997 (6): 32.

⑥ 周宝砚、吕外：“英国政府购买公共服务特点及启示”，《中国政府采购》2014 年第 12 期，第 19 页。

务；即便是常规的公共卫生服务项目，包含的子项目也是种类繁多，如儿童保健包括营养、计划免疫、预防保健、五官保健等；妇女保健除孕期和围产期保健以外，还包括青春期保健等。① 英国社会组织提供社会服务项目的案例见表 4.1。②

表 4.1　社会组织提供社会服务项目

内政部	犯罪预防/管理项目 毒品行动队——国家禁毒战略下设立的地方协调小组 受害人援助——国家慈善机构对犯罪受害者提供援助和信息
教育技能部	儿童基金——服务于 5—13 岁的弱势儿童及青少年 保护儿童和支持家庭资助——儿童的社会照顾 好起点项目——儿童护理、健康和情感开发服务 联系项目——为 13—19 岁的青少年提供信息和建议
副首相办公室	社区新政——最弱势社区的扶贫 流浪者住所提供
工作和养老金部	青年新政——对 18—24 岁青年人的就业咨询和帮助
交通部	针对农村和弱势人群的交通服务资助，例如农村公车补贴和城乡公车困难补贴
国家医疗保健服务部	资助慈善收容所 与 RNID（皇家国立聋人研究所）合作，为聋人提供数码助听器 各种医疗服务，例如癌症病人关怀（如玛丽·居里癌症护理）
国防部	退伍军人服务，例如住房与就业建议，领取战争抚恤金人员的康复 技能训练——14—16 岁青年人的职业培训
税务及海关	提供关于免税资格建议的试点计划

资料来源：国家统计办公室。

在《公共服务开放白皮书》中，贯彻"选择"与"放权"的原则，根据作出服务需求决策所需要的最小单位，将公共服务在中央政府、地方当局（包括 parish，town and community councils）、个人三者之间划分为如表 4.2 所示的三类。③

表 4.2　英国公共服务分类

类别	特征	包含内容
个人服务项目 (Individual service)	只关乎个人使用的项目	教育；技能培训；成人社会关怀、儿童护理；住房保障；个人医疗保健
社区服务项目 (Neighborhood services)	只能由社区集体，而非个人提供	当地公共领域的维护；休闲、娱乐设施；社区安全
委托服务项目 (Commissioned services)	（1）天然垄断性；（2）跟安全相关的；（3）个人无法作出合理决策；（4）服务所包含的经济与政治问责超出了的社区决策范围	税收征管；监狱；突发事件；医疗或福利工作

资料来源：Open Public Services White Paper (2011), https://www.gov.uk/government/collections/open-public-services.

① 朱晓红："西方政府购买基本医疗服务的风险管理及其启示"，《中南林业科技大学学报》2013 年第 2 期。
② 孙辉：《与第三部门合作》，同济大学出版社 2010 年版，第 106—107 页。
③ 麻富根："政府购买公共服务的国际经验与启示"，《中国政府采购》2014 年第 9 期，第 27 页。

4.1.2.4 英国政府购买公共服务的操作程序及购买流程

英国政府采购拥有一系列较为严格的操作程序。政府对公共服务的购买流程主要包括八个阶段：政府根据公共服务需求确定采购目标，并制定出采购计划；由政府确定采购的总负责人，并配备一定的律师、会计师或审计师队伍，分别负责发布消息、接受咨询、编制预算或独立审计；律师根据公共服务的需求起草相关信息，并向社会公众公布信息，公开招标；公共部门接受社会咨询；按特定的标准和要求确定合格的供应商名单；向供应商直接采购；社会组织根据合同要求向社会公众提供公共服务；社会组织接受政府公共部门的监督。[①] 简化英国购买服务的流程如图 4.1 所示。

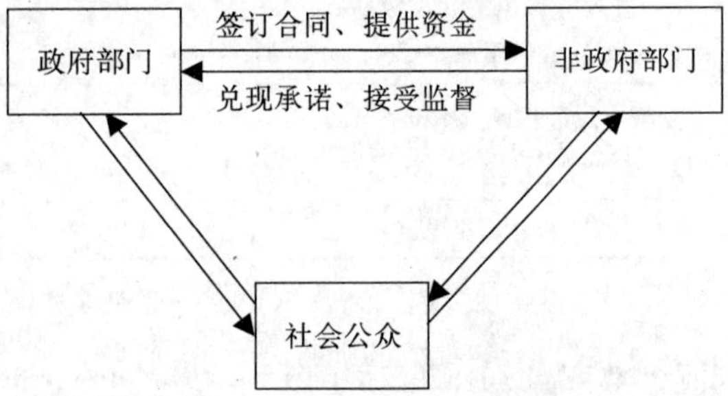

图 4.1 政府购买公共服务流程

从英国政府购买服务的决策程序上看，政府各部门根据社会公众的需求进行服务购买，以自主决策为原则。但各部门在采购决策中要受到两方面的约束：一是这些部门所有采购商品和服务都必须在财政预算支出的范围之内；二是他们的所有支出都必须向议会负责。[②] 政府购买公共服务的流程正体现了政府部门、非政府部门和社会公众三者之间的环环相扣、相互作用和相互监督。

近年来，英国政府采取简化政府购买服务的采购流程，实行精简招标程序。在投标资格预审程序上，截至 2011 年年底，在英国 17 个中央政府部门中，已有 14 个部门取消了 10 万英镑以下政府采购项目的资格预审程序。2012 年，所有中央政府部门都将取消该程序。[③] 在未来的改革道路上，英国政府购买服务的流程将向以精简为原则的方向发展，尽量减少层层关卡的官僚主义，从而减少投标方的负担和成本。

4.1.2 美国政府购买公共服务的概况

4.1.2.1 美国政府购买公共服务的历史背景

美国政府关于公共服务的购买有着比较悠久的历史。20 世纪 60 年代，美国政府已经开始出现了公共服务的外包实践，迄今为止，已将近有 50 年的历史，它引发了新公共服务理论的发展，构成了美国社会福利改革的一个重要方面，使各种非营利性组织和营利性组织参与到提供公共服务的竞争中来，使政府在社会中的角色发生了变化，公共服务的质量有所改善，很大程度上提高了美国政府公共服务的供给效率，实现了美国政府实施政府向社会购买公共服务的初衷。

1. 政府购买公共服务的萌芽阶段

1861 年，美国政府通过一项联邦法案，法案中规定，超过一定金额的联邦政府采购，必须采用公开招标的程序，并以统一的单据和格式实行规范化操作管理。[④] 美国政府购买公共服务开始进入萌芽阶段。政府向社会引入公开招标，使社会监督参与到公共服务的购买中来，规范政府采购部门官员的行为，提高透明度，改善政府公共服务的供给质量。

2. 福利改革的发展阶段

20 世纪 60 年代，美国约翰逊总统提出了

---

① 贾西、津苏明："中国政府购买公共服务研究终期报告"，http：//www.docin.com/p-69911928.html，2009 年 6 月。

② 刘军民："英国政府采购制度考察"，《财经》2012 年第 28 期，第 19 页。

③ 周学荣："英国公共服务改革及其启示"，《国家行政学院学报》2010 年第 6 期，第 34—39 页。

④ 魏中龙：《政府购买服务的理论与实践研究》，中国人民大学出版社 2014 年版，第 65—66 页。

“同贫困的战争”口号，同时美国社会出现了从农村到城市的移民潮福利权利运动、老龄化等现象。种种因素使公共服务需求大大增加，导致美国的社会福利补贴剧增，政府财政负担日趋沉重。在这样的背景下，美国政府开始考虑向非政府组织购买公共服务，同时以立法的形式促进非政府组织参与到政府公共服务的购买中，引入市场竞争，实现“以公补私”，减轻财政负担。据相关资料显示，美国联邦政府的“经济机会办公室”利用国防部的采购程序来确保对低收入家庭的教育服务，进行了首次政府购买服务的探索。① 在此之后，很多地方政府都开始了购买公共服务更广领域的创新和尝试。

3. 以立法为保障的成熟阶段

随着美国政府购买公共服务的发展，政府采购制度日趋完善，采购制度在美国至今已有 200 多年的历史。20 世纪 70 年代中晚期，美国政府采购的制度体系已相当完备，主要由行政法规、规章制度、法律三个部分组成。美国国会和有关部门制定了大约 500 种政府采购法规，其中《联邦政府采办法案》和《联邦政府采购条例》是政府采购法规体系的核心，统一规范了政府各部门公共服务的购买方式、程序、内容、政策等等。② 经过几百年的实践，美国政府采购制度体系不断完善，已经成为世界上最完整的采购法律体系之一。美国政府以立法的形式使非政府部门参与到公共服务的供给领域，确保第三部门供给服务的合法性，调动全社会力量的积极性，美国政府公共服务的购买在法律的保护下不断发展，采购体系日趋成熟。

4.1.2.2　美国政府购买公共服务的基本模式

美国政府购买服务经历了由密封招标的传统方式向多种竞争招标方式和竞争性谈判的新方式发展，如今已形成了多种服务购买模式，主要包括合同外包、公私合作、特许经营、凭单制度、政府补助等多种方式，其中最主要的是合同外包和公私合作，合同外包最为典型。③ 据相关数据显示，合同外包占总数的 80%。④

1. 合同外包

合同外包起始于 20 世纪 60 年代，它有许多政治上的吸引力，它将地方非政府组织直接纳入服务体系，允许政府在不扩大规模的前提下，增加活动范围，有利于分散行政责任与政治风险。据有关数据显示，1982—1997 年，地方政府在选择替代性服务方式时，90% 的服务使用合同外包。⑤

在美国的联邦和地方政府中，多数公共服务都采用合同外包的形式，涉及领域广泛。例如，拉米兰达市只有 60 名政府雇员，而 60 个承包商包括非政府组织则提供了从消防、警备到公共工程等几乎所有的公共服务。在明尼苏达州，政府取消了学区垄断，让学生家长有权选择公立学校，促使学区在入学率和资金方面引入竞争机制。⑥ 在公共服务、医疗卫生、教育、国防等领域市场化程度通常比较高，这些服务的外包，美国政府从传统的结果导向开始向绩效导向发展，注重公共服务外包的质量与效率。例如，在明尼阿波利斯市，雇佣了社会第三部门参与到学校的管理中，工作报酬的高低与是否达到了教育的目标要求有关，形成了

---

① 张建伟：“西方国家政府购买公共服务对我国的启示”，《东方企业文化》2010 年第 16 期，第 260—261 页。

② 魏中龙：《政府购买服务的运作与效率评估研究》，武汉理工大学出版社 2000 年版，第 53 页。

③ Marion J G. Costs and benefits of affirmative action in California government contracting [J]. Executive Summary, 2005 (5): 60 - 68.

④ 句华：“公共服务合同外包的适用范围：理论与实践的反差”，《中国行政管理》2010 年第 4 期，第 51 页。

⑤ Warner M E, Amir Hafez. Privatization and the market structuring role of local government [J]. Economic Policy Institute, 2001 (17): 112.

⑥ 魏中龙：《政府购买服务的理论与实践研究》，中国人民大学出版社 2014 年版，第 95—98 页。

以绩效型为导向的教育体系。

通常而言，美国政府采用合同外包的公共服务一般是那些公共性较强、交易成本较高的服务领域。

2. 公私合作

公私合作的方式在美国的应用非常广泛。公私合作分为公营部门和私营部门。例如，在医疗服务领域，既有政府部门负责的公营养老院，也有非政府组织提供的私营老人护理机构。

这种模式意味着政府部门要投入更多时间和精力到公共服务的供给中。但是，政府采取此种购买方式并不是以营利为目的，而是要带动社会部门，同时扮演着监管者的角色，通过公私合作的方式促进公共服务效率的提高。首先，政府部门根据社会服务的需求，规划出服务购买政策，购买者可以是非营利组织和政府部门，但两者都可以共同参与公共服务提供的决策，实现利益的双赢，并共同承担公共服务供给的投入成本与风险。公共服务最终到底由谁来承担，通过比较政府与非政府部门提供效率的高低来确定。例如，在一个基础设施项目中，政府相对私人部门而言在征用土地时具有更明显的协调各方利益的优势，这项工作就由政府来做；而具体的建设施工就应发挥非政府部门高效率、注重经济效益的特点。①

这种模式可以充分发挥政府部门和非营利组织各自的相对优势，通过两者之间的竞争，使社会公众对提供的服务有选择权，有利于通过充分竞争，从而提高公私部门各自的服务效率。

3. 特许经营

特许经营是指通过签订合同，特许人将有权授予他人使用的商标、商号、经营模式等经营资源授予被特许人使用，被特许人按照合同约定在统一经营体系下从事经营活动，并向特许人支付特许经营费。②

美国是最早实施特许经营政策的国家，经过多年以来的实践，美国在特许经营领域已经形成了比较完备的立法体系。美国特许经营的法律规范可分为四类：一是联邦政府的专项法规；二是州政府的专项法规；三是普遍适用的商法法规，如《公司法》、《反垄断法》、《注册法》等；四是国际特许经营协会及其他特许经营协会的组织规范。③

4. 凭单制度

所谓凭单制度就是政府部门给予有资格消费某种服务的社会公众个体发放优惠券。社会公众凭借凭单在政府指定的公共服务生产组织中进行“消费”，然后政府用现金兑换各组织接收的凭单。④ 凭单制度的优势在于，由于消费者手中持有选择公共服务提供方的凭单，消费者会在权衡中选择服务质量较高的生产者，所以作为公共服务生产者，为了获得消费者手中的凭单，必须提高服务的质量和效率。这种服务提供模式有利于引入社会监督，使得消费者参与到公共服务采购的监管中来。

凭单制度广泛应用于美国公共服务的许多领域，包括食品与营养、卫生保健、基础教育、住房等，是一项相当成功的公共服务民营化的改革措施。例如，在福利制度的改革中，美国政府把《社会保障法》第 20 款中有子女家庭补助项目、过渡性儿童保育和大宗发展补助项目所要用的 40 亿美元都转变成了凭单，⑤ 使消费者根据手中持有的凭单选择自己需要的医疗保健，此项措施得到了预期的效果。

4.1.2.3 美国政府购买公共服务的主要内容

美国政府向社会组织采购公共服务起始于

① 廖雨果：“公私合作制中的政府角色分析”，《甘肃行政学院学报》2006 年第 3 期，第 4 页。

② 陈如男：“特许经营的反垄断问题研究”，江苏省法学会经济法学研究会。

③ 张可心：“特许经营合同法律风险控制研究”，《行政管理》2011 年第 6 期，第 3 页。

④ 袁屹：“公共服务市场化探析——国际经验与中国对策”，华中师范大学 2004 年。

⑤ 袁屹：“公共服务市场化探析——国际经验与中国对策”，华中师范大学 2004 年。

垃圾清理等简单服务。如今，美国政府购买公共服务所涉及的范围很广，政府利用财政资金向非营利或营利组织所购买的商品、工程及服务，都属于政府采购的范畴。

有关学者提出了适用政府向社会非营利或营利组织采购公共服务的三个基本条件：（1）服务是硬性的，即服务的产出和质量能够被界定；（2）监督成本不是很高，即政府有能力监督和控制私人承包商的行为；（3）存在一个提供服务的竞争市场。[①]多数人认为，政府采用合同外包的公共服务一般是那些公共性较强、交易成本较高或者是涉及政府核心职能的服务领域，而非所有的公共服务都适合外包。据Savas的计算，美国至少有200种服务是由承包商向政府使用提供的。[②]1982—1997年，地方政府在选择替代性服务提供方式时，90%的服务使用合同外包。[③]

根据1992年美国城市管理协会（ICMA）与民营化委员会的报告，县层面外包的公共服务包括：（1）行政（收费、传递、传票等）；（2）建筑物维护；（3）资料处理；（4）车辆维护；（5）医院、保健与紧急救助；（6）会议及休闲娱乐场地；（7）废弃物清运及处理；（8）街道、桥梁维护；（9）交通标志；（10）交通及捷运；（11）水电抄表收费；（12）车辆违规拖吊等。[④]在州政府层面，根据相关调查显示，政府购买公共服务的领域也比较广泛，具体情况见表4.3。

表4.3 美国州政府购买公共服务的范围

1	交通运输
2	自然资源和环境保护
3	行政事务和一般服务
4	社会服务
5	精神健康和发育迟缓
6	青少年康复
7	医疗卫生
8	教养感化
9	高等教育、教育
10	公共安全和州警察
11	公园和文化娱乐
12	劳工服务
13	国库
14	法律服务
15	其他公共服务

2007年，美国进行了一项针对州政府民营化所涉及领域问题的调查，研究表明，州政府层面有许多项目都被不同程度地民营化，民营化的内容包括合同外包、公私合作，特许经营、凭单制度、政府补助等，体现在教育、公共服务、卫生保健、监狱、交通、电力、电信等公共服务领域上。至于联邦政府层面，政府在国防、能源、航空航天、环境、农业、医疗卫生、社会服务以及辅助性服务等领域都尝试采用了合同外包的方式。[⑤]

4.1.2.4 美国政府购买公共服务的操作程序及购买流程

美国政府采购首先在联邦政府率先实践，之后在各州政府开始全面铺开。美国政府购买服务采用高度集中采购的方式，采购程序比较严格。美国分为联邦和州政府两个层面，有专门的政府采购机构，它们分别是联邦政府总务管理局（General Service Administration，GSA）和州政府服务总署，主要负责制定公共服务采购政策，并根据所制定的政策执行管理。譬如，州政府首先根据社会公众服务的需求，制订购买服务合同，并将合同外包给非政府组织，州政府服务总署负责统一签订，再分配到政府各部门分别进行执行和管理。其中，政府购买公共服务的过程主要分为9个步骤，如图4.2所示。

① 杨欣：《公共服务合同外包中的政府责任研究》，光明日报出版社2012年版，第53—54页。

② Savas E S, Privatization and Public - Private Partnerships [M]. New York: Chatham House Publishers, 2000: 73—76.

③ Warner M E, Amir Hafez. Privatization and the market structuring role of local government [J]. Economic Policy Institute, 2001 (17): 112.

④ 詹中原：《民营化政策：公共行政理论与实务之分析》，五南图书出版公司1993年版，第44页。

⑤ 句华："公共服务合同外包的使用范围：理论与实践的反差"，《中国行政管理》2010年第10期，第33页。

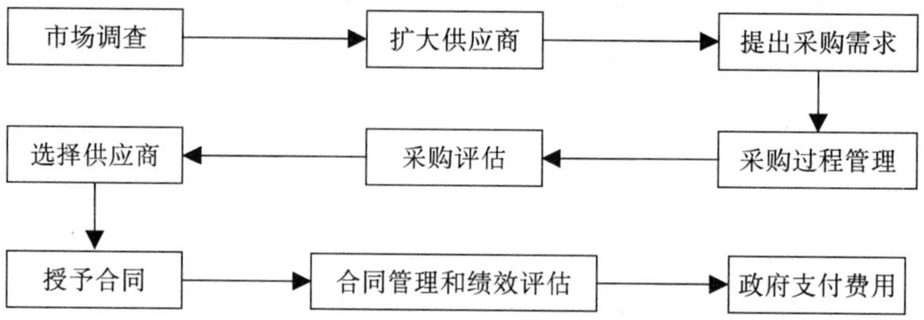

图 4.2 美国政府购买公共服务的主要流程

根据美国政府购买公共服务的流程图可知，一个完整的服务购买主要包括合同的形成阶段和合同的管理阶段，在合同形成阶段的市场调查时，美国政府规定，凡有意向政府部门提供货物或服务的企业，一般应向有关部门提出申请、注册。[①] 在选择供应商的过程中，政府采购部门主要通过向有意向承包服务的非营利组织或营利企业索取相关资料，并按照国家审查标准进行严格地分析和评估，以透明、公平、公正、公开为基本原则，确定合格的供应商再进行公开招标，引入市场竞争机制。

美国在严格的政府采购程序的约束下，有利于非政府组织之间的公平竞争，节约了采购成本和监督成本，使政府采购系统有更高的运作效率。

4.1.3 德国政府购买公共服务的概况

4.1.3.1 德国政府购买公共服务的历史背景及政策发展

德国当今良好的公共服务体系与其社会背景和历史的发展有着紧密联系。自普鲁士政府以来，德国经济和社会治理强调的一个核心准则是自治，为联邦制的德国实行公共服务的均等化，提供了良好的基础环境。两德统一之后，为了解决东西部公共服务的差距，健全政府购买公共服务体系，德国政府进行购买公共服务的系统革新，保障了公共服务的供给效率。

1. 政府购买公共服务的摇篮时代

在17世纪早期，许多州及地方主要采用自治管理办法，随着德国社会的发展，政府逐渐倾向于市民能够承担更多的社会责任，并鼓励社会公民能够参与到政府服务采购的决策中来。19世纪开始，随着工业化的推进，政府责任进一步扩大，救济穷人逐步从教会、善人和州政府的责任中剥离出来而成为地方政府职责的一部分。[②] 地方政府面对着疾病、住房、失业、贫困一系列社会问题的财政支出，为了缓解财政入不敷出、公共服务负担沉重的状况，政府购买公共服务开始进入摇篮时代。德国政府为了适应社会发展的需求，进行了服务购买的改革措施，推进购买公共服务提供方式的社会化和市场化，改善政府公共服务的供给质量，从而减轻联邦和各地方政府的负担和管理成本。

2. 联邦和地方政府购买公共服务的成长阶段

20世纪80年代初，德国经济严重衰退，给整个国家带来了社会大震荡，加上东、西德两者的合并，更加重了政府经济和财政上的负担。在如此糟糕的社会环境下，社会公共服务的需求更加广泛，需要政府发挥高效的政府职能，因此政府必须跟紧国家发展的脚步，使地方政府公共服务走上变革的道路，试探性借助市场的力量购买公共服务，使社会性公共服务

① 魏中龙：《政府购买服务的理论与实践研究》，中国人民大学出版社2014年版，第83页。

② 吕孝礼："德国非营利组织参与提供公共服务的经验和启示"，《行政管理论坛》2010年第7期，第3页。

实现了市场化，进行非政府组织购买公共服务，把可竞争、可计量的事业型公共物品领域逐渐交由营利等社会组织负责，联邦和地方政府公共服务的购买开始进入成长阶段。

3. 公共服务走向均等化的成熟阶段

德国作为一个联邦制国家，随着政府购买公共服务的成长，政府采购制度日趋完善，政府公共服务的购买开始考虑向均等化方向发展，确保每个公民都能公平地享受到服务的需求。联邦、州与地方各级政府有明确的公共服务责任，通过一般均衡拨款与补充拨款、专项拨款、共同任务拨款等多种形式构成了一个完整的转移支付体系。① 在各州和地方经济发展水平有较大差异的条件下，政府采取优惠政策，同时实行政府补助制度，带动整个国家经济的增长和社会的进步，避免地区与地区之间经济发展的不平衡，实现公共服务的均等化。政府对于欠发达地区采取了补助制度，建立了比较完备的公共服务体系，从而实现政府公共服务的购买走向均等化。

4.1.3.2　德国政府购买公共服务的基本模式

德国政府购买公共服务的模式有多种，它与英、美两国提供的服务模式不同，英、美注重引进市场竞争机制，建立政府部门与非政府部门之间的合作，促进社会组织之间的竞争；而德国对于在公用事业领域引进竞争机制、公共服务市场化表现得更为谨慎，并未出现过和英、美两国类似的大规模私营化、市场化浪潮。② 德国购买服务的基本模式主要包括合同外包、公私合作、政府转移支付、政府补助制度、志愿者自愿提供等等。德国政府为了提高服务质量和效率，主要采取了以竞争性招标为主要方式的合同外包和公私合作的购买模式，鼓励私营部门进入曾经由政府主导的公共服务领域。

1. 合同外包

合同外包的公共服务提供模式与以往政府直接提供公共服务不同的是，在采购公共服务模式下，政府不再自己使用财政资金运作完成公共服务，而是通过合同关系，政府支付资金，交由非营利组织或者营利组织等其他主体来提供公共服务，其核心是建立契约式服务提供模式，而不是建立雇佣关系，它要求作为购买方的政府和作为被购买方的服务提供者之间保持独立性，服务提供者独立决策、独立运作、承担责任，政府依据合同进行管理，对绩效进行独立的评估。③

德国立法的修订，改变了政府部门与非政府部门之间的关系，政府购买公共服务经历了从设计型合同向绩效型基础合同的方向发展，采用绩效导向补偿的原则。但是，由于受国家社会、政治、经济、文化等因素的影响，德国与英、美两国政府外包服务方式不同，英、美更倾向于社会私营企业向社会公众提供公共服务，而德国政府则更倾向于慈善机构的支持。在公用事业方面，公共服务市场化表现得更为谨慎，为了减少财政负担，其地方政府希望借助市场的力量，把可竞争、可计量的事业型公共物品领域外包给企业，社会性服务外包给了公益性团体。④

德国政府经过长期的实践，形成了自己的一套公共服务合同外包方式和采购体系，德国合同外包的方式主要包括以下几种：协商方式、招标方式、谈判程序三种方式。

2. 公私合作

公私合作即公共部门与社会组织在某些公用事业项目的建设或运营中进行相互合作的一种模式，这种模式是双方发挥各自的优势来提

---

① 龚志兴：“德国公共服务的管理与改革”，http：//www. chinareform. org. cn/gov/governance/Experience/201006/t20100609_25417. htm，2010 年 6 月 8 日。

② 许光建、吴茵：“政府购买公共服务国际经验比较与借鉴”，《人民论坛》2013 年第 32 期，第 24—25 页。

③ 瑞典考察团：“德国、瑞典政府向社会组织购买服务情况考察报告”，《中国社会组织》2013 年第 11 期，第27—30页。

④ 许光建、吴茵：“政府购买公共服务国际经验比较与借鉴”，《人民论坛》2013 年第 32 期，第 24—25 页。

供公共服务，共担融资风险和责任，共享收益。[①]这种模式在德国被称之为“公私合作伙伴关系”。

为了防止私营部门或政府部门在公共服务提供领域的垄断，提高公共服务提供的质量和效率，德国政府采取了成本—收益分析、招标管理、全面质量管理等管理方法措施，[②]促进公共部门与私营部门之间的合作关系。譬如，德国政府在公路、桥梁、隧道、污水处理设施、自来水供应系统等基础设施领域公共服务的提供都采用公私合作的方式。[③]

据相关学者调查，巴符州博登湖地区果树技术中心基金会就是采用“公私合作伙伴关系”的服务提供方式。该技术中心为1万多户果农提供新技术培训、病虫防治等公共服务，它不仅可以向政府申请科研经费，还可以向企业提供有偿技术服务。这种公私合作关系的购买服务模式起到了利益共享、风险共担的效果。[④]

3. 政府转移支付

转移支付即联邦补充拨款，基本上属于一种无条件拨款，它不规定资金的具体用途，是对增值税共享和州际横向平衡的补充。联邦补充拨款不采用公式化的办法，而是根据一些特殊的需求来确定补助额，如对于政治性负担高于平均水平的州、财政困难的州和一些存在特殊困难的州等。[⑤]

转移支付的资金需要在政府财政预算中支付，支付时要按规定专门的用途拨款，实际上，这是一种有条件的支付。联邦基本法规定，以下三大任务由州和联邦共同拨款，如表4.4所示。

表 4.4　德国州和联邦共同拨款的三大任务

1	高等学校（包括医学院附属医院的扩建和改建）
2	地区经济结构的改善
3	农业结构和海岸保护的改善

尽管德国各地区经济发展水平不同，贫富差距较大，但政府通过以公共服务为重点的财政转移支付，使得所有公民能够享受同等待遇的公共服务。这种购买公共服务模式对于保障广大人民群众的利益和维持社会的稳定，具有重要的价值。

4. 政府补助制度

对于欠发达地区，联邦政府除进行规范的转移支付外，还采取一些优惠政策，积极鼓励其自身的发展。[⑤]其主要包括如表4.5所示的三种措施。

表 4.5　优惠政策的措施

1	对受援地区基础设施建设进行投资补贴
2	支持受援地区中小企业人力资本项目，支持地区间的经济合作
3	对在受援地区企业投资进行补贴

政府补助制度有利于整个国家经济的增长和社会的进步，带动欠发达地区的发展，避免地区与地区之间经济发展的不平衡。德国“鲁尔工业区的改造”的地区扶持问题正是政府补助制度的体现。

4.1.3.3 德国政府购买公共服务的主要内容

欧盟于1992年颁布了《公共服务采购指令》，将航空客货运输、电子通讯服务、水路运输、教育及职业教育、健康与社会服务等

① 陈熙：“公私合作伙伴关系下公共项目融资的研究”，《中国行政管理》2012年第14期，第17—18页。

② 许光建、吴茵：“政府购买公共服务国际经验比较与借鉴”，《人民论坛》2013年第32期，第24—25页。

③ 苏明：“健全完善政府购买服务管理体制研究”，《学习园地》2014年第8期，第2页。

④ 饶博：“‘政府购买服务’调查”，http：//jx. offcn. com/html/2013/07/17886_ 5. html，2013年7月8日。

⑤ 殷瑞锋：“德国公共服务供给与监管的经验与启示”，http：//www. chinareform. org. cn/gov/governance/Experience/201006/ t20100609_ 25417. htm，2010年6月8日。

⑥ 龚志兴：“德国公共服务的管理与改革”，《社会主义论坛》2011年第2期，第5页。

27 类公共服务全部纳入向市场购买范围，购买公共服务的领域也较为广泛，凡是超过 20 万欧元的公共服务，一律公开招标购买。政府向市场购买的 27 类公共服务具体见表 4.6。[①]

表 4.6　欧盟国家购买公共服务的范围

序号	领　域	序号	领　域
1	机动车及设备维修保养	5	电子通讯服务
2	陆路运输（铁路除外）	6	金融、保险、投资等服务
3	航空客货运输（邮件除外）	7	计算机及相关服务
4	陆路（铁路除外）和航空邮件运输	8	研究及开发合同
9	会计、审计及簿记	19	水路运输
10	市场研究	20	支持及辅助运输服务
11	管理资质及相关服务（仲裁及调节除外）	21	法律服务
12	城市规划及建筑工程服务，相关的科技咨询和技术测试分析	22	人员安置与社会服务
13	广告服务	23	调查及安全服务
14	房屋清洁及财产管理服务	24	教育及职业教育
15	收费或依据合同的印刷及出版	25	健康与社会服务
16	污水、垃圾处理及环保等服务	26	文化娱乐及体育服务
17	宾馆和餐饮服务	27	其他公共服务
18	铁路运输		

其中，指令将政府采购服务内容分为“优先”和“非优先”两类，规定优先服务必须严格按指令执行，而非优先服务要遵守非歧视和透明度原则。[②]具体分类情况如表 4.7 所示。

表 4.7　政府采购服务内容的分类

类型	购买服务领域
优先类	陆路运输服务
	计算机与相关服务
	研究与开发服务
	保养和维修服务
非优先类	宾馆与餐饮服务
	铁路运输服务
	水路运输服务
	支持和辅助运输服务

续表

类型	购买服务领域
非优先类	法律服务
	人员安置与供应服务
	调查与安全服务
	教育及职业教育
	健康与社会服务
	休闲、文化与体育
	其他社会服务

在德国，社会组织的服务领域主要包括病人或残疾人护理、青少年辅助教育、老年人护理、失业人员扶助等多个领域，其中，德国政府向私人企业购买的公共服务主要包括违章车辆拖吊、垃圾处理等简单服务。[③]

① 陈天祥：“建立科学的政府购买公共服务机制”，《人民论坛》2013 年第 32 期，第 16—18 页。

② 瑞典考察团：“德国、瑞典政府向社会组织购买服务情况考察报告”，《中国社会组织》2013 年第 11 期，第 27—30 页。

③ 刘石磊：“德国：公民可对公共服务打分”，《中国社会组织》2014 年第 2 期，第 49 页。

4.1.3.4 德国政府购买公共服务的操作程序及购买流程

按照德国相关法律和欧盟有关指令的法则，德国联邦政府购买公共服务操作程序必须遵循以下六大原则：私法原则、预算法原则、平等待遇原则、公开透明原则、充分竞争原则、非歧视原则。[①] 政府购买公共服务操作程序的关键是创建契约式服务提供形式，而不是创建雇佣关系，它的条件是作为购买方的政府和作为被购买方的服务提供者之间维持成自立性，服务提供者自立决策、自立运作、担负责任，联邦政府根据合同进行管理，对服务的绩效进行独立的、科学的、系统的评估。

长时间的发展以来，德国联邦已经完善许多专项预算，并同意一定的政府购买程序对私有和非政府组织供给的社会服务进行购买，以提升德国政府的工作效能。通俗来说，德国联邦政府购买公共服务的四大流程是：第一，政府对购买服务进行可行性和必需性探讨研究，依据相关的程序选取购买的公共服务的领域、项目，并确定相对应服务的预算；第二，通过向社会群体宣告政府购买的领域、购买的项目、购买价格、预算安排以及质量条件要求和各项服务规格等；第三，依据相关要求对投标进行资质认定，并应用招投标和委托等方式选好供应商、签订合同并实施相关的过程管理和监督；第四，对购买服务的相关组织进行绩效考核并按照绩效进行结算。德国政府购买公共服务流程如图 4.3 所示。

为了实现德国政府对非营利组织和社会服务组织公共服务的合理购买，德国政府力争从逐步在公共服务直接生产者的角色中淡出，从而更多地负起对公共服务标准和制度制定者的责任，为公民创造良好的社会生活，完善和扩大公共服务领域。

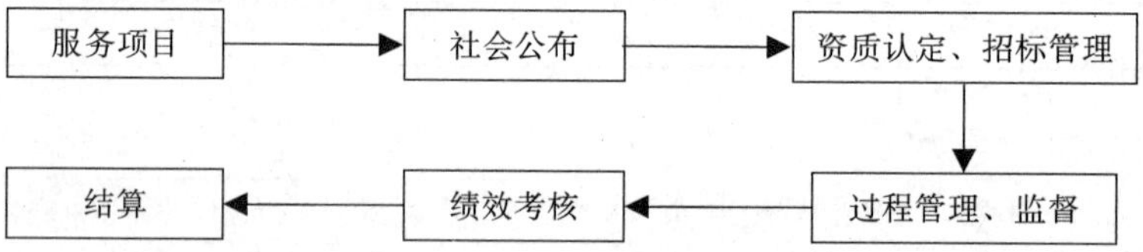

图 4.3 德国政府购买公共服务流程图

4.2 亚洲国家和地区政府（当局）购买公共服务的实践

4.2.1 日本政府购买公共服务概述

4.2.1.1 日本政府购买公共服务的背景

日本政府购买公共服务制度源于 20 世纪 80 年代末、90 年代初开始的政府规制改革，是“市场化试验”的产物。所谓市场化试验也称“示范性事业”，是指“把一直由政府垄断的公共服务领域的一部分事业，通过政府和民间企业平等竞标的方式，委托给在成本和服

① James M. Buchanan. An economic theory of clubs [J]. Economics, 2007 (32): 1 - 14.

务质量方面都具有优势的中标者经营”的制度①。

第二次世界大战结束后，为了治愈战争给国家带来的创伤，推动社会经济发展，稳定社会秩序，日本政府制定并实施了一系列规制。规制一般指中央或地方政府根据有关法律、法规以许可、认可等行政指导手段对国民以及企业的活动进行干预的行为②。战后很长一段时间，政府通过实施的保护性扶持地方产业的规制来配置资源、干预经济，使战后日本经济状况有了很大程度的提高和好转，故二战之后的这段时间的日本经济体制又被称为“市场规制与直接规制的混合体”③。

然而随着世界经济一体化和全球化的发展，各国经济联系更为密切，到了20世纪80年代后期，规制型经济体制带来的弊端日渐突出，已然不能适应日本日渐成熟的经济情况。经济规制下的日本经济活动缺乏自由竞争，政府的过度干预使得经济市场缺乏活力、经济增长速度放缓，财政赤字不断增大，出口速度也大为放缓。这种建立在官僚政治体制之上的政府主导型经济发展模式使得日本政府长期存在人浮于事、效率低下、官僚主义横行等不利于经济自由健康发展的弊端。长期持续的保护体制，构筑了一个使低效率赖以生存的、抑制竞争的、封闭的经济结构，为了增加整个社会的活力，有必要消除抑制竞争性的规制，促进自由竞争。为了达到这一目的，其手段即是规制改革④。

基于此种社会经济背景，20世纪90年代，日本政府决定开始导入英国PFI模式（Private Finance Initiative），把公共服务市场向民间开放，削弱公共服务成本，削减政府财政支出，扩大民间企业商机，促进社会经济发展。

4.2.1.2 日本政府购买公共服务的模式、内容及特点

日本政府规制改革中的“市场化试验”直接催生了日本政府购买公共服务制度。此种模式并非是将公共服务完全市场化，而是有计划、有目的地借助市场的力量来协助政府更加有效地投入公共服务事业。日本购买公共服务整个过程中的主导角色是政府。

1. 日本政府购买公共服务的基本模式

自20世纪90年代以来，日本政府不断进行行政改革，希望逐渐将公共服务事业民营化，但是由于利益集团对此持反对态度，日本政府依然是公共服务提供的主体。政府保留了很强的干预、领导能力，若发现某一失败的服务，政府可以采取重新实施或者关闭失灵的服务机构等方式来重新进行购买公共服务的设计。即在市场机制的作用下，引入现代企业机制，提高了公共服务的质量和效率，使一般国民享受到了更加廉价和高质量的服务，削减了公共服务成本，扩大了民间社会组织的商机。1995年，若不考虑宗教因素，日本非政府组织的支出近2136亿美元，约占国民生产总值的4.5%。其中45%来自政府的支持⑤。从1996年开始，日本开始推行公共服务供给民营化，即当公用事业、公共物品和服务由民间机构提供更有效时，就让民间机构提供。日本现行的政府购买模式主要是公共与私营部门竞争性招投标模式⑥。

2. 日本政府购买公共服务的内容

进入21世纪，小泉内阁实施了“市场化实验”，即首先能够市场化的部分尽量市场

① 魏中龙：《政府购买服务的理论与实践研究》，中国人民大学出版社2014年版，第203—204页。

② 王德讯：“日本规制改革评析”，《亚非纵横》2008年第2期，第56—62页。

③ 植草益：《微观规制经济学》，中国经济发展出版社1992年版，第290页。

④ 韩丽荣、盛金、高瑜彬：“日本政府购买公共服务制度评析”，《现代日本经济》2013年第2期，第188页。

⑤ ［美］莱斯特、M. 萨拉蒙：贾西津、魏玉等译，《全球公民社会——非营利部门视界》，社会科学文献出版社2002年版，第268—277页。

⑥ 魏中龙：《政府购买服务的理论与实践研究》，中国人民大学出版社2014年版，第203—204页。

化，政府推出可以由私人部门生产和经营的部门，私人部门无法提供的公共服务由政府提供[①]。2005 年，小泉内阁对 3 个领域的 8 项事业引入竞争机制。3 个领域包括：与公共就业相关的领域；与社会保险相关的领域；与刑罚设施相关的领域。8 项事业包括职业介绍项目、青年职业介绍项目、职业招聘项目、职业培训项目、国民年金保险费征收项目、保险事业促进项目、年金电话咨询项目、刑罚设施相关的项目。2006 年以后，政府购买公共服务的范围进一步扩大，统计调查、大学教育等项目成了改革新增的内容。

3. 日本政府购买公共服务的特点

随着日本政府购买公共服务涉及领域的不断扩大，改革成效也日渐显著，日本政府已然形成了适合本国国情的一套公共服务购买体系。根据相关文献和学者的研究，我们可以归纳出日本现行的政府购买服务模式的特点是，试验先行，逐步推进；完备的立法支持，不断修正完善；政策连续，信息透明。其中信息透明是最大的特色，日本内阁府专门设立了网页，公布与公共服务购买相关的法律、公共服务购买事业推进进程以及评价和调整等[②]。同时，日本的公共服务市场化并不是完全的，政府仍保留了较强的经济干预能力[③]，这也是日本模式的一大特点。

4.2.1.3 日本政府购买公共服务的法规政策

日本政府自 1997 年决定导入英国 PFI 模式后，首先开始构建 PFI 法律体系框架。力图向民间开放公共服务市场，引入竞争机制，削减政府财政支出，促进经济发展来改善亚洲金融危机对本国所带来的经济创伤。

1997 年，日本政府制定了《利用民间资金促进公共设施等整备相关法》，于 1999 年正式施行。“公共设施的设计、建设、运行维护管理，利用民间资金，以民间为主导，高效地提供公共服务。”法律还规定了使用 FPI 模式的对象领域、政府的作用和各种扶持措施等内容。2000 年 3 月，日本政府制定了“关于制定利用民间资金等公共设施整备相关项目实施的基本方针”，规定了 PFI 项目所要遵循的基本步骤和框架。2001 年和 2003 年，政府又先后出台“PFI 项目实施过程相关指南”、“合同指南”、“实施效果监测指南”等，由此确立了完整的 PFI 法律制度体系。同时，在日本内阁府还设立了“利用民间资金事业推进室”负责相关法律制定的基础研究、普及工作[④]。

此外，20 世纪 90 年代中期日本政府开始“规制改革”后，于 2003 年 12 月召开的日本综合规制改革会议“关于推进规制改革的第 3 次答询”中，政府提出了实施“市场化试验”制度的建议（也称“示范型事业”建议）。2004 年 3 月，小泉内阁通过的《推进规制改革、民间开放 3 年计划》将“推进民间开放（市场化试验）”的观点引入规制改革的计划，由此开始了日本政府购买公共服务的进程[⑤]。

2006 年，日本政府出台了《关于通过竞争改革公共服务的法律》，以法律的形式明确了改革公共服务应遵循的方针，规定了进行购买公共服务的原则、程序和方法措施等内容，并规范了购买公共服务的具体官商之间的实施问题。该法还在内阁中设立了第三方机构——“官民竞标监理委员会”，专职负责监管政府购买公共服务活动，对业务实施的效率效果进行评价，并将评价结果向社会大众披露，确保了公共服务改革实施过程中的透明性、公正性和中立性。

同年 9 月，日本的“市场化试验”迈进

① 李一宁、金世斌、吴国玖：“推进政府购买公共服务的路径选择”，《中国行政管理》2015 年第 2 期。
② 魏中龙：《政府购买服务的理论与实践研究》，中国人民大学出版社 2014 年版，第 312—314 页。
③ 李一宁、金世斌、吴国玖：“推进政府购买公共服务的路径选择”，《中国行政管理》2015 年第 2 期。
④ 王婷：“日本政府如何向民间购买公共服务”，《中国经济周刊》2013 年第 34 期。
⑤ 魏中龙：《政府购买服务的理论与实践研究》，中国人民大学出版社 2014 年版，第 234—235 页。

了正式实施阶段。2007年4月1日，职业介绍、职业体检等六项服务也开始向民间进行公开招标。此后，随着日本政府购买公共服务制度的日渐成熟，日本总理府设立的公共服务改革推进室决定按照竞争性招标的方式将日本几乎所有的政府公共服务项目都外包给民间专业公司。此次改革逐步在政府公共服务中引入竞争性招标机制，被称为日本历史上规模最大的公共部门改革行动，改革使得日本公共服务购买项目较之前的模式有了根本性的变化，减轻了日本政府的财政负担，促进了日本经济的回暖、增长。

4.2.1.4　日本政府购买公共服务的流程

在日本政府先行制定的相关公共服务法律框架以及设立的相关监管机构之下，公共服务项目的购买实施不仅受到了严谨的法律条款约束和健全的执行监督，还需按照严密的操作步骤来进行规范实施。政府直观的购买流程图如图4.4所示。

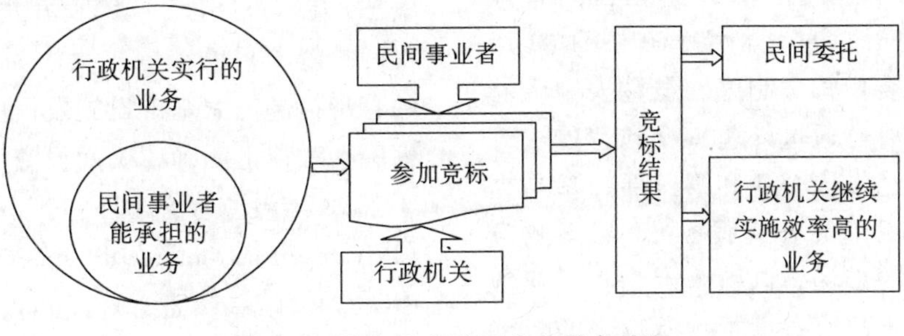

图4.4　日本政府购买公共服务流程

资料来源：http：//www8. cao. go. jp/kisei－kaikaku/old/market/index. html，市场化试验（民官竞标）。

日本政府在遵循《关于通过竞争改革公共服务的法律》和接受第三方机构“官民竞标监理委员会”监督的基础之上，首先将政府机关需要改革的业务和民间机构能够承担的业务放到一个透明、公开的环境下，召开公共服务业务说明会，然后让民间机构事业者和政府机关进行公开竞标，通过对双方的各方面条件、能力等进行综合对比，选出适合的新经营者。相关省厅对此后业务运营进行监督、反馈，就此业务的成本、效率以及是否为国民提供优质的公共服务进行评价。

4.2.2　韩国政府购买公共服务概述

4.2.2.1　韩国政府购买公共服务的背景

被称为“亚洲四小龙”之一的韩国，人均国民生产总值于1996年已超过1万美元。韩国快速的经济发展使得国力迅速提升，还加入了“富国俱乐部”（OECD）。但是1997年的一场金融危机使得韩国遭受了自二战以来最为沉重的打击：股市暴跌，韩币贬值，大批工厂倒闭，失业人数高达150万人，外汇储备只有30亿美元。作为应急挽救措施，国际货币基金组织（IMF）决定提供600亿美元的贷款，但开出的条件是韩国必须按照其要求大幅减缓经济增长，提高税收和减少政府开支等[①]。面对这一局面，韩国人称此为“丧失经济主权”的条件[②]。

1998年2月，金大中执政。在国际货币基金组织等的强大压力下，为迅速克服经济危机，他提出了进行行政改革的措施，涉及金融改革、劳资改革、大企业改革和公共部门改革等综合性领域。从改革的内容上看，韩国的行

① 李秀峰：“韩国金大中政府行政改革的成效及特点分析”，《太平洋学报》2006年第8期。

② ［韩］李圭成：“财政经济部长官访谈录”，《新东亚》1998年第5期。

政改革不仅仅是针对金融危机而是对韩国固有的经济、行政体制上的弊端所进行的综合性改革，力求改变政府管理模式、完善自由市场经济体制，为今后韩国的长远发展打下坚实的基础。

金大中政府的改革是以新公共管理理论为指导思想，以建立“小而高效的服务型政府”为改革目标。改革围绕这一目标，主要推动三个方面的改革，即公共部门结构调整、行政运营系统的改革和对民服务的改善①。根据“小政府”的构想，金大中政府要求将公共服务供给方面的29项业务、公共设施运营与管理方面的22种业务、信息化网络管理方面的16种业务实施外包委托管理制度。继金大中政府之后，卢武铉政府也通过外包、合同、授权等方式提供公共产品，让企业和第三部门参与提供医疗、教育、卫生等公共服务②。韩国政府决定把自由竞争的市场体制引入到公共事业领域，改变过去由于政府过度干预所带来的效率低下、支出过大以及腐败等弊端，由此开始了政府购买公共服务的道路。

4.2.2.2 韩国政府购买公共服务的相关法规、内容及模式

政府将服务外包给社会组织的例子在韩国政府文件中不是十分清晰可见，但是韩国政府不断积极学习别国外包服务经验，越来越重视政府和社会组织的合作关系，这在2000年的《非营利性私人组织支持法》中得到了体现。这项法律实施之前，韩国政府考察了别国政府购买公共服务的成功案例，深刻认识到了政府联合民间社会力量的重要性，于是在总理办公室下设了民间社会关系发展委员会和在国家机关事务管理部成立了民间合作办公室。从此，韩国政府开始关注社会组织，重视自身与社会力量的合作，逐步开始鼓励社会组织向政府管理部门寻求支持。

1994年8月，韩国政府制定了《促进民间资本参与社会间接资本设施投资法》，由此引入了PPP模式。韩国政府一般主要负责外包项目的计划、评估、审批和支持，民间部门则负责项目的设计、建设、融资和运营。整个过程通过政府和民间组织的持续合作来共同完成项目所需的条件基础，提供公共基础设施和服务。

韩国初期的民间投资项目大部分是公路、铁路等，采用的模式也大多为建造—运营—移交（BOT），后来韩国借鉴了英国和日本的做法，于2005年1月修订《社会基础设施民间投资法》以后，引入了BTL方式并大力推广，将民间投资项目的范围扩大。为了通过综合系统的管理提高国家基础设施发展的效率和透明度，韩国在法律上明确了民间投资项目的管理机构，于1998年设立了韩国民间基础设施投资中心（Private Infrastructure Investment Center of Korea，PICKO），统一负责管理民间投资基础设施的有关事宜，以统一标准向项目利益相关者提供服务，包括项目评估、可行性研究、资格评审、招标和评标、技术和行政支持等。2005年PICKO已更名为韩国公私基础设施投资管理中心（Public and Private Infrastructure Investment Management Center of Korea，PIMAC），成为韩国公共基础设施投资管理的唯一窗口③。

4.2.2.3 韩国政府购买公共服务的流程

韩国政府对购买公共服务的实施流程有着具体的规定，韩国PPP模式根据项目提案的主体分为政府公告项目和民间提议项目。

政府公告项目是政府挖掘到项目需求后，由政府（主管机关）考虑相关计划和设施需求等，建立项目计划，并审查民间投资与政府投资相比是否更有效，然后考虑项目的性质和项目收益性等选择适当的具体方式（如BOT、BTL等）。民间提议项目是私营企业挖掘项目需求，并向政府主管机关提议所选定的项

① ［韩］韩国企划预算处：《公共改革白皮书》，2003年6月9日。

② 施雪华、孙发锋：“中韩服务型政府建设比较研究”，《政治发展研究》2011年第4期。

③ 梁时娟、张子龙、王首清：“中、英、日、韩PPP项目模式的政府管理比较研究”，《项目管理技术》2013年第5期。

目，然后综合考虑设施需求、项目收益性、项目结构、建设、运营计划、资金来源和融资方案等，制定项目计划向主管部门提交项目提案书。私营企业除了本项目以外还可以开发有收益的附属项目提案，以提高项目的财务可行性。民间的提案内容，政府主管部门先评审其合理性，然后再立项和招标或议标①。

图 4.5 为韩国开发研究院（Korea Development Institute，KDI）提出的韩国 BOT 项目流程图。

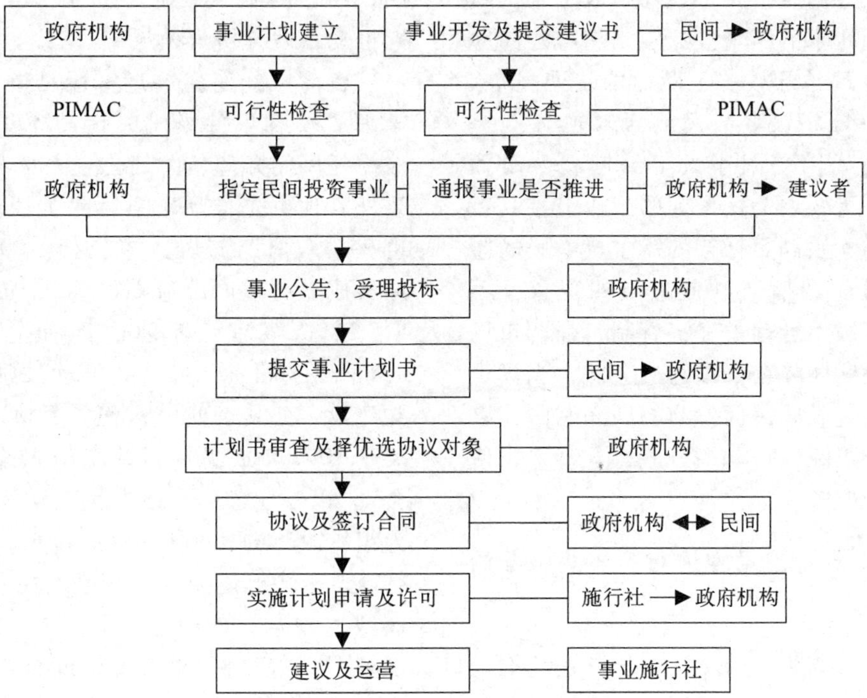

图 4.5　韩国 BOT 项目流程

从图 4.5 中我们可以清晰地看出韩国政府 BOT 项目的实施流程和每个阶段政府所扮演的角色。在韩国 PPP 模式的政府管理中，企划财政部负责民间投资政策的提出、相关法律制度的制定、支援赔偿费或建设补助金等的设定，KDI 则负责民间投资者的资格审查、参与谈判和提供技术支持等。

4.2.3　台湾当局购买公共服务概述

4.2.3.1　台湾当局购买公共服务的背景

1980 年以来，西方主要国家由于推崇福利国家的创建，社会负担加大，政府面临着财政赤字、资源稀少的窘境，从而导致社会民主超载，政府无力承担福利社会所带来的巨大行政任务。并且随着全球化的浪潮不断扩大，新的国家间竞争悄然而至，西方发达国家意识到要尽快改善本国政府面临的行政困境。一些学者开始倡议缩小政府事务，呼吁政府引入民间社会力量，运用绩效管理、契约管理、责任管理等管理机制来进行行政机制改革，从而建立一个成本少、效率高、回应快、品质好的企业型政府②。同时，在新公共管理改革的不断冲击下，越来越多的国家政府认识到，人民需要的是一个有长远规划能力、有效率且有回应性

① 梁时娟、张子龙、王首清："中、英、日、韩 PPP 项目模式的政府管理比较研究"，《项目管理技术》2013 年第 5 期。

② ［台湾］"政府改造"，"行政院" 研究发展考核委员会 2013 年 12 月。

的民主政府。政府应亟须调整单一的大政府提供服务的模式，转而向小而精的政府模式发展；向着公共服务民营化、公共管理社会化的目标不断前进。

同时期的台湾当局同样也面临着人民期待增加、公共服务高度扩张、当局财政困难、组织庞大却效能有限的困境。近年来随着台湾地区政治形势的日益开放、工商业的快速发展、社会结构的不断扩展，人民的要求也日渐提高。而台湾当局因受限于人事编制、支出预算、依法程序等，在为民服务的工作上，其市政措施越来越无法满足社会的需求及人民的愿望。面对此种“政府”功能失灵的现象，不仅民间高呼打破不合理的经济管制、强调市场机制，扩大民间团体公平参与机会外，当局也主动提出了各种鼓励民间参与的利润诱因，以减轻“政府”财政负担、提升工作效率，使大众获得较佳服务。

4.2.3.2 台湾当局推进购买公共服务的进程

台湾“行政院”自1993年以来先后推动了《行政革新方案》、《政府再造纲领》及相关措施；“总统府”也在1996年举行国家发展会议以采纳各界意见。1993年连战任“行政院”院长时，提出《行政革新方案》，该方案重点提出廉洁、效能和便民三个方面。其中在“增进行政效能”一项中规定，责由各机关检讨、调整本机关及所属机关组织，业务功能以委托或授权办理较具效率的机关、单位或任务编组，应与裁撤，并要求3年内精简预算员额5%。从出台政策的演变中我们可以看出台湾当局开始逐步向社会开放服务外包的过程。“国家发展会议”于1996年在“经济发展”议题的共识中提出了“政府管制松绑”、“开放或委托民间经营办理”、“公共营造物纳入移转民营”等用词充分肯定了公共服务委外的必要性。1997年前“行政院”院长萧万长提出“政府再造纲领”，总目标在引进企业管理精神，其中提到要“引进企业管理技术，建立以顾客及绩效为导向的政府服务管理制度；结合民间‘政府’资源，中央与地方共同推动，发挥协力效果”。

台湾“经建会”近来更是进一步指出了，未来“政府”各级机关超过300项业务将积极委托民间办理，尤其公立大学及公立医院的委外管理更是推动重点，除为民间制造商机，也替“政府”减轻人事负担。2001年台湾当局又成立“政府改造委员会”，负责推动“政府”改造事宜，以创造具有全球竞争力的“政府”为目标，并持续推动鼓励民间参与公共建设、公共事业民营化。紧接着“行政院”又于2002年成立“行政院组织改造推动委员会”，以去任务化、地方化、法人化和委外化为组织改革的目标①。由此可见，台湾当局在行政改革中已融入了不少推动民营化或建立企业型“政府”的概念。同时在“经建会”的规划下，“政府”业务与民间合作已成为“政府”再造的重要内容，并受到了有系统、有步骤地推动。

4.2.3.3 台湾当局购买公共服务主要模式

台湾当局购买公共服务的模式主要是学习、借鉴西方发达国家的先期成功经验，再运用到自身的实际操作中逐渐形成了一套体系。台湾政治大学公共行政学系的詹中原教授曾经指出，从基本层面出发，“政府”对各类财务和服务的规划、支付及生产的功能。在此基础上民营化就意味着减少“政府”干预，提高私有机制的功能，以满足人民的需求。在台湾地区，民营化方式普遍被认为有撤资、委托及替代三类，类型及方式见表4.8所示。

---

① 陈雅忆：“论行政任务委托民间办理——以法国公共服务委托契约为中心”，台北大学2004年。

表 4.8　　台湾地区民营化主要模式

一、撤资	A 出售	1. 员工	2. 使用者/服务对象
		3. 公开上市	4. 私人买方
	B 无偿转移	1. 员工	2. 使用者/服务对象
		3. 社会大众	4. 原所有人
	C 清理结算		
二、委托	A 签约		
	B 经营权	1. 公有设施租用	2. 共有资产租借
	C 补助制		
	D 抵用券		
	E 强制		
三、替代	A 功能不足	B 退离	C 解制

撤资的意思是公共事业或资产转移到民间，此种转移型的民营化可经由出售、无偿转移及清理结算等方式进行。而出售及无偿转移的对象可以是事业机构现有的员工、产品的使用者和服务对象、社会大众，以及市场上现有的其他私营企业，或社会机构原有的所有人。而对于经营绩效不佳的公共事业，则可以用削减预算、关闭工厂以及出售资产等方式退出市场。委托是指“政府”部门委托私人部门部分或全部财务与服务的生产活动，但继续承担监督的责任。“政府”的委托外包方式又分为签约外包、特许权、补助、抵用券和强制。而替代的含义则是，当大众认为“政府”所提供的生产或服务不能满足社会的要求，而民间私人部门认识到了此种需求，提供生产或服务来满足民众。

这三种方式中，撤资和委托都需要“政府”部门直接而主动的决定，对于替代，“政府”部门则处于较被动的立场。此外，在委托和替代中，“政府”扮演的是一个持续渐进的角色；而在撤资中，则是当机立断的；因为就委托的监督责任和渐进的替代过程而言，“政府”部门均不会立即在市场上消失[①]。另外值得一提的是，BOT 模式在台湾地区是应用比较广泛的一种模式，台湾当局“交通部”观光局的垦丁凯撒国际观光饭店、垦丁福华饭店以及南北高速铁路都是用 BOT 模式来降低成本风险进行筹资建设的。

① 苏财源：“行政机关业务委托民间办理成功因素之研究——以高雄市政府建设局屠宰场业务委外之个案分析”，中山大学 2003 年。

第5章

上海市及长宁区政府购买公共服务的探索

5.1 上海市政府购买公共服务的总体现状

5.1.1 上海市政府购买公共服务的概况与实践内容

早在1995年，我国就已经有政府购买公共服务的先例可循。当时，罗山市民休闲中心刚刚成立，上海市浦东新区社会发展局为了提高管理绩效，除了发挥街道办事处和居委会等原有的社区管理组织的作用以外，还与上海基督教青年会商议，委托其进行管理。2000年，为应对政府包办服务的弊端，提高社会福利服务效益，上海率先在改革社会管理体制时提出并推行政府购买服务。卢湾区等6个区的12个街道开展了依托养老机构开展居家养老的试点工作。至此，政府购买服务第一次进入我国的实践领域，适用范围也仅限于养老服务。2011年，上海市投入5000万元用于政府购买社会组织服务工作，2012年又拿出1亿元用来拓展服务范围和项目内容。

5.1.1.1 上海市购买公共服务的概况

调研显示，上海市政府与区政府以多种形式来购买公共服务。2009年6月6日，上海新途社区健康促进社取得了首个招标项目，到

2012 年 12 月中旬为止，共有 224 个组织成功中标。2009 年，社会团体中标 23 个，民办非企业单位中标 52 个，公益性事业单位中标 10 个；2010 年，该三类组织中标数量分别为 9 个、27 个、4 个；2011 年分别为 9 个、37 个、1 个；2012 年分别为 18 个、31 个、3 个。比较可以发现，中标数量最多的是民办非企业单位（如表 5.1 所示）。不仅是上海市民政局，上海市绿化市容局也向直属的 23 个改制企业、国有企业以定向或招标的方式购买林业养护、绿化环保等公共服务。上海市水务局、海洋局通过招投标、定向方式向上海市排水公司、国家东海分局直属事业单位购买排水服务、地方养护、海洋环境与污水处理等事务。上海市农业委员会通过定向委托方式向上海市农业技术服务中心等购买农产品质量安全检测服务，上海市卫生局向社会公开招聘购买 120 名救护员（见表 5.1）。

表 5.1　　上海市社区服务中心工艺招标中标组织类型分布

对象／年份	民办非企业单位	公益性事业单位	社会团体	总数
2009	52	10	23	85
2010	27	4	9	40
2011	37	1	9	47
2012	31	3	18	52
总数	147	18	59	224
百分比（%）	65.6	8.1	26.3	100

为保障上海经济的稳定发展与社会的安定和谐，上海市司法局、团市委社区青年事务办公室等部门向上海市自强社会服务总社、上海市新航社区服务总站、上海市阳光社区青少年事务中心以定向委任的形式购买社工服务，来为矫正人员、滥用药物人员、失学失业青少年提供帮助。2010 年，静安区总共投入 6450 万元人民币来购买社会组织服务，是 2007 年的两倍。浦东新区教育局向民办农民工子女就读中学、公立中学、民办幼儿园等以定向委托的方式购买管理、评估活动，购买学前教育的学位和民办学校农民子女学位。

5.1.1.2　上海市购买公共服务的主要实践内容

综合而言，上海市政府购买公共服务实践内容主要包括以下六大方面：

（1）便民服务项目精致化，新型服务多样化。为了让民间组织的作用得到更好发挥，静安区政府重点购买助医、助餐、助聊、助乐、助浴、助学、助游、助急、助困、助洁等“十助”老年人服务，购买专业的社会组织服务，最终形成“点线面相结合、种类丰富齐全”的老年人服务框架。当前已经提供了套餐服务、居家养老服务、上门服务等为老服务。在套餐式服务中有就餐、沐浴、扦脚、理发、洗衣等，就餐服务包括为困难老人烧午饭、流动车送菜送物等。此外还有老年维权、老年教育、中老年交友沙龙、老年人保健知识讲座、老年人旅游等，形成服务系列化、配套化，做到老人“大事不出门，小事有人管”的服务格局。在其他区县，各级政府利用购买服务的新型社会管理机制，不断创新社区公共服务项目。如普陀区曹杨新村街道社会工作站接受政府委托，拆除 70 多户（处）违章建筑，无一起群众信访事件发生；长宁区 2003 年创立的“李琴工作室”是全国首个街镇层面的专业化人民调解机构，成立一年多就圆满调解处理了 128 件纠纷；闸北区的“蔡祥云人民调解工作室”，仅 2007 年调解的民间纠纷就达 180 起，当中签订人民调解协议书 104 件，涉及争议标的 270 万元，调解成功率达 98%；

黄浦区人民调解协会2007年调解处理各类民间纠纷3352起，成功率达99%。

（2）选择性地支持社会公益组织、行业协会的成立与发展。根据社会实际需求，上海信息委一次性拨发50万元给相关的协会组织作为开办资金，而且达到了制度化、常态化的制度安排。此外，在上海市财政局的支持下，普陀区政府也为协会发挥作用发放了专门的资金，比如帮助协会开展统计工作、搭建培训平台、推进行业诚信建设、开展行业调研、支持具有行业推动性和影响力的协会出版物、开办产业论坛、推进行业自律建设以及搭建信息平台等。

（3）政府培育、成立非营利性专业化的社会中介组织，并直接购买其服务。以浦东新区为例，政府借助优良的办公资源，主动成立并支持培育了7个管理咨询类机构，分别为上海福山教育文化传播与管理咨询中心、上海东方之光学前教育咨询中心、上海冰厂田教育管理咨询中心等，这些机构受社会发展局的委托来负责管理公办的优质学校和薄弱学校。此外，浦东新区政府还成立了上海浦发教育评估中心，专门用来扶持评估类的教育民办非企业机构的成长，并委托浦发教育评估中心论证了东沟中学管理办法、民办幼儿园招标投标文件。成立浦东新区体育总会（社团法人性质），充分起到行业的管理用途，指导浦东新区的各体育单项协会，组织开展有关体育协会、俱乐部的工作、活动等。

（4）政府支持专业社会工作的开展。2003年年底，上海市社区青少年事务办、社区矫正办、禁毒办分别和阳光青少年事务中心、新航社区服务总站和自强社会服务总社签署了《政府服务采购合同》，旨在为社区的服刑人员、闲散青少年、戒毒人员进行服务。浦东、卢湾区也成立了社会工作者协会，对社工进行培训并审查其资格、推荐上岗以及后续工作。这一举措为很多居民社工站提供了一大批专业的社工人员，开展更专业化的公共服务。浦东新区政府还投资兴建市民中心，由浦东新区社工协会进行运作和管理，供社会团体免费使用。

（5）依靠社会力量来管理社会事业。2005年起，浦东新区社会发展局引进了“上海成功教育管理与咨询中心”来管理郊区的东沟中学；并以契约的方式委托新城教育事务所对23所区内的农民工子女学校进行监督和管理。委托上海蓝十字医院管理投资有限公司管理公办的浦南医院，这创造了上海首个委托社会专业医疗管理公司来监管公立医院的新型模式。另外，浦东社会发展局委托上海基督教青年会管理“罗山会馆”、黄浦区委托民办非企业单位“杏峰老人活动中心”接管由市、区民政部门和街道共同投资兴建的街道“金秋老年活动室”、卢湾区打浦桥街道委托华爱社区服务管理中心负责运营和管理打浦桥社区文化服务中心等，这些全是政府购买公共服务，借助社会力量来管理社会事业的精彩案例。

（6）民间组织社会化管理体制的创新。上海市民间组织的数量随着经济的发展和社会的进步而一路飙升，民间组织与政府之间的沟通问题、政府对该类组织的管理都慢慢变成现实问题。面对该问题，静安区选择发挥“社会组织联合会”的作用，而普陀区长寿路街道则有设立“民间组织服务中心”的经验。“民间组织服务中心”是以购买公共服务的方式成立，立足于社区街道的基层团体，其所有资源均由政府“买单”，民间组织可以在以政府的资源和公信力为保障的前提下对区内的社会组织进行枢纽式的管理。静安区则于2007年8月成立社会组织联合会，接受政府委托，对政府购买公共服务的项目发布、资格论证、合同管理、监督检查、经济核算等实施全程管理。

5.1.2 上海市政府购买公共服务的特点与成效

5.1.2.1 上海市政府购买公共服务的特点

上海市委、市政府相关部门和区县政府通

过这些领域购买企业和社会组织提供的公共服务，逐步形成具有上海特色的政府购买公共服务实践，体现在以下五个方面：

第一，资金渠道多元化。政府购买公共服务的资金来源于财政预算支出和福利彩票基金。对市政府相关部门来说，购买公共服务的资金大部分是用本年度预算资金；对区县政府来说，浦东区已把政府购买教育公共服务归类于公共预算，而且是以一个单独的条目列入的。市民政局使用福利彩票基金来购买公共服务，并且在市民政局购买经费中所占比例很大。福利彩票是社区服务中心购买公共服务的主要资金来源，以“扶老、助残、救孤、济困”为使命，每年花费 4000 万元来购买公共服务，除市福利彩票基金按每年中标项目标的 50% 对中标组织予以资助外，区民政部门也按照中标项目标的 50% 对中标组织予以资助。各区民政从区福利彩票基金、区财政等配套资金不尽相同，确保中标项目资金的到位。

第二，资金分布不均衡。通过这些年的不断探索发现，上海市政府的相关部门和各个区政府在购买公共服务上的花费已经从刚开始的几十万元、几百万元飙升到千万元、上亿元的水准，尽管如此，政府在资金分布上还是很不均匀的。具体表现在三个方面：首先是大量资金被投入到基础设施的建设当中，市城乡建设和交通委员会 2011 年购买为 7 亿—8 亿元。其次是资金大部分被投入到经济比较发达的地区，浦东新区政府 2010 年政府购买金额达 4 亿—5 亿元。最后是很少有服务是与人有直接关系的。从 2008—2010 年间，针对特殊人群所提供的服务，自强社会服务总社、新航社区服务总站、阳光社区青少年事务中心三个社会组织政府购买的金额分别维持在 150 万元、200 万元、140 万元左右，增长幅度不大。

第三，以定向购买为主。定向购买和招投标是政府购买公共服务时最常用的两种方法，招投标是以项目形式进行的，定向购买则分为直接资助、项目与非项目三种类型，这也是上海市政府购买公共服务的主要方式。定向购买是指政府直接用现金、实物或政策优惠为购买方式把一项职能或项目直接委托给特定的机构来完成。这些项目一般具有很强的创新性、并且有很明确的起始点。项目形式指的是政府从社会需求出发将公共服务设立成特定的项目来委托给相关的机构执行。非项目形式指的是由于有些情况比较复杂，无法以项目的形式对公共服务进行管理评估，所以，政府只能在原则上进行规定，让承接的组织充分发挥自身的主观能动性和创新能力。直接资助的形式比较好理解，就是政府用经费、实物或者优惠政策来资助或扶持那些承担公共服务职能的社会组织。招投标指的是政府将准备购买的公共服务以公开的形式向社会招标，想要投标的社会组织或机构可以直接申请，通过彼此竞争来获取项目，政府会支付一定费用给中标的组织机构。这是项目运作方式的一个典型。从投标情况来看，能参与投标的机构只有 3—5 家，具备条件的社会组织参与度远远不够。当然，浦东新区政府购买公告服务并不完全是竞争机制，而是具有扶持、培育的用意。公益创投又是一个项目化运作的典型，也就是社会组织主动发现某种社会需求，然后设计出相对应的社会公益项目，将项目上报给政府申请相应的扶持或资助。上海市政府除了市民政局的公益招标项目以外，基本上都是以定向购买的形式来购买公共服务。

第四，政府购买公共服务的渐进性。定向购买是上海市购买公共服务的主要方式，这就折射出当前投标主体无论在质量上还是数量上还很难构成有效的竞争市场，所以很难形成招投标的购买形式。举例来说，当浦东新区教育局要购买教育管理与评估的服务时，只能是选择专业的教育机构，因为教育管理和评估要求必须具备一定的专业技能并且要具有一定的经验。这就决定了只有少数具备相关经验的教师或主管官员才能从事，也就是说符合资质的专业教育机构非常少，也就很难形成竞争市场。

由于政府不断进行体制改革，很多直属的事业单位变成国有企业。除了《中华人民共和国政府采购法》另有规定以外，地方政府职能部门委托本行业服务生产项目时往往会选择这些国有企业，这样的购买方式与上海的政府体制改革、社会组织的成熟情况基本相适应，契合上海市的实际情况。

第五，特色化的社会服务中心公益招标。上海市民政局委托社区服务中心来安排并负责政府购买公共服务的招标、投标任务。虽然一直以来上海市政府购买公共服务的方式都是定向购买，但是，社区服务中心在负责招投标过程中，制定了规范的流程和全面的考核指标，这是值得肯定的。立项和招标、投标和评审、项目实施、过程监督、绩效评估是组成公益招投标程序的五大环节，通常而言，上海市和区县政府会根据实际需求先提出项目招标方案，满足相关资质要求的社会组织会根据招标说明提出申请。社区服务中心是公益项目招投标的一大平台，它负责制定招标方案并组织实施，然后对提出申请的社会组织进行研究评审，并且负责监督受资助项目的开展和效果的评估。招标法、受委托机构、投标方是组成招投标流程的三个主体，上海市政府购买公共服务的行为已存在很长时间，这就要求对项目的评估需要更加准确有效，为此，民政局和社区服务中心还专门制定了《上海社区公益服务招投标项目评估指标体系（暂行）》。该指标体系中将项目完成情况、项目满意度、财务考核、项目组织能力、整体效果评估作为一级评价指标，这些指标主要用来对上海社区公益服务中标组织进行评估，这既是评判是否有资格接受福利彩票公益金资助的核心依据，也为改善中标项目的服务水平和质量提供了技术引导。此外，上海市政府还于 2012 年 2 月颁发了《社区公益服务项目绩效评估导则》，以便于更好地发挥社区公益服务项目资助机构和第三方评估机构的作用，也得以更好地评估上海公益服务类公益组织在运作社区公益服务项目中的效果和作用。

5.1.2.2 上海市政府购买公共服务的成效

政府购买服务在上海市各部门和各区县开展的形式、规模和程度不同，取得的成效与收获也各有差别，但总体上可以归纳为以下几个方面：

1. 建立起了比较全面的政府购买公共服务的内容体系

上海市各级政府及相关职能部门立足于市民的基本生活需求，以解决居民生活中的实际问题为目标，一步步拓宽向社会组织购买公共服务的内容，丰富公共服务的购买形式。从政府购买公共服务的实际行动和实践力度上来分析的话，浦东新区的革命性和创新性可见一斑，领先于其他区县。总体上看，上海市政府购买公共服务的实践领域已经涵括：（1）行业性服务与管理类。如行业调查、统计分析、资质认定、项目评估、业务咨询、技术服务等。（2）社区服务与管理类。如助老、助残、社会救助、职业介绍、技能培训、外来人口管理、矛盾调解、公益服务等。（3）行政事务与管理类。如民间组织成立咨询、现场勘察、年检预审、日常管理、再就业教育培训、婚介机构的监管、家庭收养的评估、民办学校的委托管理、退伍军人就业安置等。上海社区建设走在全国前列，政府购买公共服务功不可没。

2. 政府购买公共服务的机制初步建立

在政府购买公共服务的探索过程中，静安区、普陀区、浦东新区都取得了一定的成绩，实践出了具备自己特色的运行机制。浦东新区购买公共服务的特点为：法制化管理、预算化控制、契约式制约、第三方评估监管等。普陀区的长寿路街道民间组织服务中心枢纽式管理则获得了第四届中国地方政府创新奖。静安区探索出的“社会组织联合会”也受到民众的普遍赞扬，在实际工作中发挥了很大作用。从上海市区、县政府购买公共服务的经验来看，政府动员社会力量，参与甚至主持政府购买服务的信息发布、资格评估、运作监管、绩效考核、结算支付等过程管理，是其运行机制的核心内容。

3. 政府购买公共服务的形式和资金来源多样化

以欧美的发展经验来看，政府购买公共服务主要有四种方式：补贴制度、使用者付费、合同出租和公私合作。尽管这四种方式在上海市政府购买公共服务的过程中都曾用到，但由于国内市场发育水平和管理水平的条件限制，上海市购买公共服务时主要采用的方式为：（1）合同出租，也叫依赖关系非竞争购买或非竞争体制内吸式购买，该类型下的社会组织代表有上海新航、阳光、自强社会服务站。（2）费随事转。由普陀长寿路街道创办的民间组织服务中心"枢纽式管理"就属于补贴制度范畴。（3）公私合作，也叫独立关系非竞争购买，以上海"罗山市民会馆"为代表的公有私营（非竞争性购买）模式，属于公私合作的范畴。（4）竞争性购买，也叫独立关系竞争性购买。形式购买和补贴制度是当前上海最流行的两种购买方式。竞争性购买、使用者付费和公私合作的购买形式所占比例较低。出现这种情况，是政府购买市场发育状况、政府管理水平、民间组织成长状况等多方面因素共同作用的结果。各级政府用于购买公共服务的资金包括税收收入与行政事业性收费以及彩票公益金收入等非税收收入。

4. 部分满足了群众日益增长的对公共服务的需求，提高了社区居民的生活质量

如卢湾区五里桥街道的居民已经开始享受菜单式社区服务，这在以前是不敢想象的。

5. 有利于改变政府职能

政府在购买公共服务的过程中，逐渐从公共服务的直接提供者转变为公共服务的购买者和监督者。政府也成功将一些事务性、服务性工作分离给社会组织，逐步实现了社会权利的回归和政府角色的转变。

6. 有效促进社会组织的发展

上海市各级政府和职能部门在购买公共服务的过程中以支持民间组织的发展为重要战略任务，有意识地引导社会公益组织的成长，在为公益组织提供经济保障的同时，也为其发展提供了充足的空间。这就使得社会组织能在短时间内急剧增加，从而促进了社会结构的改善。

7. 大大提供了公共服务水平和质量

社会组织是发源于社会，植根于民众的，它的特点是贴合实际、反应迅速、能为居民提供专业化、个性化、多样化的服务。政府购买公共服务不光起到促进社会组织规模化和专业化的发展，并且十分有利于社会服务的整体水平提高，在满足社区人员不同的服务需求的同时，更直接提高了社会居民的生活质量。

5.1.3 政府购买公共服务实践中的问题与建议

虽然上海在购买公共服务方面取得了些许成绩，但是也存在一定的问题，其中包括缺少相应的法律制度来规范政府购买，在政府购买所用资金方面缺少统一的预算科目，在政府购买过程中由于信息不对称导致的沟通不畅，以及购买过程不规范等。对于已经实践政府购买几十年的发达国家，依然存在"需求方缺陷"以及"供给方缺失"方面的问题。在我国，政府购买尚处于初步探索阶段，定然会存在诸多问题。但我们应该及时发现问题、分析问题、解决问题，逐渐地提高和改善政府购买公共服务。

5.1.3.1 上海市政府购买公共服务中存在的主要问题

《文汇报》记者钮怿在采访过程中发现：上海市政府各部门对购买服务的重视程度存在一定差异。据调查数据显示，与社会组织有工作联系的政府部门中，对购买社会组织服务持积极态度的占 47.56%，一般态度的占 24.39%，态度不太积极的占 9.76%，持消极态度的则占 12.2%。有 60.3% 的社会组织认为政府部门领导人对购买服务的重视程度直接影响着政府购买社会组织服务的进展情况。除此之外，政

府部门与社会组织之间存在信息不对称的现象，大多数社会组织并不清楚政府部门有哪些购买服务的项目、需要什么资质、以什么途径可以取得项目等信息。有专家指出，以自强、阳光、新航等案例为代表的依赖关系非竞争性购买，在一定程度上损害了政府购买的内涵与原则，没有实现政府购买公共服务社会化以及政府改革的真正要求；有些政府购买活动评估过于形式化，没有体现公正的法律责任；一些资源的行政垄断行为不利于其他非营利组织的发展；由于缺乏相关配套制度规范以及相应的社会监督，公共服务的购买很容易造成部门利益的膨胀，一旦这种情况发生，公共购买便成为某些"利益觉醒"部门扩大部门势力、谋取部门私利的手段。以罗山会馆案例为代表的独立关系非竞争性购买则存在委托内容混淆、政府责任混淆的问题。

总之，上海市政府购买公共服务实践中暴露出的问题主要包括以下几个方面：

1. 政府购买公共服务的相关法律法规不健全

《中华人民共和国政府采购法》中尽管规定了包括服务在内的采购范围，但对于服务的理解局限于政府自身运作所需要的服务，如政府后勤服务、政府信息化建设与维护，而政府为公众提供的服务却未纳入政府采购的范围。2010年发布的《政府采购法实施条例（征求意见稿）》中明确指出："政府采购法第二条所称服务，是指除货物和工程以外的政府采购对象，包括各类专业服务、信息网络开发服务、金融保险服务、运输服务以及维修和维护服务等。"在细化的《政府采购品目分类表》中，印刷出版、咨询、信息服务、维修、保险、租赁、交通车辆维护、会议、培训、物业等十大类服务项目都是针对行政部门的后勤服务，教育、公共卫生、社会福利等公共服务未纳入其中。当然，在该法中规定的供应商也不包括社会组织。显然，在我国总体上缺乏政府购买公共服务制度化建设情况下，上海市有必要作出相应的地方制度创新，完善地方政府采购法律法规以及相应的财政制度体系。

2. 政府购买公共服务的资金缺乏有效的审计和监管

在上海，政府购买的资金除来自于专项资金、预算资金外，福利彩票公益金与行政性事业收费等也是政府购买资金的重要来源。从调研数据看，市绿化市容局、市司法局社区矫正工作办公室、市水务局海洋局、团市委社区青少年事务办公室、市禁毒委员会办公室、长宁区政府等市委、市政府职能部门与区、县政府，尽管已经开展了政府购买的活动，有些部门政府购买的资金甚至已经在单位预算中占有较高的比例，但政府购买资金并没有单列在该单位的预算中。与此对比，上海浦东新区政府购买教育公共服务的资金已经单列在部门预算中。总体而言，各部门政府购买有较大的随意性。从政府购买资金的制度规范来看，上海市政府购买公共服务尚处于初步发展阶段。

3. 政府购买缺乏传播渠道，信息不畅

由于政府购买服务的信息传播途径没有广泛建立起来，信息渠道有限，广大社会组织无法及时有效地获取政府购买服务的信息。因此，上海的一些区、县政府已经开始寻找解决途径，比如静安区正在筹备搭建一个政府购买公共服务的统一信息平台，用来方便社会组织进行申请。通过该平台，社会组织可以方便地查看政府公开放出来的资源，政府也能更好地了解社会组织的运作。此外，静安区社会组织联合会成为社会组织与政府之间的重要枢纽，起到沟通双方信息的重要作用。浦东新区公益组织项目合作促进会也是一个中介性的组织，在承担起工业园区托管、项目推荐会的同时，还能够传播政府购买的信息，从而拓宽了政府购买公共服务的渠道和方式。该机构秘书长在访谈中说："虽然现在社会组织对购买服务有意识，但不知道该怎么做。所以有些机构找我们做招标代理，我们了解社会组织，充当投标方中介，做翻译。"所以说，政府购买过程中更要注重信息沟通顺畅的问题，建立起更多的信息发布、共享平台，促进政府与社会组织之间更有效的沟通。

4. 政府购买过程不规范，评估环节被遗漏

政府购买公共服务流程中缺乏规范性主要表现在：购买合同不够标准，购买形式选择缺乏明确标准，审查评估环境不健全。政府购买合同不仅不够完善和标准，甚至有时出现没有合同的现象。并且，在签订购买合同时，社会组织一般属于弱势的一边，合同中缺乏强调社会组织权益的说明。政府在选择购买公共服务的方式时，经常直接委托给下属事业单位或相关国有企业，缺乏公开透明的竞争性购买，这不但使得事业单位、国企、社会组织缺乏公平竞争，而且在三者的内部也是不公平的。很明显，购买过程中的评估环节非常重要，却并没有得到应有的重视，这在定向购买公共服务中显得尤为明显。政府购买公共服务工作具有较强的专业性，目前的政府官员还不具备实施严格的合同管理的能力。上海市虽然已经局部试行第三方监督评估，但对第三方的监督以及社会评估机构的行业自律等制度建设都还有待加强。

5. 政府购买公共服务存在跟风、激进现象

在我国，政府购买公共服务总体上还应属于初期阶段，但由于受利益驱动或创新想法，很多地方政府或职能部门对购买服务盲目跟风。在相应民间组织还未成立的状况下，就自己匆忙地成立所谓民间组织并直接签订购买服务协议；有些地方政府出现了直接把购买合同交给下属事业单位的情况；甚至在名义上进行招标，背后将购买项目直接交给商业机构。这种行为都很盲目且偏激，存在着巨大的隐患。

5.1.3.2　改善上海市购买公共服务的建议

针对政府购买公共服务中存在的问题，不同的研究者大都从政府、民间组织与社会三个方面提出解决问题的政策建议。从上海的实践情况看：

1. 要以理性的态度对待政府购买公共服务的业绩

我国相关公共部门应该更加大胆地摸索实践购买公共服务的模式，该模式作为公共服务社会化的一大体现，打破了政府作为唯一提供公共物品和服务的定律，从而大大提高了公共服务的质量和效率。但在这条道路上，政府要始终保持一颗冷静理智的头脑，不能再犯其他国家犯过的错误，不能随大流，一拥而上。另外还要认识到，作为合同治理的一种方式，政府购买服务不会自主管理，在购买过程中存在道德风险、逆向选择风险、寻租风险等，因此，政府要想办法更好地管理合同承包，以避免相应的风险，还要仔细分析购买服务的对象、条件、效果，改善购买服务的体制建立、制度建立，加大财政支持力度，进而在合同管理能力不断强化的基础上，成为一个精明的购买者。

2. 建立政府购买服务从业人员的职业化机制

伴随着政府购买逐步向纵深方向的发展，人员配置、岗位设置、用工形式等都需要配合发展，进一步创新，建立健全符合公共服务职业特点、体现工作业绩、有效开展公共服务的激励机制，加快职业化、专业化进程。首先，要规范岗位职责，强化管理合同。要立足于具体岗位的具体责任、性质和难易程度来分类，探索建立专职制、聘用制、派遣制、项目制、委托制等灵活多样的用人形式，加强薪酬和合同管理，并以市场实际价格来确定薪酬。要依据政府购买岗位的行业特点和工作内容，确立岗位职责规范和胜任特征，制定内容翔实、职责明确、流程清晰、标准清楚的岗位说明书。在此基础上，对各类聘用人员进行有效的培训和管理，引导他们不断在公共服务实践中提升能力、施展才能。其次，拓展考核路径，刚性合理运用考核结果。注重日常积累，丰富考核手段，以访谈、民主评议、成果展示、社会监督、同行鉴定等多种方法，提高考核工作的质量和效率。尤其要发挥群众评议的功效，积极畅通外部评价渠道，听取服务对象的意见。特

别是直接面对群众的工作岗位和窗口单位，应适度面向社会开门评议，扩大群众对公共服务效果的评议权和评价权。同时，促使考核结果与个人切身利益紧密挂钩，并与培训、使用、分配、保障等管理环节有机贯通，真正实现对优秀者重用、对有潜力者培养、对落后者鞭策。

3. 制定购买公共服务的地方政府规章

在《中华人民共和国政府采购法》和《中华人民共和国政府采购法实施条例》尚无修改并对政府购买公共服务作出专门规定之前，出台能够有效指导政府购买的地方政府规章制度，达到避免政府购买的随意性，有一定的现实意义。事实上，已有不少地方根据该地政府购买公共服务的发展制定相关的地方性规范文件，如北京市海淀区政府《关于政府购买公共服务指导意见（试行）》（2006 年）、《成都市人民政府关于建立政府购买社会组织服务制度的意见》（2009 年）、杭州市政府《关于政府购买社会组织服务的指导意见》（2010 年）、《广州市政府购买社会服务考核评估实施办法（试行）》（2010 年）等。在上海，浦东新区政府发布了《关于着力转变政府职能建立新型政社合作关系的指导意见》（2007 年）、闵行区政府发布了《关于规范政府购买社会组织公共服务的实施意见》（2011 年）、静安区政府发布了《关于政府购买社会组织公共服务的实施意见（试行）》（2011 年）。上海市浦东新区、静安区、闵行区政府出台相关的规范性文件推动了政府购买公共服务的发展，同时也为上海市制定地方政府规章积累了丰富的实践经验。所以，在上海，有必要制定《上海市政府购买公共服务管理办法》，其内容包括总则、购买主体与购买形式、购买流程、部门职责等。

4. 加大财政投入力度，按比例逐年增加

上海市委、市政府在《关于进一步加强社会建设的若干意见》中明确提出“完善政府购买公共服务机制，在财政专项经费中逐步扩大购买公共服务的比例”。上海市委办公厅、市政府办公厅《关于进一步加强本市社会组织建设的指导意见》，再次强调“对协助政府参与社会管理和公共服务的社会组织，要以项目招标、合同管理、评估兑现等形式，建立政府购买服务机制。政府部门要将购买服务的资金列入部门年度预算，并逐步扩大购买服务的比例。”政府应该加大财政投入，推动政府购买公共服务活动的开展。利用新增财力加大对基本公共服务的购买力度，并按照一定的比例逐年增加。特别重要的是，财政局需单列各预算单位购买公共服务预算资金，这种做法将有利于监管以及审计预算资金。事实上，上海地区已开始在会计服务、城市维护服务等领域，试行关于政府购买服务的预算管理，为制定政府购买服务的预算管理办法奠定实践基础。政府购买资金管理制度的建立有利于培育社会组织等购买主体，并有助于提升政府公共服务供给水平。

5. 成立政府购买公共服务

理论上，政府购买公共服务是政府采购的一部分，但在实践中，公共服务的购买不适用《中华人民共和国政府采购法》中关于服务购买的相关规定。长宁区的调研显示，由于各区经济发展水平不尽相同，政府购买不宜采取固定的形式，而是应该根据各区的经济发展制定与之相适应的购买形式。因此，站在制度设计与规范的角度，建议在市与区县层面设立协调性的统一的政府购买公共服务平台，即政府购买公共服务办公室。政府购买公共服务办公室平行于政府采购管理办公室，两者均隶属于政府采购管理委员会。政府购买公共服务办公室主要作用是为政府购买公共服务提供信息平台。事实上，上海市财政局已在建设政府购买服务公共管理平台，这意味着，购买服务的信息共享等制度化建设已迈出了步伐。

6. 制定购买公共服务的法定流程，建立健全项目评估指标体系，尝试第三方评估等多种形式

购买公共服务流程的建立与完善直接影响到公共服务的提供效果，同时也是规范政府购

买行为的首要任务。一般而言，在统筹考虑全市公共资源的基础上，各预算单位提出年度购买公共服务的具体项目，并编制相应的预算，由市财政局审定，报市政府审批同意后列为年度政府购买公共服务项目。政府购买公共服务的流程可以简单概括为：编制年度计划、报请政府审议、确定购买项目、编制预算草案、组织实施购买、进行绩效评估与财务审计。

5.2　长宁区政府购买服务工作发展历程

5.2.1　初期探索

5.2.1.1　基本情况

随着社会转型、政府职能的转变，上海市长宁区越来越意识到发展政府购买社会组织公共服务的重要性，较早地进行了这方面的探索和实践，并形成一批成功的案例和经验。如辖区内江苏街道的李琴人民调解工作室，是全市最早探索政府购买服务的典型，由李琴牵头组建工作室，聘用相关人员，并与街道签订协议，负责调解社区内的人民内部矛盾纠纷，由街道资助李琴工作室运作。李琴工作室创建走出了一条政府购买服务的新路子，产生了很好的社会示范效应。2007年新华街道通过政府购买服务的方式，成功地孵化出俞静社群工作室、蓉之林物业管理工作室、君慧心理咨询工作室，这些工作室在基层社会建设和管理中都发挥了积极的作用。

5.2.1.2　思考探索

从2008年开始，长宁区对“政府向社会组织购买服务”课题进行调研（见表5.2）。当时全区注册登记的社会组织正以年均10%的幅度递增，达到400多家。长宁区对400家社会组织就“政府向社会组织购买服务”进行了专项调研。并根据调研提出：（1）加大扶持力度。根据区委社区管理网格化和社区实体化的工作要求，努力在财政保障、税收政策及人员保障等方面，加大扶持社会组织培育发展的力度，探索建立政府购买服务的机制，为社会组织创造良好的发展环境，提高社会组织的地位和作用。（2）拓宽购买渠道。建立政府对社会组织资助机制，制定政府购买服务实施大纲，实行“费随事转”，变拨款为付款，鼓励社会组织积极承接政府职能转移出来的职责；协调相关部门，通过奖励性、委托性、补贴性或购买性等投入方式，重点扶持为老年人、妇女、儿童、残疾人和失业人员等群体服务的社会组织。对公益性、服务性等非营利性的社会组织，政府要根据其提供服务的质量与多样性、满足经济社会发展需要的程度等给予必要的财政资助、补贴，要逐步制定对公益性社会组织在税收方面的优惠政策。（3）拓展购买途径。比如：在老人入住养老机构或居家养老服务方面，对确有需要但无力承担费用的对象，可由政府部门向民办福利院、敬老院、托老所购买服务；在培训方面，对职业（执业）资格培训、社区居民教育、普法教育、法制培训，就业技能培训等，可由政府部门向民办培训学校购买服务；对政府部门确有需要但因条件限制而未能开展的工作，如调研、统计、评估、勘察、鉴定等，可由政府向相关社会组织购买服务；对部分专业性或技术性极强的工作，如技术指标或规范的制定、规划论证、政府部门信息系统维护等，可由政府向相关社会组织购买服务；对其他社会急需发展、投入有限的社区教育、卫生、文化、科技、体育等社会事业，可通过政府购买服务等有效措施予以资助、补贴，以吸收更多社会力量举办公益性、服务性社会组织。积极尝试公益性、福利性设施“公办转民办”、“公办民助”和“民办公助”等运作模式，鼓励扶持社会组织发展（见表5.2）。

表5.2　2008年长宁区开展的购买社会组织公共服务项目情况

实施机构	项目名称	资金（万元）	购买期限
10个街镇居家养老服务社	居家养老服务	50	每年
10个街镇老年协会	社区老年人服务	5	每年
10个街镇计划生育协会	计生服务	10	每年
李琴人民调解工作室	司法调解	17.5	每年
新华街道俞静居民区社群工作室	居委会书记、主任培训	16	每年
新华街道君慧心理咨询工作室	社区居民心理辅导	10	每年
新华街道蓉之林物业咨询工作室	物业咨询	7	每年
新泾镇体育健身俱乐部	居民区健身点维护保养	10	每年

5.2.2　加快推进

5.2.2.1　基本情况

2010年，长宁区结合实际落实“建立政府购买服务机制”的创新试点项目，力求通过加快政府职能转变，将部分社区事务性、公益性、社会性工作转移或委托相关社会组织去承担，为社会组织参与社会管理和公共服务创造条件。社会组织分为三个类别：一是注册登记的社会组织，共459个。其中，社会团体127个、民办非企业单位332个。按社会组织统一行业分类标准来看，这些组织中社会服务、卫生、教育、文化、体育、法律、生态环境类组织占85%。二是以党员志愿者工作室为主的各类志愿者工作室近90家，主要分为四种类型，社会管理类、矛盾调解类、公益服务类和文化建设类。他们在调解社会矛盾、加强社区管理、补充公益服务、促进社会和谐方面发挥了积极作用。三是经备案登记的社区群众活动团队，共1073支，分布在全区10个街道（镇），参加人数达2.3万余人。这些群众活动团队除了组织群众积极参加体育文化、休闲活动外，还主动参与社区各类公益服务活动。

为加快政府购买社会组织公共服务的步伐，根据上海市委下发的《关于进一步加强本市社会组织建设的指导意见》（沪委办发［2011］19号）中关于“对协助政府参与社会管理和公共服务的社会组织，要通过项目招标、合同管理、评估兑现等形式，建立政府购买服务机制。政府部门要将购买服务的资金列入部门年度预算，并逐步扩大购买服务的比例”的精神，长宁区政府决定研究起草《长宁区政府购买公共服务项目暂行办法（试行）》（以下简称《办法》）。《办法》明确了长宁区政府购买服务的基本原则，提出建立区政府购买服务项目审定委员会来具体组织实施，明确了两种扶持方式，并详细规定了项目承接者的资质条件、项目的操作流程等。长宁区民政局就《办法》多次召开工、青、妇等群众团体、枢纽组织以及部分大口业务主管单位和10个街道（镇）的分管领导、业务人员的座谈会，广泛听取意见和建议，不断修订完善，使其更具指导性和操作性。同时学习借鉴其他区县在培育发展社会组织，实施政府购买服务方面的工作经验。在制定《办法》的同时，长宁区民政局还从本部门职能入手，对可作为政府购买公共服务的项目进行梳理，通过收集整理，征集到的项目 16 个，涉及 10 个社会组织，其中 3 个民政项目拟作为先行试点项目进行模拟运作。

《办法》制定过程体现了几个特点：一是扶持对象向多元化多样性方向拓展。将扶持的对象由“社会组织”（包括具备法人资质的社会团体和民办非企业单位）扩大为“公益性组织”（将不具备法人资质的党员志愿者工作室和社区群众活动团队纳入扶持范围），降低门槛，加大扶持，扩大覆盖面，体现了长宁区鼓励多元社会主体参与社会管理创新的总体要求。二是扶持方式体现分类别、分层次递进。针对扶持对象的多样性，《办法》充分考虑到社会组织、工作室和社区群众团队等公益组织之间的类别差异，以及法人和非法人资质方面的地位层次上的不同，分别设立了项目购买和项目扶持两种扶持方式。对于“项目购买”，一般承接项目的主体是具备法人资质的各类注册登记的社会组织，项目操作程序规范要求比较高，需要进行项目“招投标”。“项目扶持”，一般承接项目的主体是不具备法人资质的各类备案登记的党员志愿者工作室和社区群众活动团队，项目所需资金一般不超过 20 万元，项目操作程序相对比较简单。三是体现以项目为导向的契约化管理模式。整个《办法》以项目为基础，界定一系列扶持和实际操作的内容，并引入受托组织和枢纽组织作为第三方评估机构，坚持专业性与科学性、效用性与可比性相结合，体现了长宁区政府购买公共服务项目评审和绩效评估工作的客观公正和公开透明。四是确立枢纽型组织在政府购买服务中的重要作用。当时区、街道（镇）两级都已建立社会组织指导服务中心，考虑到要充分发挥这些枢纽型组织在政府购买公共服务中的重要作用，《办法》赋予其成为政府购买服务的受托组织和委托项目的组织管理者，有利于建立健全“公平、公正、公开”的第三方评估监督机制，促进社会组织提供更加专业化、个性化服务，提高项目完成质量，提升居民群众满意度。

5.2.2.2　推进步骤

（1）建立审定机构，确定受托组织：建立长宁区政府购买服务项目审定委员会（以下简称“审定委员会”），主要负责政府购买公共服务的购买项目、财政预算、资金配比等审批和审定以及过程监督及结果公告等工作。成员由区组织部、文明办、法制办、人大财经工委、财政局、人社局、民政局、审计局等相关部门负责人组成。办公室设在区社团局，主要负责政府购买公共服务日常协调和管理等事务性工作，具体负责起草项目需求书和招标文件以及落实项目招标配套资金。

（2）提出招标项目，安排财政预算：各政府部门及街道（镇）购买公共服务的费用全部纳入部门预算，按部门预算的要求实施管理。每年年初，各政府部门和街道（镇）可根据政府购买公共服务界定的项目范围，结合部门具体职能和实际业务情况，梳理本部门公共服务项目，提出年度购买公共服务的具体项目，并编制相应的经费预算，报区审定委员会审定后，确定为该年度政府购买公共服务项目。已列入本部门年度经费预算的项目不再纳入政府购买公共服务的项目申报范围。由区财政部门在各政府部门预算总量内对经审定的项目安排预算，原则上不增加部门预算总量。

（3）确定资金配比，发布项目信息：根据政府部门和街道（镇）职能分工和业务活动的实际情况，按照“关注民生、体现公平、兼顾效率”的原则，由区审定委员会按照系统所属社会组织数量比例分配资金额度，确定购买公共服务项目的资金配比，另专门列出部分资金作为项目机动费，主要用于个别调剂和优秀项目追加。

区审定委员会办公室会同区财政部门，应当在开始接受申请前 30 个工作日，将政府购买公共服务事项及具体要求通过区政府采购公共信息平台，向社会发布项目招投标目录和招标要求，由区社会组织联合会根据招标项目的具体特点和实际需要确定招标方式，采取竞争性招标或有限竞争性招标方式，在相应范围内发布投标邀请书。对市场条件不充分的部分项目，经区审定委员会同意也可采用除招标形式以外政府采购法允许的其他方式购买。向社会公布的信息如下：

①当年政府购买公共服务的资金规模；

②可以申请实施的公共服务项目和具体要求；

③申请人的资质，申请的具体条件，以及申请时需要提供的相关材料；

④受理的起始和停止时间、地址及方式等；

⑤其他需要公布的信息。

（4）社会组织投标，制作投标标书。依法登记的区级社会组织（指社会团体和民办非企业单位）和公益性非营利的事业单位可以提出申请参与投标，提出申请的社会组织应当具备以下条件：

①具备提供政府购买所必需设备和专业技术的能力。行业管理部门有具体专业资质要求的，应具备相应的资质要求；

②具有健全的财务会计制度；

③实际参与项目的人员中须有一定比例的社会工作师或助理社工师；

④除当年新设立的社会组织外，前年度的检查结论为“合格”；

⑤除当年新设立的社会组织外，达到社会组织规范化建设评估“3A”级以上；

⑥除当年新设立的社会组织外，前三年内无重大违法违纪行为，无不良诚信记录，社会信誉良好；

⑦区审定委员会规定的其他条件。

参与投标的社会组织按照标书样本制作投标文件。

（5）组织开标评审，社会公示结果。区社会组织联合会组建专门的评估审议委员会，评估审议委员会由5位（单数）以上人员组成，包括相关专家、市民代表以及相关部门工作人员等，负责对政府购买公共服务项目招投标应标方案和文件进行评估审议，并将评估审议结果局面告知所有投标人，同时，在区政府采购信息平台上公示。公示结束后，区社会组织联合会将经公示的评审结果报区审定委员会审批。

（6）签订行政合同，拨付项目资金。区审定委员会就评审结果予以批复后，要求政府部门与承接项目的社会组织签订行政合同，并备案。

由区审定委员会办公室会同区财政部门将相应数额的项目资金划拨政府部门，由政府部门按照行政合同统一支付，对资金量大、履约周期长的项目，可根据合同约定分期支付资金。

（7）实施过程监督，落实绩效评估；各政府部门和街道（镇）负责本系统范围内政府购买公共服务项目的管理，规范合同管理，避免服务协议签订、履行的风险，杜绝无书面合同和事后补约情况的发生，建立应急工作机制，制订应急预案。

区审定委员会依照合同对项目实施的全过程进行监督，可采取委托社会审计单位对项目实施进行审计，保证项目资金使用的安全、合理，及时发现和解决问题，确保项目的实施进度和服务质量。

对社会组织实施完成的公共项目，应当对工作绩效、受益情况、资金使用以及公众满意度等进行绩效评估工作，绩效评估的内容为：

①由承接项目的社会组织进行项目实施工作总结，并提交项目完成报告书；

②由区审定委员会自行组织或委托区社会组织联合会开展资金使用情况审计和完成情况绩效评估；

③由区审定委员会统一向社会公告项目完成情况。

5.2.2.3 试运作

为更好对接《办法》，上海市长宁区民政局在认真梳理分析政府部门相关转移职能的基础上，征询收集了一批公益服务类、社区事务类、调解维稳类以及民生需求类的公共服务项目，作为《办法》试运行的配套项目进行了初步尝试和探索。历时近一年的科学梳理和缜密分析，通过酝酿征集、分析梳理、申报汇总、预算安排和立项评审等环节，共筛选出居民生活需求度较大、市场成熟度较高、项目化运作较规范的 21 个项目，于 2012 年 4 月提交区项目审定委员会第 1 次全体成员单位会议审定通过，其中包括基本公共服务类 6 个、社会管理服务类 4 个、社会稳定服务类 8 个、社区便民服务类 2 个及其他民生服务类 1 个；需求单位有区委组织部、区民政局、区司法局、团区委、区妇联、新华街道、江苏街道、虹桥街道、新泾镇等 9 家；承接单位共有 17 家；其中 5 家社会团体、7 家民办非企业单位和 5 家志愿者工作室；项目资金 300 余万元。

专栏 5.1　2012 年区政府购买公共服务项目信息发布的通知（样张）

根据《长宁区政府购买公共服务暂行办法》有关规定和要求，为了进一步做好 2012 年度区政府购买公共服务项目的征集和申报工作，现将 2012 年区政府购买公共服务项目信息发布如下：

一、项目方向

（一）社会基本公共服务类（代码：shgg）

1. 社区基本公共服务推进项目；
2. 扶老助残服务项目；
3. 支教助学服务项目；
4. 扶贫助困服务项目；
5. 公众卫生健康知识普及服务项目；
6. 就业、创业帮扶服务项目；
7. 公共安全教育训练推广项目。

（二）社会管理服务类（代码：shgl）

8. 社会组织“枢纽型”管理服务项目；
9. 社会组织孵化项目；
10. 社会组织服务品牌提升推广项目；
11. 国际化社区服务管理试点项目；
12. 专业社工管理岗位项目；
13. 专业社工人才培养、评价、使用、激励试点项目。

（三）社会稳定服务类（代码：shwd）

14. 社会矛盾调解服务项目；
15. 社区矫正帮教服务项目；
16. 法律咨询与援助服务项目；
17. 人文关怀与社会心理服务项目；
18. 特殊人群服务项目；
19. 社会志愿公益服务项目；
20. 绿色生活方式引导项目；
21. “做文明有礼长宁人”宣传教育推进项目。

（四）社区便民服务类（sqbm）

22. 社区生活服务中心便民服务拓展项目；

23. 社区居民文化娱乐公益服务项目；
24. 社区少年儿童素质教育服务项目；
25. 提升推广家政服务项目。

（五）社会建设决策研究、信息咨询服务类（代码：shjs）

26. 网格化社会管理标准体系研究项目；
27. 社会建设指标体系研究项目；
28. 社会舆情监测与分析研究项目；
29. 虚拟社会信息交流及引导机制研究项目；
30. 社会心理服务研究项目；
31. 社会动员机制研究项目；
32. 社会和谐稳定风险评估研究项目；
33. 外来人口公共服务与居住证研究项目；
34. 社会体制改革研究项目；
35. 城市社会服务管理精细化研究项目；
36. 现代社会组织体制研究项目。

（六）其他服务类（代码：qt）

专栏 5.2　　2012 年长宁区项目购买和扶持公共服务申报书（样张）

需求单位			
项目名称			
联系人		联系电话	
项目所需经费	元	资金来源	项目购买□　金额　　元 项目扶持□　金额　　元
项目类别	基本公共服务□　社会管理服务□　社会稳定服务□ 社区便民服务□　其他服务□		
项目对象	特定人群□　全部人群□	地域范围	区□　街道□
项目周期			
申报单位资质 1. 基本情况 2. 内部管理制度 3. 类似项目的经验			
项目经费 测算依据 1. 活动经费 2. 运作经费 3. 项目宣传费			

续表

项目目标 1. 项目总体目标 2. 项目子目标 3. 单个子目标			
项目方案 1. 需求人群或受益人群 2. 服务范围和内容、频次 3. 项目成果			
项目后续服务 1. 退出机制 2. 自长宁评估方案 3. 风险控制方案			
填表单位（盖章）			
填表人		填表日期	

5.2.3 逐步完善

5.2.3.1 经验成果

自 2012 年开始，长宁区政府购买服务工作稳步推进，项目的数量和经费逐年提升（见表 5.3）。2012 年立项 31 个，资金 350 余万元。2013 年立项 59 个，资金 1900 万元。2014 年立项 65 个，资金达 2380.9 万元（追加 6 个项目，190.74 万元）。

表 5.3 长宁区政府购买公共服务工作情况

年份	项目数	资金总额（万元）
2012	31	350
2013	59	1900
2014	65	2380.9

2015 年度，共立项 83 个，资金达 3604 万元。全区社会组织每年以 8% 的速度递增，至 2014 年底，全区有各类社会组织 558 家，提前实现了上海“十二五”规划指标。如今，长宁区每万名沪籍人口中就有 8.6 个社会组织提供服务，在承接政府职能转移、整合社会资源、参与服务民生、协调社会关系等方面发挥了重要的作用。长宁区政府购买服务项目涉及社会服务类、社会稳定类、为老助残类、公益慈善类，涉及在校学生及行为偏差生、特殊困难家庭子女、精神病人、残疾人、刑释帮教人员、失业青年、困难独居老人、低保低收入困难家庭、特殊儿童等群体，以及购买枢纽型支持型社会组织所承担的示范引领、资源整合、指导服务、孵化培育、人才培训的公共服务。

项目体现了社会需求的广泛性，现实生活的必要性，公益服务的优先性，惠及民生的实效性。通过项目扶持，使承接项目的一批社会组织自身达到发展壮大，社会组织在承接政府职能转移、整合社会资源、参与服务民生、协调社会关系等方面发挥了重要的作用。主要体现了以下几个特点：

一是政府购买服务力度逐步加大。长宁区社会组织发展情况良好，在承接政府职能转移、整合社会资源、参与服务民生、协调社会关系等方面的作用逐步显现。政府购买服务从项目到资金逐年提升，为推动政府购买服务工作，长宁还引入竞争机制，2013 年尝试选择了关爱养老机构护理人员心理慰藉、宣传低碳环保、建设绿色家园等四个项目面向全市社会组织公开招投标，2015 年进一步扩大招投标范围，选择 19 个项目面向社会公开招投标，这次招投标信息事先在上海社会组织网、长宁区政府官网等网站公布，受到的社会高度关注，吸引了包括注册在上海市和 9 个区的社会组织参与，收到 54 份投标文件，没有一个项目流标。

二是整合各方资源凸显新的模式。通过政府购买服务激发社会组织服务民生的内在潜力，扩大公共服务覆盖面，满足不同群体多层次需求，实现了资源互动共享和服务效益最大化。一批公益服务项目，探索以社工项目化运作新模式，整合和利用社区各方公共资源，与其他社会机构合作开展项目为社区居民和特定人群提供服务。

三是政府与社会组织形成新的合作关系。缓解政府和社会组织定位不准、职能不清的矛盾，政府和社会组织双方按照购买协议享有权利履行义务，一方面，政府根据购买协议实施契约化管理，尊重社会组织的专业理念和价值观；另一方面，社会组织根据协议提供服务，接受政府监管，逐步成为政府履行职能的有力助手和良好合作伙伴。

四是不断加强绩效评估。政府购买公共服务是政府职能转移、满足群众生活服务的需要，对政府部门来说，要选好项目，对承接项目的组织来说，要严把经费关、质量关，把钱花在刀刃上，进行精细化管理，按照时间节点完成项目进度。长宁引进第三方评估机构对实施的项目进行评估，督促社会组织规范财务管理，加大对项目过程跟踪和绩效评估的力度，使有限的项目资金有效地用到实处，确保项目需求目标与实际产生效果的一致性。

5.2.3.2 亟待完善

长宁区政府购买服务工作从 2012 年正式启动，在取得一系列的成果和经验的同时，也存在一些问题和不足，需要在以下方面继续完善提高：

1. 厘清工作职责

根据《国务院办公厅关于政府向社会力量购买服务的指导意见》（国办发［2013］96 号）的文件精神，各级政府购买服务工作应由财政部门牵头。而长宁区目前是由区社团局牵头运作，审定委员会最终审定。政府购买服务工作涉及面广，需要部门与部门、部门与街镇之间加强沟通。所以，要加大职能部门参与力度，相互对接，厘清各自职责，各负其责，推进工作更加有效和顺畅。

2. 加强学习培训

在具体操作中还存在职能部门不注重学习培训，不加强研究，不注重对骨干人才的培养。实际运作中人、财、物得不到保障等现象。要求加强培训，解决一些部门对购买服务概念不掌握，不熟悉工作流程，找不到自身定位等问题。各部门要明确自身在政府购买服务工作中的定位，对自己管不好、管不了的事情交给社会组织去管，杜绝大包大揽。按照社会组织特点和规律办事，尊重社会组织的法人地位。不越位，不缺位，正确转移职能，同时对转移的职能正确履行作为监管者的意识和职责。

3. 加大扶持力度

政府购买服务工作与社会组织发展是相辅相成的。社会组织培育发展越成熟，政府购买服务的基础就越扎实，起点就高。同时，通过对政府购买服务的项目扶持，进一步推动社会组织的发展壮大，有利于发挥社会组织在承接政府职能转移、整合社会资源、参与服务民生、协调社会关系等方面的作用，形成一批有影响力的社会组织品牌和领军人物，对推动社会组织发展的规范化、专业化和职业化水平有很大帮助。上海部分区县陆续出台了促进扶持社会组织发展的专项资金扶持办法，对购买服务工作也出台了项目补贴、税收优惠等扶持政策，在此方面长宁区已相对滞后，虽有购买服务事项，但对社会组织来说仅仅是项目化扶持，短期措施，长宁区社会组织还缺乏长效扶持政策，这对长宁区的社会组织发展和能力建设受到一定的影响。

4. 制定中长期规划

目前长宁区政府购买服务工作模式已初具雏形，有一套完整的流程和运作模式。但在中长期发展目标、效果、保障措施等方面还没有明确规划，需要进一步对社会组织工作、政府购买服务工作加强顶层设计，研究制定中长期发展规划，就发展目标、激励奖励措施、人才队伍建设、监管体制等方面出台保障举措。

5. 发挥市场作用

长宁区社会组织大部分是挂靠在政府职能部门下，承担大量政府赋予的行政管理和事务性工作，有相当部门社会组织存在“官办、官管、官运作”现象。导致政府购买服务项目中草根类项目所占比重较小，带有行政化色彩的项目数量太多。从 2012 年以来，实施的购买公共服务项目中，社会类的社会组织承接的项目资金量仅占 20% 左右。这样容易遗传政府机构的科层体系弊端，造成组织效率不高，同时严重削弱了社会组织的主体意识。随着今后社会组织发展越来越成熟，要健康持续发展，必须按照社会组织自身特点、自身规律办事，减少行政化色彩。政府职能转变的目标就是政府从前台走向幕后，从行政事务的直接执行者转变为决策者和监督者。市场能决定的事情，一律交由市场去管，增加公开公平的市场竞争，扩大购买项目面向社会公开招投标的覆盖面。目前很多机关事业人员兼任社会组织负责人，社会组织账户挂靠在行政部门账户上等问题也要尽快解决，保证项目专款专用，逐步推进社会组织规范化、专业化运作。

6. 完善项目管理

一是加强社会组织自身建设。目前社会组织整体水平、发展速度、扶持力度离现实需求还有差距，存在管理力量薄弱、从业人员素质低，知识年龄结构不合理，专业和专职人员较少、服务意识水平欠缺等问题，要进一步加大对社会组织，特别是公益慈善类、社区服务类社会组织的培育力度。二是及时、准确发现社会公众真实需求。目前购买项目种类不够丰富，规模较小，反映出政府部门作为需求方，对项目需求的针对性不强，立项目标不明确，政府部门缺乏调研分析，不掌握社区居民亟待解决的服务需求和需要帮助解决的问题。三是加大管理人才培养力度。在项目管理中，对项目运作、服务质量、财务管理、档案管理和满意度反馈等各方面的管理掌控能力欠缺，需要进一步加大领军人物和项目管理人才的培养和扶持。四是加大宣传。进一步扩大社会辐射效应，针对目前长宁区政府购买服务项目内容、绩效不被了解的局面，要加强宣传，对工作进行阶段性总结，整理提炼典型案例、先进事迹、领军人物，汇编成册，在专业报纸杂志上加大对工作方式方法的宣传，进一步体现长宁区社会组织活力。

7. 优化发展环境

为社会组织的成长提供政策环境、生态环境、人才环境。加大政策扶持力度，保持政策的延续性，注入与时俱进的创新性，强调分类指导的针对性。重点扶持培育社区公益型、枢纽型、支持型、行业型四类社会组织，凸显政策的导向作用。加强社会组织生态建设，依托区社会组织实践园，拓展条线、街镇的社会组织服务阵地，动员和协调社会组织参与社区生活服务中心，加大政府购买公共服务的公共资金，逐步构建社会组织的扶持资金链。在完善政社合作的同时，开启社企合作、社社合作，推动社会组织发展的良性生态环境的形成。

专栏 5.3　　长宁区政府购买公共服务项目工作细则

为进一步落实《长宁区政府购买公共服务办法》的要求，确保政府购买公共服务工作有序进行，加快政府职能转变，使项目实施更具针对性和可操作性，制定本细则。

一、工作流程

（一）项目提出（4—5月份）

1. 编制目录

区政府购买服务项目审定委员会办公室（以下简称“审定办”）结合《长宁区政府购买公共服务项目预算管理暂行办法》、《长宁区社区基本公共服务指导目录》的要求，每年编制修订《长宁区申报政府购买服务项目指导性目录》。

2. 需求发布

区审定办发布《长宁区关于申报政府购买公共服务项目的通知》，向全区各政府部门、街镇、人民团体征集项目需求。

3. 内容填报

各部门、街镇接通知后，加强调研，结合实际需求填报《长宁区政府购买公共服务项目申报表》，注重量化工作目标的提出。区审定办开展针对性培训。

（二）项目对接

区审定办对申报项目进行汇总、分类，审定办成员单位分工对项目进行对接和梳理，邀请专家对其可行性进行认证和分析，形成初步意见。

（三）项目立项

（四）项目实施

（五）项目评估

（六）项目追加

二、资质条件

（一）承接社会组织应具备以下条件：

1. 依法登记注册，具有独立承担民事责任的能力。参与承接或竞投项目所涉及的领域，与其被核准的业务范围相符。具备提供公共服务所必须的设备、专业技术能力和相应的社会工作资质条件。

2. 具有健全的内部。治理结构，完善的财务管理制度和民主监督制度，连续两年年检“合格”，社会组织规范化建设评估“3A”级以上的优先。新设立的社会组织资质情况需经区审定办审定。

3. 区审定办规定的其他条件。

（二）承接的党员志愿者工作室、社区群众活动团队应具备以下条件：

1. 工作室、群众团队要经备案登记，并有明确的业务范围和具体的活动内容。

2. 有相对固定的办公地点、场所。至少有一名相对固定的负责人、召集人或联系人，成员5人以上。

3. 有相对规范的名称，有符合要求的党建形式。

4. 区审定办规定的其他条件。

三、职责分工

区审定委负责制定审核规范和推进政府购买服务的实施细则、评估体系等各类规范性文件，审定购买服务的项目目录、项目金额、操作流程、项目评估结果等，对政府购买服务进行全面指导。区审定办（区民政局）负责政府购买服务日常工作的开展和相关文件的起草制定，具体负责指导、协调、监督和绩效评估工作，对项目购买对象的资质进行审核，并负责专家聘请和认定事宜，确保工作平稳有序推进。区社建办负责总体工作指导和协调，明确政府职能转变和社区公共服务的内容和范围。区财政局负责项目预算审核和资金拨付。区审计局负责对购买服务过程及资金使用情况进行审计监督。区委组织部、区文明办、区综治办、区人大财经工委、区人社局、区法制办根据各自职责做好相关工作。

四、其他

1. 本细则为《长宁区政府购买公共服务暂行办法》具体操作细则。

2. 本细则由区审定办负责解释。

专栏5.4　　长宁区关于申报____年度政府购买公共服务项目的通知

长宁区各委办局、街镇、人民团体：

根据区政府购买服务项目审定委员会工作要求，现就____年度政府购买服务项目申报工作通知如下：

1. 请各部门在《长宁区申报政府购买服务项目指导性目录（试行版）》（附件）范围内，结合实际需求，在____（时间）前，提出年度项目需求，并填写《长宁区政府购买服务项目申报表》，注意申报项目必须提出量化工作目标，报区审定办。

2. 区审定办将在____（时间）前，进行政府购买服务工作培训，指导各部门制作项目申报书、核算项目经费。

3. 区审定办将在7月前，完成与各部门、各街镇项目的初步梳理和对接。在9月前，对申报的部分项目面向全市招投标。区审定委员会在10月前完成对全部项目的审定。

4. 最终项目将在区两会召开后确定，在下一年度1月份签订协议并开始实施。

5. 各部门确因工作需要追加本年度购买服务项目的，可以同时申报，但要注明“追加”字样。

特此通知。

长宁区政府购买服务项目审定委员会办公室

年　月　日

专栏5.5　　长宁区政府购买公共服务立项评价标准

一、项目与政府部门职能的适应性

项目和本政府部门职能转移的大背景是否相符？能否能起到支持政府部门目标实现的作用等？

二、立项依据的充分性

如：居民群众对项目的需求度如何？项目受众对象的覆盖率有多少等？

三、项目目的的公益性

判断是否公益性项目的标准有两点：一非营利性，即：是否是市场不愿意做的项目？二社会效益最大化，即：给社会公众带来的效益是否大于项目投入的费用？

四、项目目标的明确性

项目效果要有否明确的量化指标体现？

五、项目支出成本的细化性

是否符合相关财务、税务规定？项目支出成本是否细化？

六、实施过程的可控性

有否制定对不可控因素的预案和监管措施等？

七、社会影响的示范性

项目的开展是否对社会有影响力、起标杆引领作用？

专栏 5.6　　长宁区政府购买服务项目申报表内容

一、申请表

<table>
<tr><td>需求方</td><td colspan="3"></td></tr>
<tr><td>项目名称</td><td colspan="3"></td></tr>
<tr><td>所需经费</td><td colspan="3"></td></tr>
<tr><td>项目周期</td><td colspan="3"></td></tr>
<tr><td>类　　别</td><td colspan="3">属于长宁区申报政府购买服务项目指导性目录中　类　项
（名称：　　　　　　　　）</td></tr>
<tr><td>服务范围</td><td colspan="2">全　　区□</td><td>街　　镇□</td></tr>
<tr><td>服务对象</td><td colspan="2">全部人群□</td><td>特定人群□</td></tr>
<tr><td>服务人次</td><td colspan="3"></td></tr>
<tr><td>联 系 人</td><td colspan="2"></td><td>联系电话</td></tr>
<tr><td rowspan="2">是否
政府职能转移</td><td>是□</td><td colspan="2" rowspan="2">（若选“是”请填写）
该职能原属哪个部门？是否有专项经费和专职人员，职能转移后专项经费和专职人员如何处置？</td></tr>
<tr><td>否□</td></tr>
<tr><td rowspan="2">是否参加招投标</td><td>是□</td><td colspan="2" rowspan="2">（若选“否”请填写）
推荐承接社会组织为？</td></tr>
<tr><td>否□</td></tr>
</table>

二、经费预算

<table>
<tr><td colspan="3">开支科目</td><td>服务要求</td><td>单价</td><td>数量</td><td>总计（万元）</td></tr>
<tr><td colspan="3">宣传培训费用</td><td></td><td></td><td></td><td></td></tr>
<tr><td rowspan="7">运作
经费</td><td colspan="2">专家咨询费</td><td></td><td></td><td></td><td></td></tr>
<tr><td rowspan="4">项目活动费</td><td></td><td></td><td></td><td></td><td></td></tr>
<tr><td></td><td></td><td></td><td></td><td></td></tr>
<tr><td></td><td></td><td></td><td></td><td></td></tr>
<tr><td></td><td></td><td></td><td></td><td></td></tr>
<tr><td colspan="2">劳务成本</td><td></td><td></td><td></td><td></td></tr>
<tr><td colspan="2">志愿者补贴</td><td></td><td></td><td></td><td></td></tr>
</table>

续表

其他经费	管理费用	管理人员费用				
		办公费、水电煤、差旅费等				
	税费					
	其他					

三、项目论证

可行性论证	
立项理由（实施的必要性）	
已有基础（已具备哪些条件）	
实施方法和途径（如何实施）	
项目内容和预期目标	1.
	2.
	3.
	4.
	5.
进度安排（简要方案）	
问题分析（可能存在的困难）	

四、申报单位承诺

我们确认项目申报内容的真实性，并愿意承担相应的责任。

负责人签字：　　　　　　　　申报单位（公章）

年　月　日

专栏5.7　　长宁区政府购买公共服务项目招标公告

全市各社会组织：

为进一步建立健全政府购买服务机制，规范政府购买服务项目的采购行为，坚持公平、透明、择优的原则，引入社会竞争机制。按照《长宁区政府购买公共服务暂行办法》规定，经长宁区政府购买服务项目审定委员会（以下简称“区审定委”）研究，决定向社会发布《长宁区年度政府购买服务项目招投标目录》，接受全市社会组织投标。社会组织从____月____日起可以根据要求，结合本组织服务宗旨、业务范围及实际承接能力，合理选择项目进行投标。相关内容如下：

一、投标资格：

投标社会组织应具备以下条件：

1. 依法登记注册，具有独立承担民事责任的能力。参与承接或竞投项目所涉及的领域，与其被核准的业务范围相符。具备提供公共服务所必须的设备、专业技术能力和相应的社会工作资质条件。

2. 具有健全的内部治理结构，完善的财务管理制度和民主监督制度，连续两年年检“合格”，社会组织规范化建设评估“3A”级以上的优先。新设立的社会组织资质情况需经区审定委员会办公室（以下简称“区审定办”）认可。

3. 区审定办规定的其他条件。

二、评标方法和标准：

1. 参加投标的社会组织根据项目内容，在规定时间内制作标书，递交至区审定办。投标社会组织应递交项目标书7份，《民办非企业单位登记证书》、《税务登记证》、《组织机构代码证》复印件各1份并加盖公章。

2. 评标当天，由投标的社会组织通过抽签方式决定评标的顺序。

3. 对项目的陈述时间为5分钟；然后评委提问，评委评分；以评委们得分总和的平均分作为项目的最终得分数。

4. 项目总分为100分，当一个项目有3家或3家以上社会组织参与竞标时，以最终得分数高低为序排列，得分数高者中标。

5. 凡投标的项目，最终得分数低于60分的，为不中标。

6. 评标结果由区审定委统一公布，中标者以书面通知为准。

7. 评标结束时，收回所有的材料。

长宁区政府购买服务项目审定委员会办公室

专栏5.8　　长宁区政府购买公共服务项目招标文件

一、投标邀请

长宁区政府购买服务审定委员会办公室受______________（单位）委托，对________________（项目）进行国内公开招标，特邀请合格的投标人前来投标。

1. 项目概况

1.1 招标编号：

1.2 项目名称：

1.3 服务对象：

1.4 实施地点：

1.5 项目周期：

1.6 最高限价：

1.7 付款方式：本项目分期付款（比例：预付款为50%，中期验收合格后付款为30%，终期验收合格后付款20%）。

2. 合格的投标人必须具备以下条件：

2.1 依法登记注册，具有独立承担民事责任的能力。参与承接或竞投项目所涉及的领域，与其被核准的业务范围相符。具备提供公共服务所必须的设备、专业技术能力和相应的社会工作资质条件。

2.2 具有健全的内部治理结构，完善的财务管理制度和民主监督制度，连续两年年检“合格”，社会组织规范化建设评估“3A”级以上的优先。新设立的社会组织资质情况需经区审定委员会办公室（以下简称“区审定办”）认可。

2.3 投标要求：请参见“第三章 项目需求书”并登录“长宁区社会组织创新实践园网站”（www. cnshzz187. org）下载《投标人须知》。

3. 领取招标文件

凡愿参加投标的合格投标人可于＿＿＿＿＿（时间），登录“长宁区社会组织创新实践园网站”（www. cnshzz187. org）下载招标文件。

4. 递交投标文件

4.1 递交投标文件时应先进行投标申请，即投标人应当于＿＿＿＿＿（时间）之前致电长宁区政府购买服务审定委员会办公室（电话：021－62258327）报名登记，逾期不予受理。

4.2 所有投标文件应当于＿＿＿＿＿（时间）之前送达＿＿＿＿＿（地点）。迟到或不符合规定的投标文件恕不接受。

5. 开标时间与地点

开标定于＿＿＿＿＿（时间）在＿＿＿＿＿（地点）进行，请各投标人的法定代表人或其委托代理人届时出席。

6. 评标时间与地点

评标定于＿＿＿＿＿（时间）在＿＿＿＿＿（地点）进行，请各投标人的法定代表人或其委托代理人届时出席。

7. 本项目招标人信息

需求单位：

地址：

邮编：

二、评分指标说明

8. 评分方法和评分指标：公益招投标的评分方法采用百分制计分法，在最大限度地满足招标文件实质性要求前提下，按照招标文件中规定的各项指标进行综合，评分指标包括以下几方面，以供参照。

一级指标	二级指标	指标说明	评　分
一、书面初审（10）	1. 准确性和完整性（10）	＊投标人名称前后是否一致； ＊投标报价前后是否一致； ＊项目申请书应填部分填写有无错误或缺失； ＊未按要求签字盖章； ＊预算明细总和与总价不一致。 以上要素出现一项扣 2 分，以此类推	□　2 分 □　4 分 □　6 分 □　8 分 □　10 分

续表

一级指标	二级指标	指标说明	评分
二、组织能力（14）	2. 组织资质（4）	1. 投标人的登记证照齐全； 2. 机构诚信度好； 3. 业务范围与本项目适应； 4. 有固定的办公房和基本设备。	□ 1分 □ 2分 □ 3分 □ 4分
	3. 项目经验（5）	1. 项目实施方案的完整性； 2. 既往实践及成功案例两件以上； 3. 有项目获奖经历。	□ 1分 □ 2分 □ 3分 □ 4分 □ 5分
	4. 专业优势（5）	1. 投标人在本项目涉及领域内的人才优势； 2. 资源整合的优势； 3. 实务操作的优势。	□ 1分 □ 2分 □ 3分 □ 4分 □ 5分
三、实施方案（38）	5. 设计合理性（12）	1. 项目设计描述清晰、成效可衡量； 2. 项目实施目标明确，可衡量； 3. 项目受众对象定位明确； 4. 项目符合政府相关政策导向； 5. 有助于推动社会大众对项目受益人群的关注； 6. 有助于社会资源的有效利用。	□ 2分 □ 4分 □ 6分 □ 8分 □ 10分 □ 12分
	6. 操作可行性（12）	1. 人员安排，资源配置合理； 2. 实施计划翔实，具备可操作性； 3. 活动安排合理，定时定点； 4. 受益人群和人数、频次明确； 5. 进度安排符合完成目标要求； 6. 方式方法有创新。	□ 2分 □ 4分 □ 6分 □ 8分 □ 10分 □ 12分
	7. 预算合理性（10）	1. 经费预算编制详细，单价合理 2. 经费预算科目合理； 3. 经费安排能最大限度满足服务对象的需求； 4. 预算编制符合专款专用要求。	□ 2分 □ 4分 □ 6分 □ 8分 □ 10分
	8. 可持续性（4）	1. 项目是否符合发展需要； 2. 投标人是否有能力整合资源，可持续发展项目	□ 2分 □ 3分 □ 4分

续表

一级指标	二级指标	指标说明	评　分
四、项目管理（28）	9. 人员管理与监督机制（4）	1. 工作人员的职业资格、学历以及相关项目经验是否能保证项目有效实施；职责分工是否明确； 2. 针对本项目是否有合理的自查制度和绩效考核机制。	□ 1分 □ 2分 □ 3分 □ 4分
	10. 质量管理（6）	1. 是否有规范合理的管理制度，包括流程管理、预算执行、财务管理、满意度调查等，且内容具体、可行。 2. 每个流程环节是否有质量控制办法。	□ 2分 □ 3分 □ 4分 □ 5分 □ 6分
	11. 进度管理（4）	1. 项目进度管理时间、节点目标明确。 2. 有科学合理的进度管理计划。	□ 2分 □ 3分 □ 4分
	12. 档案管理（4）	1. 有项目档案管理制度； 2. 有规范的记录表式、台账； 3. 能确保项目实施过程中各类信息、自媒体有案可查。	□ 2分 □ 3分 □ 4分
	13. 资源管理（4）	1. 完成项目所必需的人财物等资源的统筹配置以及设备的必要性和合理性。 2. 有整合资源的计划安排	□ 1分 □ 2分 □ 3分 □ 4分
	14. 公关管理（3）	1. 有本项目的宣传推广计划 2. 计划是否可提高项目的知晓度与服务对象的认同度。 3. 自媒体的运用	□ 1分 □ 2分 □ 3分
	15. 风险管理（3）	1. 有风险预测及应对方案，且应对方案有效科学。	□ 1分 □ 2分 □ 3分
五、综合效能（10）	16. 满意度（4）	1. 项目服务的覆盖面、计划服务频次和人次是否符合需求方要求； 2. 满意度调查是否列入计划内容； 3. 满意度测评目标是否明确。	□ 1分 □ 2分 □ 3分 □ 4分
	17. 成果推广（3）	1. 有无成果宣传、应用计划。 2. 项目是否可复制。	□ 1分 □ 2分 □ 3分
	18. 社会影响力（3）	1. 对同类服务的影响力。 2. 服务区域对投标人的认可度。	□ 1分 □ 2分 □ 3分
评委评分		评委签名： 年　月　日	

9. 投标人排名方法：在用百分制计分法计算出各投标文件的最终得分后，评审委员按投标文件得分高低顺序排出名次，排名第1且得分不低于60分的投标人为中标候选人。如果有2位或2位以上的投标文件分数相同，则投标报价低者居前；如果报价仍然相同，则由评审委员会无记名投票确定相同者的排名。

10. 中标候选人推荐要求：投标文件的最终得分最高且不低于60分的方可被推荐为中标候选人；如果所有投标文件的得分均低于60分，则该招标项目流标。

11. 实施进度：符合招标文件要求。

12. 招标文件的澄清：任何要求对招标文件进行澄清的投标人，均应在投标截止期5日以前，按"第一章 投标邀请"中的地址以书面形式（必须加盖投标人单位公章）通知招标代理人。对在投标截止期5日以前收到的澄清要求，招标代理人将在"长宁区社会组织创新实践园网站"（www.cnshzz187.org）上发布答疑公告。

13. 招标文件的修改：

13.1 在投标截止期前的任何时候，无论出于何种原因，招标代理人可主动或在解答投标人提出的澄清问题时对招标文件进行修改。

13.2 招标文件的修改将在"长宁区社会组织创新实践园网站"（www.cnshzz187.org）上予以公告。

13.3 为使投标人编写投标文件时有充分时间对招标文件的修改部分进行研究，招标代理人可以酌情延长投标截止日期，并在"长宁区社会组织创新实践园网站"（www.cnshzz187.org）上予以公告。

三、项目需求书

长宁区政府购买公共服务项目招投标评标流程

一、确定评标顺序

在场外，投标人签到并抽签决定本投标项目评标顺序。

二、评委组会议

1. 宣读《招投标评委守则》（每个评委签名认可）；

2. 宣读《招投标操作原则》；

3. 宣读《招投标评分操作事项》；

4. 选举产生一名评委组组长。

三、评委组组长主持评标，流程如下：

根据抽签的先后顺序开标、评标。

1. 发放《项目投标书》、《评委评分表》；

2. 投标人（社会组织）对项目实施方案的陈述（五分钟）；

3. 评委提问；

4. 评委打分（填写招投标评委评分表并签名）（投标人离场）；

5. 汇总评委评审意见；

6. 评委组组长填写《评标论证意见汇总表》（评委组人员签名）。

专栏 5.9　　长宁区政府购买公共服务招投标操作原则

一、关于《招投标评委评分表》

1.《招投标评委评分表》总分为 100 分。一级指标 5 个项目，二级指标 18 个项目。具体打分是以二级指标分值为准，对二级指标中右边的每一项“指标说明”作考量，在表格右边认为该项指标应该得的分值对应的一个小方块上打钩，分值最小单位为 1 分。

2. 各位评委在《招投标评委评分表》最后一行“得分数”一栏内填写汇总的分数，并且在“评委签名”格内签名、填写日期。

二、本次招投标评审组共有五位评委组成，以五位评委所给分数的算术平均数作为该项目的最终得分。

三、由评委组组长填写《评委论证意见汇总表》和《中标建议书》，评委均需在《评委论证意见汇总表》和《中标建议书》签名栏签名。

四、废标要素

1. 投标人的投标报价高于项目最高限价的。

2. 投标文件章节严重缺失不完整或没有项目资金预算明细。

3. 相关资格证明文件不能提供或不具备投标资格。

4. 投标方案未实质性响应需求方“服务要求”。

5. 初审合格的投标人不足两家。

以上要素若出现其一即为废标。

专栏 5.10　　长宁区政府购买公共服务招投标操作原则

一、关于《招投标评委评分表》

1.《招投标评委评分表》总分为 100 分。一级指标 5 个项目，二级指标 18 个项目。具体打分是以二级指标分值为准，对二级指标中右边的每一项“指标说明”作考量，在表格右边认为该项指标应该得的分值对应的一个小方块上打钩，分值最小单位为 1 分。

2. 各位评委在《招投标评委评分表》最后一行“得分数”一栏内填写汇总的分数，并且在“评委签名”格内签名、填写日期。

二、本次招投标评审组共有五位评委组成，以五位评委所给分数的算术平均数作为该项目的最终得分。

三、由评委组组长填写《评委论证意见汇总表》和《中标建议书》，评委均需在《评委论证意见汇总表》和《中标建议书》签名栏签名。

四、废标要素

1. 投标人的投标报价高于项目最高限价的。

2. 投标文件章节严重缺失不完整或没有项目资金预算明细。

3. 相关资格证明文件不能提供或不具备投标资格。

4. 投标方案未实质性响应需求方“服务要求”。

5. 初审合格的投标人不足两家。

以上要素若出现其一即为废标。

专栏 5.11　长宁区政府购买公共服务项目绩效评估实施方案

根据《国务院办公厅关于政府向社会力量购买服务的指导意见》（国办发［2013］96号）、《长宁区政府购买公共服务暂行办法》（长府办［2011］73号）有关规定及长宁区政府购买服务项目审定委员会工作要求，制定本实施方案。

一、工作目标

通过对政府购买公共服务项目绩效评估，进一步提高政府购买公共服务的供给质量和效率，为规范政府购买公共服务工作提供有效的依据；作为社会组织培育发展和监督管理有效途径，达到评估促管理、评估促建设、评估促发展的目的；优化社会组织生态环境，激发社会组织活力，推动政府向社会力量购买服务健康发展，促进社会组织可持续发展。

二、评估原则

（一）积极稳妥，有序实施。

在社会组织全面开展自评的基础上，以地域相邻，行业相通，开展交流评估；点面结合，条块结合，突出重点，采取专项评估、分类评估和综合评估相结合的模式，科学安排，有序推进。

（二）客观公正，公开透明。

根据区审定委员会制定的绩效评估内容及标准，客观公正，实事求是，规范开展评估。评估标准和结果接受社会监督。

（三）突出重点，讲究实效。

评估抓好关键环节，突出重点内容，促进承接项目的社会组织能力提升，提高项目运行质量与效果，保证服务对象受益。绩效评估结果作为项目资金结算和社会组织评估定级的重要参考依据。

三、评估内容

评估内容主要分为：机构建设、项目运作、服务质量、财务管理和社会效益五个方面。承接方自查自评报告及资料台账都要根据这五个方面的要求准备。

四、评估等级

考核评估结果采用百分制，对机构建设、项目运作、服务质量、财务管理和社会效益进行考核评估的比例分别为10%、30%、20%、20%、20%。考核评估结果分为4个等级，90分（含90分）以上为优秀、80（含80）—89分为良好、60（含60）—79分为合格、60分以下为不合格。

五、评估方式

年度绩效评估采用承接方自评自查、需求方评价、第三方专业评估相结合的方式进行。

六、评估程序

评估程序包括：

1. 制定评估实施方案，报区项目审定委员会办公室批准；
2. 下发评估通知和宣传动员；
3. 承接方自查自评和材料准备；
4. 征求需求方评价；
5. 诚信调查；

6. 实地检查评估或交流评估；

7. 撰写评估报告并汇编成册；

8. 向区项目审定委员会报告评估结果；

9. 区项目审定委员会终评；

10. 社会公示（复核）和公告；

11. 反馈评估信息。

（一）实地评估流程

1. 组成评估专家小组；

2. 实地评估，采取“听、看、查、问”四个步骤，了解项目运作情况（“听”承接方项目实施自评情况汇报；“看”项目设施设备；“查”台账资料；“问”服务对象满意度）；

3. 征求需求方评价；

4. 专家评议，客观公正、实事求是地填写评分表、意见表，汇总表，形成对项目初步评估意见；

5. 将初步评估意见向项目承接方反馈。

（二）交流评估流程

1. 承接社会组织作交流汇报；

2. 项目需求方和业务主管部门评价；

3. 专家评议，客观公正、实事求是地填写评分表、意见表，汇总表，形成对项目初步评估意见；

七、时间安排

1. 自查自评阶段。承接方在根据《长宁区政府购买公共服务项目绩效评估标准》进行自评打分，并将书面自评报告（含自评表、财务报告）报区审定委员会办公室。

2. 梳理调查阶段。区审定委员会办公室做好项目梳理、需求方评价征询和业务主管部门、税务机关对承接方社会组织的诚信评价调查。

3. 评估阶段。对项目实施分类分批评估。

4. 复评验收阶段。由区审定委员会办公室负责指导、协调、监督服务项目绩效评估工作。

5. 审定公示阶段。区审定委员会完成对评估工作的审定，并向社会公示。

八、结果应用

1. 项目需求方根据绩效评估结果，对评估结果为合格及以上等次的，全额支付项目款，对评估结果不合格的按照协议书相关处置；

2. 对评估结果为良好以上的承接社会组织，做好典型培育和宣传，并在今后承接政府购买公共服务项目时优先考虑，对评估结果不合格的承接社会组织，三年之内取消其承接政府购买服务项目资格；

3. 将评估结果与今后社会组织培育发展、评优、激励保障措施、规范化建设、诚信建设、政府购买公共服务等工作挂钩。

九、组织机构

区政府购买基本公共服务项目绩效评估工作在区审定委员会领导下开展工作，由区审定委办公室负责指导、协调、监督，主要环节向区审定委员会报告。委托第三方专业评估机构具体实施。

专栏 5.12　　长宁区政府购买公共服务项目绩效评估标准

评估考核项目	序号	评估考核内容	评估考核标准	量化分值			评估考核方法
				标准分值	自评分	评估考核分	
机构建设（10分）注：3A等级以上组织免检按10分计	1	领导机构	领导机构依法按规定程序产生，并运转正常	2			检查资料
	2	管理机构	内设机构健全，管理层次清晰	2			检查资料 实地了解
	3	制度建设	管理制度健全、完善，并能有效执行	2			检查资料 实地了解
	4	财务管理	配有专（兼）职财务人员，严格执行社会组织财务会计制度，管理规范	2			检查资料
	5	年度检查	年检合格	2			检查资料
项目运作（30分）	6	实施方案	制定了符合实际，操作性较强的项目实施方案，培训类应制订详细培训教案	2			检查资料
	7	工作计划	围绕服务项目的目标制订总体工作计划和阶段性计划，对各项任务进行分解细化，明确任务分工和时限要求，并按计划分步实施	4			检查资料
	8	资金管理	项目资金实行专账管理，专款专用，专人负责，合理安排，不得挪作他用。	4			检查资料 实地了解
	9	专业团队	具有一定数量专业技术人员（大专以上学历或具有国家认可社会工作职业资格的人员不低于50%），项目工作人员、志愿者职责分工明确	4			检查资料 实地了解
	10	规范运作	每项活动事前有具体安排方案，事后有活动小结，针对存在不足或问题有整改措施并有完整记录。	4			检查资料 实地了解
	11	人员培训	制订项目工作人员、志愿者培训方案，有具体内容和安排。工作人员、志愿者每年接受专业培训记录完整规范	2			检查资料 实地了解
	12	舆论宣传	对项目实施进展情况、典型案例及其他相关情况，通过印发宣传资料、制作展板等多种形式广泛开展宣传，营造项目良好的舆论氛围	2			检查资料 实地查看
	13	吸纳意见	在项目实施过程中，广泛收集和采纳服务对象、社区、社工及相关部门的意见。	2			检查资料 实地了解
	14	接受监督	按月上报项目进展情况及有关数据报表，自觉接受有关部门和社会监督，积极配合做好评估和绩效考评工作	2			检查资料 实地了解
	15	资料保管	服务机构应及时收集整理各项活动资料，确保整个项目从方案制定到实施完毕全过程资料的完整齐全，并分类装订、清晰明了	4			检查资料

续表

评估考核项目	序号	评估考核内容	评估考核标准	量化分值			评估考核方法
				标准分值	自评分	评估考核分	
服务质量（20分）	16	服务数量	在政府购买服务合同约定的期限内，完成各项服务内容和数量的，得满分；因各种原因未在合同约定期限内完成的，酌情扣分	8			检查资料 实地了解
	17	服务人次	培训类、心理咨询类项目服务人数应达到一定人次和规模，典型个案人数不少于10人	3			检查资料 实地了解
	18	服务成果	培训类项目，经业务主管部门考核，合格发证率不低于90%；达不到90%酌情扣分，低于80%，不得分。讲座辅导类项目，在试点区域内，服务内容知识得到普及，服务对象改变率较高，典型个案取得明显成效	3			查看证书 实地了解
	19	服务记录	服务机构应全面、真实地记录其服务运作、服务活动以及投诉处理情况并完整保存	3			检查资料
	20	服务过程	服务过程合理运用工作方法与技巧，符合服务对象的需求与特点，方便服务对象，并注重跟踪服务	3			对象调查
财务管理（20分）	21	资金使用	专款专用。资金使用符合政府购买服务项目资金管理办法、政府采购等有关规定。不符合规定的支出，酌情扣分	8			审计报告 检查资料
	22	财务管理	项目财务核算、账户开立符合《民间非营利组织会计制度》和《会计基础工作规范》。财务制度健全并规范执行	4			审计报告 检查资料
	23	审批程序	重大开支经过评估论证、资金拨付有完整的审批程序和手续，未按规定执行的情况酌情扣分	2			审计报告 检查资料
	24	会计信息	及时提供会计资料、项目完成及时决算与审计、固定资产及时入账。未能及时提供会计资料、项目完成未及时决算与审计，固定资产不及时入账的，会计信息经审计之后，如果发现不真实、不合理的、不完整的酌情扣分	4			审计报告 检查资料
	25	成本控制情况	项目实际成本小于或等于预期成本，全部符合得满分；超出预期成本酌情扣分	2			审计报告 检查资料

续表

评估考核项目	序号	评估考核内容	评估考核标准	量化分值			评估考核方法
				标准分值	自评分	评估考核分	
社会效益（20分）	26	服务对象及其家属对所提供服务的满意度	满意度达到90%（含90%）以上，得满分，否则按比例扣分（如测评20人，2人不满意扣1分，扣光为止）	10			满意度测评
	27	服务区域对服务提供服务机构工作的认可度	80%（含80%）以上单位认同的，得4分；70%—80%（含70%）单位认同的，得3分；60%—70%（含60%）单位认同的，得2分；低于60%的，不得分。（不少于10家单位）	5			实地了解
	28	相关职能部门对服务提供机构服务工作整体评价	整体评价结果为“好”的，得3分；“较好”的，得3分；“一般”的，得1分；“差”的，不得分	5			实地了解

第三部分

评　　估　　篇

第 6 章

政府购买公共服务的风险评估

在公共服务需求持续增长，而政府公共服务供给能力不足的背景下，国内外学者从供给主体和供给方式的维度深入研究了政府机制和市场机制在基本公共服务实现过程中的作用和相互关系，提出基本公共服务的实现有政府供给、市场化供给和社会化多元供给三种路径，可以采取规制、购买和生产等三种基本公共服务供给方式[①]。多元意味着公共服务的供给与生产是一个更加开放的大众参与机制。除了直接生产和供给外，政府可以在一些公共领域引入政府与第三部门功能互补、公私伙伴(PPP)、私营部门供给和多元供给等模式，政府则作为供给的主导者和最终责任人对公共服务的直接生产者进行购买、监管和协调。

受上述理念的影响，我国公共服务供给方式也不断趋于多元化。1995 年，上海罗山市民休闲中心的建立，代表着政府购买首次进入我国实践领域。在政府和公共服务生产者的共同努力下，我国政府购买的内容有所增加，购买范围有所拓宽，购买方式也取得了很大的突破。[②] 但是总体而言，这种购买处于起步和探索阶段，服务购买中蕴含着不容忽视的风险，不少环节和方面仍有待改进，比如技术、标准和方法等。为了推动政府购买公共服务朝着规范有序的方向发展，本章基于政府购买公共服务的相关风险管理理论，对购买过程中可能存在的寻租、垄断和效率低下等风险类型进行了

① 姜晓萍、吴菁："国内外基本公共服务均等化研究述评"，《上海行政学院学报》2012 年第 5 期，第 4—16 页。

② 王浦劬、莱斯特 · M. 萨拉蒙：《政府向公共服务生产者购买公共服务研究》，北京大学出版社 2010 年版，第 4—6 页。

分析，厘清风险的成因，提出相应的评估指标体系和模型，并在此基础上提出了有针对性的风险防范策略与配套的管理措施。

6.1 政府购买公共服务的主要风险

市场失灵找政府，政府失灵找市场，在公共服务的供给上，市场供给和政府供给一直就是一个二律背反问题，至今没有找到一个有效的协调路径。在新公共管理和新公共服务理论的推动下，公共服务的市场供给目前已经是全球各国政府的一种主流共识，但是在这种主流的背后依然存在着较多的风险。风险问题最初在企业管理中受到关注，并逐渐发展为“风险管理”这样一门丰富而完整的学科。然而公共部门开始关注风险，并将风险管理作为政府的管理职能始于马丁·冯与彼得·杨合作的《公共部门风险管理》。公共服务私人供给风险的出现，无论是从实践上还是从理论上都有较多的因素。本章从风险管理理论出发，结合公共选择理论、寻租理论和不完全信息动态博弈模型理论，层层递进地对政府购买公共服务的风险进行分析。

6.1.1 政府购买公共服务的风险理论

6.1.1.1 风险管理理论

美国学者海恩斯（Haynes）在其著作《经济中的风险》中首次将风险定义为损害或损失发生的可能性。对风险的研究可以从客观与主观两个角度加以展开：就前者而言，风险是客观存在的损失的不确定性，因而是可以预测的；就后者而言，风险虽然是一种客观的不确定性，但同时也是一种主观的感知，因而不同的人面对同样的风险会作出不同的判断。由此，风险实际上是人们对未来行为决策及客观条件的不确定性所导致的实际结果与预期结果的偏离而蒙受损失的感受。

从风险的本质及其发生的一般规律来看，风险具有如下特征：第一，不确定性。风险是客观存在的，但由于受到人们主观感知和客观环境中因素的制约，进而导致风险的产生具有突发性和偶然性。因此，不确定性是风险最本质的特征，包括风险发生时间的不确定、风险发生与否的不确定、风险结果的不确定性。第二，潜在性。风险的不确定性决定了风险从可能变成现实依赖于特定的主客观条件，因而存在一定的时滞，进而导致风险的潜在性。风险的潜在性意味着人们可以利用科学方法鉴别风险，改变风险发生的环境条件，从而防范风险，减小风险，控制风险损失。第三，转化性。老子有云：“祸兮福所倚，福兮祸所伏”。也就是说，如果可以对风险进行有效管理和控制，并在一定条件下促成风险向目标状态发展，则风险本身也可以视为一种收益，也就是说风险的损失与收益并存，并且可以进行转化。第四，行为相关性。风险环境中的决策行为也即风险态度，与决策者所面临的风险之间具有紧密的联系。实际上，任何一种风险都是由风险状态、决策态度和风险结果构成的。就客观的风险状态而言，不同的决策者采取不同的风险态度和风险策略，最终会导致完全不同的风险结果。①

① 姜清舫、陈方正：《风险度量原理》，同济大学出版社 2000 年版。

随着对风险本质及其特征认知的不断深化，人们开始度量风险可能引发的损失，并思考如何对其进行有效的防范和控制，这就是风险管理的由来。正如威廉姆斯和汉斯所说，风险管理的关键就是通过对风险的感知、识别、衡量和控制，从而以最小成本将风险损失降至最低。[①] 从历史上看，风险管理的思想与方法产生于企业的安全管理，风险管理的目标在于用最小的成本获取最大的安全保障。风险管理工作的有效实施包括确定目标、明确职责、理顺结构、多部门协调、合作与控制等，然而风险管理的成效在于决策人的风险意识和风险决策。

风险管理的程序（参见图 6.1）包括：(1) 风险识别。风险识别是指在风险发生之前，运用事故树分析、实地检验、流程图、风险评估咨询等方法和工具找出各种潜在的风险及其发生的原因。(2) 风险评估。风险评估是指运用各种数量工具对风险发生的概率及其可能导致的损失程度进行预测和评估。风险评估既可采用经验或专家评估等主观评估方法，也可采用损失数据收集和统计推断等客观评估方法。(3) 风险防范与控制。风险防范强调在风险识别且损失尚未发生之时，采取改变内外部环境等方法以最终规避风险；风险控制则强调在风险损失已形成之时，采取风险决策等方式以尽可能降低风险损失、弥补风险损害。

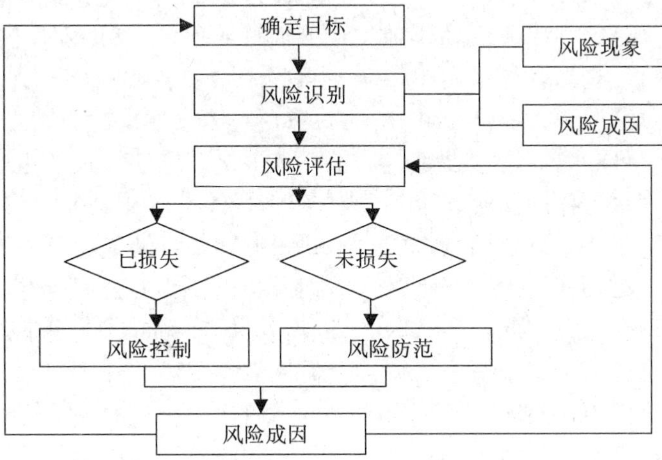

图 6.1　风险管理程序

6.1.1.2　公共选择的风险理论

所谓公共选择，就是通过集体行动和政治决策来决定公共产品和公共服务的需求、供给和产量，是对资源配置的非市场选择，即政府选择，因而是对政府购买公共服务行为最贴切的理论诠释。公共选择的风险理论将市场决策和风险管理理论运用在政治行动的分析过程中，是经济学和管理学在政治学中的延伸。正如詹姆斯·布坎南指出的："个人的行为天生要使效用最大化，一直到他们遇到抑制为止，倘若真的要做分析，其作用的具体的论点必须放在效用技能上。个人必须要像预计或期望那样，追求增进他们自己的利益，即狭义的以纯财富状况衡量自己的利益。"换言之，公共选择理论依然将政府组织与官僚视为个人效用最大化的理性"经济人"，追逐自己的私利，没有控制政府成本的激励，只会扩大自己的预算；并且由于政府机构缺乏竞争和缺乏降低成本的激励机制，政府机构的自我膨胀以及政府

① 何文炯：《风险管理》，东北财经大学出版社 1999 年版。

监督信息不完备，导致了政府失败。

为了防范和降低政府失败的风险，就必须重新界定政府、市场与社会之间的关系，通过政府购买公共服务，在公共部门引入竞争机制，打破政府对准公共服务供给的垄断，降低行政成本，改善官僚体制的运转效率，提高市场效益，让公众在不同公共服务供给主体之间进行选择。同时，在公共服务市场化过程中，政府购买公共服务的行为也遵循理性“经济人”假设，为了约束政府，限定政府的权力边界，控制政府预算，就必须进一步转变政府职能，建立有限政府，加强法律监督与民主监督，对政府和市场主体行为进行规范和引导，让公共服务的供给最大限度地接近公众的实际价值偏好。

公共选择的风险理论是公共服务市场化理论和风险社会理论的有机结合与具体运用。一方面，它承认政府购买公共服务是提高公共物品提供效率的较好途径；另一方面，它在为公共服务的私人供给提供理论支撑的同时，也为私人供给风险的出现埋下了伏笔。公共选择的风险理论指出，政府官员也是“经济人”，同样是在追求自身效用的最大化，因此在公共服务市场供给过程中，政府官员会利用手中掌握的公共权力谋取私利，这就为公共服务的私人供给者提供了广阔的寻租空间。然而，私人供给者不会自己承担这种政府寻租腐败的成本，而是转嫁给公众消费者，最终受损的是公共利益，这必然造成公众的不满，乃至引发群体性冲突的社会风险。

6.1.1.3 寻租的风险理论

租金在经济学中指生产要素所有者获得的报酬补偿拥有这种生产要素的机会成本的剩余部分。早在1967年，戈登·塔洛克就已经将租金理论引入政治领域，在《寻租社会的政治经济学》一文中集中讨论了由政府活动对经济活动数量的限制可能会导致社会福利的损失。或者说，寻租就是一种人们凭借政府保护，寻求财富与转移而造成的浪费资源的活动。从新制度主义经济学的视角而言，在特定制度环境之中，寻租人所做的使自身利益最大化的努力所产生的不是社会剩余而是社会浪费。例如，在公共服务的市场化过程中，政府官员利用手中的公共权力为自己或官僚集团谋取私利，从而背离了政府购买公共服务的初衷，这就是一种典型的政治意义上的寻租。

寻租的实质是政府官员运用行政权力干预经济运行，从而谋取私利的活动。在市场经济条件下，最常见的政府寻租行为有以下三种：（1）价格管制。通过价格管制，政府人为地调整资源配置方式，进而调整生产要素所有者获得报酬的份额。寻租者向政府官员行贿，使政府对价格的调整对自己有利，就可以安全攫取大量租金，这也导致政府官员利用自己的权力进行寻租。（2）发放特许权。政府通过对某些产品发放特别生产许可证或销售许可证，可以使获得特许权的单位或者个人凭借垄断地位获得垄断利润。这就为政府官员寻租创造了条件。（3）政府采购。政府采购也是一种稀缺资源，如果缺乏竞争机制，就有可能被某些拥有特殊权势的公司所垄断，与不够廉洁的政府官员相勾结，就有可能通过虚报成本或者降低质量等手段达到官商共同寻租的目的。

由此，寻租的风险理论就指出，在政府购买公共服务的过程中，寻租活动必然给社会带来大量的风险，主要包括：第一，扭曲资源配置，浪费资源，降低经济效率；第二，寻租活动的资源给社会创造价值，却败坏了社会风气，腐蚀了道德观念；第三，寻租活动促使形成特殊利益集团，导致收入分配不公平程度恶化。针对政府购买公共服务过程中的寻租行为，寻租的风险理论提出了相应的“反寻租”策略，也就是通过查处和惩罚机制，使寻租者的成本高于其私人收益，从而抑制官员的腐败动机和寻租行为，包括：加大惩罚力度，使寻租者的成本价高；以法律形式明确政府职责和处罚力度，提高对寻租行为发现的概率；建立激励性薪水制度，加大寻租活动的机会成本，减少政府官员以权谋私的机会。

6.1.1.4　委托—代理动态博弈的风险理论

就股份制管理体制而言，为了使经营层的策略和行为能够较好地兼容自身利益和股东利益，就必须通过完善的制度设计和安排以解决委托人和代理人之间的信息不对称和利益不一致问题。由于信息不对称，或者委托人获取信息的成本过高，导致委托人不能也不愿意直接观察代理人的经营策略和行为。代理人则会利用信息优势谋取自身利益，从而产生了逆向选择和道德风险。依照委托—代理理论，在政府购买公共服务的过程中，政府是委托人，企业是代理人，政府与企业的目标是不一致的，两者之间是一种不完全信息动态博弈，从而不可避免地产生一系列风险。

政府作为购买公共服务的委托方，是行为的影响方；企业作为公共服务供给的代理方，是行为人。在政府与企业之间的不完全信息动态博弈过程中，存在着两种假定：

（1）企业面临着政府的两大约束，一是参与约束，即企业严格执行政府市场化方案得到的期望收益不能小于不严格执行时的成本或“虚假执行”时的收益，否则企业就会选择退出公共服务的市场化参与；二是激励相容约束，即在信息不对称的情况下，如政府没有观察到企业的策略和行为，且未给出其他激励，则企业为追求利润最大化会采取使自身效用最大化的行动，从而导致政府购买公共服务行为背离初衷，产生严重的社会风险。

（2）假设政府可能采取两种行为：检查与不检查；企业可采取两种行为：严格执行和虚假执行。由此，企业严格执行市场化方案时的政府收益为 R1；企业严格执行市场化方式时的收益为 R2；企业虚假执行方案时的收益为 R3；政府检查企业行为时的成本为 C1；企业严格执行市场化方案时的成本为 C2；企业虚假执行时的成本为 C3；企业虚假执行时被发现的成本为 C4；企业虚假执行市场化方案时被发现的概率为 P，则政府和企业策略选择的收益矩阵如表 6.1 所示。

表 6.1　政府—企业收益矩阵

采取行动	政府	
企业	检查	不检查
严格执行	（R2 - C2，R1 - C1）	（R2 - C2，R1）
虚假执行	（R3 - C3 - C4，C1）	（R3，0）

由此可知，如政府不能有效鉴别企业行为时，企业虚假执行的被发现成本为 0，即 P = 0，C4 = 0。要使企业执行政府决策，就要使企业虚假执行时的成本大于严格执行时的成本，即 C3 > C2；如果政府不能有效鉴别企业行为，且企业严格执行成本大于虚假执行成本，即 P = 0，C2 < C3，则不能满足企业参与约束条件，企业选择退出。因此，如企业严格执行，则政府的最好策略是不检查；如企业不严格执行，政府的最优策略是检查。如果不检查，企业就会选择收益最大化的虚假执行。唯有政府存在成本检查且具有较高的鉴别能力，即 P = 1，则企业才会严格执行既定方案。然而，在现实当中，由于核查成本巨大且面临预算约束，政府不愿意花费巨大成本进行收集信息和鉴别企业的行为，同时政府的实际监督能力也有限，因而理性的政府往往选择不检查，即出现所谓政府“理性无知”的局面。一旦政府不检查，企业的理性选择必然是虚假不执行。因此，在政府与企业信息不对称的情况下，企业会选择既能获利又消耗较少成本的策略，这种不合作博弈反复进行下去，政府购买公共服务的行为必然导致市场上的逆向选择和道德风险。

6.1.2　政府购买公共服务的风险类别

从风险管理的动态过程来看，政府购买公

共服务的风险潜伏于各项操作流程之中。外部环境和内部因素的变动、主观意识和客观条件的干扰都会导致政府购买公共服务的风险，致使委托人利益受侵害，实际结果脱离预期目标，最终损害公共服务的公益性。由此，政府购买公共服务的风险类别，可以依其具体操作流程而进行更为准确的辨识和划分。

6.1.2.1 政府购买公共服务决策阶段的风险类别

1. 可行性风险

可行性分析是政府购买公共服务决策阶段的核心环节。政府决策者在确定购买公共服务项目时，首先要对购买的项目进行成本—收益比较、界定项目购买的范围和类别、选择项目购买方式等一系列分析，以最终确定政府购买行为的可行性。但是，由于政府也是有限理性的行动者，受到操作经验、个体智慧、市场不确定性等因素的影响，往往会发生公共服务购买的实际效果与预期收益相偏离的状况，也即产生了可行性风险，具体表现在以下两个方面：

（1）隐性成本。从新制度经济学的视角来看，一项合同的正常运行既会产生招标价款、协议费用、监督费用等显性且易于计算的必要成本，同时也还会产生大量的隐性成本，如为解决争端产生的不确定成本、政府放弃购买合同而选用其他服务供给方式所损失的机会成本、政府购买公共服务的制度变革成本以及腐败成本等。隐性成本问题的实质是实际成本（必要成本与隐性成本之和）大于或等于预期成本，从而造成成本—收益分析错误，进而可能带来财政预算危机。同时，政府购买公共服务的成本一旦大于或等于政府内部的生产成本，那么政府购买行为就可能被放弃，最终挫伤相关政策实施的积极性。

（2）购买范围。虽然西方国家政府购买公共服务的触角业已延伸到各种领域，但总体而言，依然存在着一个公共服务购买行为的边界，如政府的政策制定、行政执法权、应急服务等传统功能，社会福利、监狱服务等要求执行者具备公正及判断力的服务项目，以及质量难以度量的服务项目通常都不可纳入政府购买的范围。一旦政策制定者过分扩大了政府购买的范围，忽略公共服务的公益性，轻则导致服务质量降低、项目实施失败，重则可能引发公众恐慌，乃至质疑政府的执政能力与合法性。

2. 合同设计风险

政府购买公共服务的实质是委托人与代理人通过签订合同以明确并约束双方的契约关系。因此，合同管理是政府购买公共服务的核心步骤，而合同设计又是实施合同管理的依据。然而在政府购买过程中，理性的有限性、标书撰写者的知识局限、项目进程的变动性和难以预料性，都可能导致合同设计风险。具体表现包括如下四个方面的问题：

（1）合同细则。合同细则是政府向供应商描述所需产品或服务要求的文字性表述，是合同验收的依据。合同细则的漏洞会导致供应商的机会主义行为，造成合同纠纷，增加交易成本，损害公共利益。

（2）合同标价。合同标价是合同验收时政府以公共财政给予供应商的法定资金，需要体现合同双方的利益。标价过高会对政府财政造成负担，违背政府购买的初衷；标价过低则会迫使供应商降低成本，损害服务质量。

（3）合同责任。政府购买的合同细则中需明确政府的监督权力与结算义务，同时确定供应商的报酬权与服务供给义务，同时对合同违规、合同废弃等责任争议设置合理的处置程序，尽可能避免因为合同纷争影响公共服务的供给。

（4）合同限制。合同限制是在合同设计之初对政府行为方式、资源组合的规定。过低的限制会让供应商利用机会主义取利；过高的限制会制约供应商的创新精神。

3. 市场风险

政府购买公共服务的绩效实现不仅依赖于各类生产要素的优化配置，还会因为市场发育不完整、经济异常波动等市场环境的影响而产生相应的风险。具体表现在如下三个方面：

（1）缺乏竞争。公平的市场竞争是提高服务水平和服务质量最有效的动力，也是政府购买公共服务的成败关键。就我国而言，由于市场发育尚不够完善，私营企业及各种社会组织实力较弱，甚至导致政府采购过程中没有符合条件的投标商，迫使政府降低条件与次级投标商合作，无法通过有效的市场竞争来保障公共服务供给的高品质。

（2）经济波动。私营企业大多依靠市场来运作，外部的经济波动如通货膨胀、利率调整等，都会影响企业的财务状况，迫使企业通过减少成本投入、降低服务质量以弥补相应的财务损失，进而损害公共利益。

（3）政策变化。国家政策的调整与变动也会对企业及各种社会组织产生深刻的影响。一旦供应商未能及时应对国家的政策变动，就会导致公共服务的生产与供给陷于被动。

6.1.2.2　政府购买公共服务实施阶段的风险类别

1. 政府寻租风险

如前所述，寻租是政策制定者通过权利套利的过程，也是政府腐败的根源。常见的寻租方式包括两类：政治创租与政治抽租，前者是政策制定者以对利益集团有利的政策为饵诱使其主动地进贡，后者则是政策制定者以对利益集团不利的政策威胁其被动地进贡。[①] 政府购买过程中的寻租尤其可能导致更为恶劣的后果，因为服务供应商会将租金纳入生产成本，从而提高服务价格，降低服务质量。正如世界银行的报告所指出，公共服务上轻微的腐败都可能导致毁灭性的后果。[②] 寻租风险表现在如下两个方面：

（1）供应商误选。寻租的政府官员往往在招标之初通过降低代理人标准等方式让行贿的供应商成功夺标，或放弃公开招标而采用直接委托的方式直接确定供应商。

（2）监督渎职。一旦收取了供应商的租金，政府官员就会放松对所购买公共服务项目的监督，对供应商偷工减料的行为睁一只眼闭一只眼，甚至包庇不合格的服务项目，引发生产事故，损害公共利益。

2. 供应商诚信风险

在市场经济中，企业是以价格为竞争武器的，这也是价值规律的外在表现。在委托代理关系中，由于受到“经济人”利益的驱使，服务供给方往往会违背信用，利用自身在市场上的信息优势，谋求超额利润。这具体表现在三个方面：

（1）逆向选择，即服务供应商在合同招标的初始阶段，通过谎报资质，隐藏自身弱势等方式挤兑真正有实力和资质的供应商，迫使委托人选用无资质的服务供应商，最终作出违背政府购买初衷的逆向选择。

（2）道德风险。就市场经济而言，企业的终极价值是利润最大化，而公共服务的本质则是资源公益性，两者之间的对立与冲突会导致企业采取降低成本、以次充好等方式获取合同标价以外的额外收入，降低服务质量。

（3）低价夺标。在政府购买过程中，供应商为中标往往会采取降低报价等不正当竞争方式，以损失服务质量来弥补生产成本，从而扰乱市场竞争秩序，损害公共利益。同时，低廉的价格也会导致供应商无法维持公共服务项目的运营成本，造成政府购买公共服务合同的废止。

3. 管理失控风险

正常的政府购买公共服务程序应以合同为标的，实施全程监管以顺利通过政府验收。然而在实施过程中，主观意识和客观环境两方面的因素都会对政府购买公共服务的过程产生阻

① Fred S Machesney. Rent Extraction and Rent Creation in the Economic Theory of Regulation [J]. Journal of Legal Studies, 1987, 16 (1): 78–84.

② 世界银行：《与贫困做斗争》，中国财政经济出版社 2001 年版，第 104 页。

碍，导致管理失控的风险。具体表现在如下三个方面：

（1）技术风险。合同招标阶段的逆向选择会导致政府选择不具资质的服务供给方，从而形成技术风险。与此同时，政府购买的公共服务项目还会随着情势的变化不断发展，并对供应商的技术特性提出更高的要求，从而进一步扩大技术风险，甚至迫使相关政府部门终止合同，提高财政投入以革新技术和维护项目运营，从而增加了额外成本。

（2）服务延迟。由于供应商缺乏诚信，服务水平和服务质量有限，不能按时交货验收，最终导致政府部门时间损耗增大，额外费用增加，并让特定人群不能及时享受所急需的公共服务。

（3）自然损失。自然灾害、社会变动、公众需求突变等也会对政府购买公共服务的实施造成阻碍，导致政府不得不追加投资或重新采购，增加了财政负担。而受损的供应商也会因此削弱综合实力，甚至最终失去公共服务的供给资质。

6.1.2.3　政府购买公共服务评估阶段的风险类别

1. 信任风险

政府的合法性源于公民在信任前提下的权利让渡。一旦这种信任瓦解，政府的合法性也将随之受到质疑。因此，从传统上公共服务的政府供给模式，转变成为公共服务的政府购买模式，这不仅是对政府管理能力的挑战，同时也是对政府信誉的考验。信任风险表现在如下三个方面：

（1）合法性风险。政府作为传统公共服务供给模式主体的观念业已深入人心，相比之下，民众通常对政府购买的可行性、供应商资质、服务范围和服务质量深感忧虑。一旦来自于政府购买的公共服务发生任何问题，都可能引发公众对政府合法性的质疑。

（2）责任风险。公共服务供给是政府的重要职能，即使政府将公共服务的生产环节外包给供应商，也依然要履行监督合同执行、评估服务质量等行政职责，并承担因供应商延期交付、公共服务质量存在瑕疵、公众满意度降低等带来的潜在责任风险。

（3）声誉风险。政府作为购买公共服务的政策决定者、项目监督者和服务验收者，只是将公共服务的生产职能转移给私人企业和社会组织，依然要承担其决策和监督职能，并承担因其所购买的公共服务在质量、供给效率等方面的瑕疵和问题所导致的人们对政府管理、监督、决策等方面能力的怀疑，最终甚至可能对政府的声誉和形象造成长期、永久性的损害。

2. 服务质量风险

政府购买公共服务也是一项异常庞杂的系统工程，在具体开展过程中难免会遇到自然灾害、民众需求变化、国家政策变动等各种不可控因素的干扰。一旦政府和供应商不能有效控制和驾驭这些风险，就可能对公共服务的供给成本、质量和效率带来影响。同时，在实际操作过程中，双方签署的合同难免存在漏洞，作为理性“经济人”的供应商总是会利用合同漏洞，躲避政府监管，通过压低成本、偷工减料、以次充好、弄虚作假等方式获取额外收益，从而造成服务质量风险。此外，质量是效能与效益的总和，政府在购买公共服务的过程中，如果过分追求低成本以控制财政预算，就可能损害公共服务的公益性，引发质量风险，进而降低政府和供应商的声誉，增加政府的善后支出，最终还是由身为纳税人的公众来为之买单。

3. 公平性缺失风险

公共服务的本质是实现社会公益性，如果丧失公平，即使是低成本高质量的服务也必然损害公众利益，从而失去了服务的公共性。从这个角度而言，政府购买公共服务与企业服务外包和政府物资采购有着本质的区别。公平性缺失风险具体表现在以下两个方面：

（1）评估主体缺失。在政府购买公共服

务的实践中，集决策、监督、评估职能于一身的政府作为公众的代理人，作为项目评估的主体地位不可动摇。当然，公众作为最终委托人，也必须在服务供给过程中评估其满意度。同时，对于复杂度较高、专业性较强的公共服务项目，还需聘请专业机构进行评估。然而，在现实中政府购买公共服务的评估报告却往往难以考量各方主体意见，实现合理性、合法性与公平性的统一。

(2) 忽略弱势群体。随着科技的进步，政府购买公共服务的触角逐渐延伸到包括社会福利在内的各个公共领域。然而，市场经济的趋利性往往导致供应商在服务态度和质量上歧视软弱而缺乏诉求渠道的弱势群体。因此，多纳休指出，当一项公共服务不仅要求提供者有熟练的技术，还要求提供者具有强烈的责任感和公正力时，该项目更适合于政府提供，否则极易造成歧视性服务供给。[①]

6.1.3 政府购买公共服务的风险成因

政府购买公共服务打破了政府垄断公共服务经营的格局，提高了政府行政管理的效能和公共服务的质量，也成为目前包括中国在内的世界各国公共行政改革的核心工具和主要方向。然而，政府购买公共服务也面临着诸多风险和挑战，需要积极调适私人逐利本性和政府公益性之间的价值冲突，防止政府购买过程中的权力寻租腐败和公共责任缺失等一系列问题。这就需要我们深入地查找和分析这些风险和挑战的成因，并有针对性地制定和实施各种风险管理的政策措施。

6.1.3.1 购买对象的单一化导致市场垄断

1. 公共服务供给市场发展滞后

我国公共服务的供给市场发展滞后，绝大部分的公共服务供应商都存在人才数量少、专业人才稀缺、科学管理经验匮乏、过分依赖政府财政资金等问题，生产能力较弱，且缺乏应有的独立性，因此往往不具备提供大规模优质公共服务的能力。在现实中，对于已经登记注册成功的公共服务生产者而言，只有获得政府优惠政策待遇的极其少数的公共服务供应商可以在政府的主导作用下获得较好成长。而且，为了便于公共服务政策的启动和推行，政府通常倾向于将优质资源集中在一个或几个发展相对成熟的供给者身上，结果导致这些公共服务供应商通过建立与政府的长期合作关系，最终形成行业垄断，不利于形成理想化的市场竞争格局，也违背了政府购买公共服务的初衷。[②]

2. 政府购买行为偏离公共利益

政府作为公共权力的代理人，应当能够充分整合公众的公共服务需求，并同时又以委托人的身份，向社会购买相应的公共服务。因此，这是一个双重的“委托—代理”的关系，而政府则具有“社会公众的代理人”和“具体公共服务的委托人”的双重身份，是整个实际权力运行的核心，主导着公共服务供需实现的整个过程。然而，由于现行政治参与机制的局限性，政府对公共利益的整合往往可能带有自身的利益诉求，而民众的利益诉求又往往不能真实地传递和表达出来。[③] 同时，在初始委托人和相关监督部门监督不力的情况下，政府在公共服务的购买过程中就可能与一些不合格的公共服务供应商“合谋”寻租，并与他们进行长期的合作，最终导致公众无法真正享受价低质优的公共服务。

6.1.3.2 购买环境的复杂化增加市场风险

1. 公众多元的消费偏好难以掌握

在市场经济环境当中活动的公众，既是公共服务的集体消费者，也是“理性经济”的

① J. D. Donahue. . The Privation Decision: Public Ends, Private Means [M] . New York: Basic Book, 1989: 138.
② 顾平安：“推进政府公共服务的合同制管理”，《理论前沿》2008年第18期，第25—26页。
③ 罗观翠、王军：“政府购买服务的香港经验和内地发展探讨”，《学习与实践》2008年第9期，第125—130页。

个体消费者，同时受到地理、城乡二元结构、性别、年龄以及收入水平差异化的影响，其公共服务的消费偏好具有显著的差异性，即便对同一公共服务产品的消费偏好也不尽相同。[①]尽管政府在购买公共服务之前，会通过民意征集、市场调查、价格听证等多种形式去充分地考量和整合公众消费者对公共服务偏好的多样性，然而，再详尽的分类统计也不可能穷尽所有消费者对公共服务的差异化需求，标准化的公共服务更可能限制政府的购买行为。

2. 变动的市场环境增加购买风险

就政府购买的市场环境而言，受到国际国内政治、社会经济发展、国家政策调整等多方面因素的影响，同时考虑到公众消费者收入和支出模式的变动，因此呈现动态的变化调整趋势。然而，政府购买公共服务的行为一方面要受到民主政治程序的限定，同时也要受到市场化经济契约的绑定，因此往往在短时间难以进行调整。哪怕经济市场环境发生了变化，政府在投入资金购买公共服务之后，考虑到沉淀成本对于政府的影响，以及合同变动的政治成本过高，往往会选择继续执行原有的购买计划。从这个角度而言，即便政府通过 SWOT 分析等方式尽可能做好经济环境分析，然而依然难以规避各种潜在的风险以实现最正确合理的购买行为。

6.1.3.3 购买商品的特殊性提升评估难度

1. 公共服务的商品特殊性

公共服务不仅是市场化的商品，而且是一种无形的公共产品，不仅要满足广大公众多元化的消费需求，同时也要成为政府履行公共责任的载体。因此，政府购买的公共服务是市场经济中的一种特殊商品，是公共服务供应商直接或凭借载体进行的“交易”活动，其主要目的是为了满足社会公众特定的需求。[②] 影响公众满意度高低的因素不仅是所提供公共服务的质量，而且还包括公众对提供服务的期待程度以及使用后的感觉良好程度，这就增加了评估难度。

2. 专业评估机构和人才的稀缺

对政府购买公共服务的评估包括绩效和风险等多个维度，因此需要有详尽的数据、专业的技术和中立的态度。然而，作为评估主体的政府监管部门出于政治考虑，往往对各种数据持并不开放的保留态度；在评估过程中，各政府部门彼此之间牵扯的政治关系更是限制了评估部门的公正性；最后，政府官员也不具备绩效评估的专业性，存在着评估的技术障碍。然而，从现实来看，社会公众作为公共服务的享受者，在各方面所受到的评估局限性更大。在这个过程中，虽然专业的评估机构逐渐被引入进来，然而也会受到政府的各种隐性和显性的制约，没有办法真正完全公正、公平、公开地实施绩效和风险评估。

6.1.3.4 政府购买的不透明加剧信息偏在

1. 政府购买信息的公开程度有限

尽管目前全国上下都在推行政务公开，但我国各级政府向社会公众进行信息公开的主动性和自觉性依然有限，政府购买公共服务的信息透明度有限。这主要体现在两个方面：其一，政府财政预算没有向所有市场上的公共服务供应商公开，导致绝大部分供应商不清楚政府采购资金的投入方向和购买服务的类型，结果与政府“合谋”的个别供应商垄断公共服务生产权；其二，向社会公众所公布购买公共服务的信息不充分，导致公众既不明确政府购买与自身需求是否一致，也没有渠道向政府表达诉求并提出异议，结果就是公众“被代表”和“被服务”。

2. 政府购买信息的公开意愿不足

目前，政府向社会公开购买公共服务信息的方式总体分为两类：其一，政府主动公开发

① 王名、乐园：“中国民间组织参与公共服务购买模式分析”，《浙江省委党校学报》2008 年第 4 期，第 5—13 页。

② 张文礼、吴阳芸：“论服务型政府与公共服务的有效供给”，《兰州大学学报》2007 年第 3 期，第 96—102 页。

布相关信息，这往往是政府在相关法律规定之下的被动依法行为，信息表述过于书面化，公众也极少有兴趣知晓。其二，政府依照公众的申请被动公开的信息，其复杂的程序和严重的时滞往往导致公众事实上放弃了知情权。因此，从这两个方面来看，政府都没有主动向社会公布购买信息的意愿，没有定时地把购买公共服务的资金去向、详细的招投标操作规程和选择的结果以及原因向社会公布，公众作为纳税人的主体身份在政府购买公共服务领域没有得到充分体现。总体来看，政府往往只是向社会公布片面而又比较笼统的购买信息。[①]

6.1.3.5　法律法规的不健全导致追责困难

1. 政府购买的合法性基础不够

目前，我国各级政府购买公共服务尚处于试点和起步阶段，缺乏统一的规范性法律文件，法律效力层级低。虽然国家出台的《政府采购法》规定采购“服务的行为”包括公共服务，然而对服务的界定尚不明晰，仍以政府自身运作的后勤、信息化维护等为主，政府为公众提供的基本公共服务并没有明确纳入政府采购的范围。因此，现行的《中华人民共和国政府采购法》不宜作为政府购买基本公共服务的主要法律依据。

2. 政府购买的法律责任难以追究

当前与我国政府购买公共服务的责任问责相关的法律法规还存在着空缺，全国性政府购买公共服务的法律法规并不一致，差异化比较严重，因此使得一些公共服务生产者和部分官员逃避责任和相互推卸责任。公众在遇到劣质的公共服务时，迷茫于向谁问责，该是向政府问责，还是向提供服务的供应商者问责。[②] 从市场交易的角度来看，公共服务的供求双方都应该同时向公共服务供应商提出改善服务质量的要求，然而市场失灵和政府失败都可能出现在政府购买过程中，结果导致公众问责的对象不明确，难以具体追究政府购买公共服务的法律责任。

6.1.3.6　权力寻租的监督不力导致政府腐败

1. 委托—代理中的双重寻租泛滥

如前所述，政府购买公共服务过程中存在着双重“委托—代理”关系，而政府同时兼具公众代理人和具体公共服务委托人的双重身份。这种身份使得政府在整个权力运行中处于核心地位，起到了至关重要的作用。政府官员在潜在供应商提供高额贿金和在“经济人”性质的驱使下，很有可能作出损害广大公众利益的腐败行为。另一方面，很大一部分的公共服务生产者为了获得公共服务的代理权，主动向拥有招标权的政府官员行贿，这也是委托—代理形式的公共服务购买过程中权力腐败问题产生的关键诱因。

2. 政府购买中的三方监管不力

政府购买的监管不力包括三个方面：首先，政府对供应商的监管不力。表现在监督方式单一，主要以合同监督为主，随机抽查为辅，导致供应商提供的公共服务质量很难符合购买标准。其次，专业性监督机构和人才缺失。表现在缺乏这样一支既了解政府内部管理机制，又熟悉服务购买市场行情，同时掌握鉴别和评判公共服务质量技术的专业化监管队伍，导致对购买过程的监管以事后为主，流于形式，不能及时纠正偏差。最后，社会公众监管不力。表现在公众处于公共服务提供过程的末端，监督意识不足，监督渠道不畅通，缺乏对政府购买公共服务监督的实施与保障机制。

---

① 詹国彬：“政府购买公共服务的风险及其防范对策”，《宁波大学学报（人文科学版）》2014 年第 6 期，第 72—79 页。

② Paul C. S. L，Angus W. L. Public Sector Purchasing of Health Services：A Comparison with Private Sector Purchasing［J］. Journal of Purchasing and Supply Management，2004，10（6）：247 - 256.

6.2 政府购买公共服务风险评估的方法

政府购买公共服务的风险评估指标体系，就是对政府购买公共服务过程中的风险因素进行分析，并将引起风险的复杂因素分解成比较简单的、容易被认识的基本单元，从错综复杂的关系中找出因素间的本质联系。由于政府购买公共服务所涉及的风险复杂多样，建立一套客观、科学、实用的政府购买公共服务风险评估指标体系，可以更加清晰明白地辨识各种风险，制定合理的措施对各种风险进行控制及规避，并在保证公共服务供给质量的同时最大限度地降低风险损失。

6.2.1 政府购买公共服务的风险评估理论

目前国外学者对政府购买公共服务的风险研究非常重视，对风险量化分析已经提出较为系统的评估理论、分析和管理措施，并将其应用于实践中。我国在这方面的研究还处于起步阶段，关于政府购买公共服务的风险识别、评估和控制的理论研究严重不足，目前仍以借鉴性研究为主。

6.2.1.1 风险评估的目的和作用

1. 风险评估的目的

风险评估的目的主要有四：（1）按风险出现的概率和后果确定各风险大小的先后顺序，为风险控制提供依据。（2）对已识别出的风险发生概率和后果进一步量化，减少风险发生概率和后果估计中的不确定性。（3）确定各风险事件之间的内在联系，尽量从项目整体出发弄清各风险事件之间确切的因果关系，为制定系统的风险管理计划提供依据。（4）分析不同风险之间相互转换的条件，化威胁为机会，以达到风险最小化利润最大化的目标。[①]

2. 风险评估的作用

风险评估的作用表现在三个方面：（1）正确反映各种风险对项目目标的不同影响。通过风险评估，可以更准确地认识风险，确定各风险因素和风险事件发生的概率大小和概率分布，及其发生后对项目目标影响的严重程度或损失的严重程度。（2）保证目标规划的合理性和计划的可行性。通过风险评价能正确反映各种风险对项目目标的不同影响，这样可以使目标规划的结果更可靠、更合理，使在此基础上制定的计划更具有现实的可行性。（3）合理选择风险对策，作出合适的决策。在选择风险对策时，应通过风险评价了解各种风险的发生概率及其损失严重程度，将不同风险对策的适用性与不同风险的后果结合起来考虑，对于不同的风险应选择最适合的风险对策，从而形成最佳的风险对策组合。[②]

6.2.1.2 风险评估的内容和过程

1. 风险评估的内容

（1）风险存在和发生的阶段。政府购买公共服务风险具有明显的阶段性，因此分析风险存在或发生在项目的哪个阶段对风险的预警和控制具有很大的作用。（2）风险影响和损失的严重程度，并排序在风险管理中，可以根

① 沈建明：《项目风险管理》，机械工业出版社 2003 年版，第 12 页。
② 郭捷：《项目风险管理》，国防工业出版社 2007 年版，第 55 页。

据风险的不同其重要程度的不同、带来影响和损失的不同，对风险进行分类、排序，从而先按重要性和时间的紧迫性采取控制措施。(3) 风险发生的概率有多大。风险发生的概率，是研究风险自身的规律性。人们可以通过各种方法研究风险发生的概率。(4) 风险的来源和可控性。任何风险都有其根源，如环境的变化、人为的失误等等，对风险来源进行研究是为风险预测、对策研究（即解决根源问题)、责任分析提供依据的。风险的可控性是指降低人对风险影响的可能性，如有的风险是各参与方（政府、公共服务供应商）可以控制的，而有的却是其无法控制的。

2. 风险评估的过程

根据项目管理知识体系（PMBOK）风险处理框架，风险评估过程参见 IDEFO 图（见图 6.2)。[1] IDEFO 方法是一种功能建模方法，它的基本思想是以层次化的功能分解来表达复杂系统的功能结构。IDEFO 图概括了将输入转变为输出这一过程的所有风险评估活动。输入（位于左侧）为进入过程，机制（位于底部）为支持过程，控制（位于顶部）为调节过程，输出（位于右侧）为退出过程[2]。

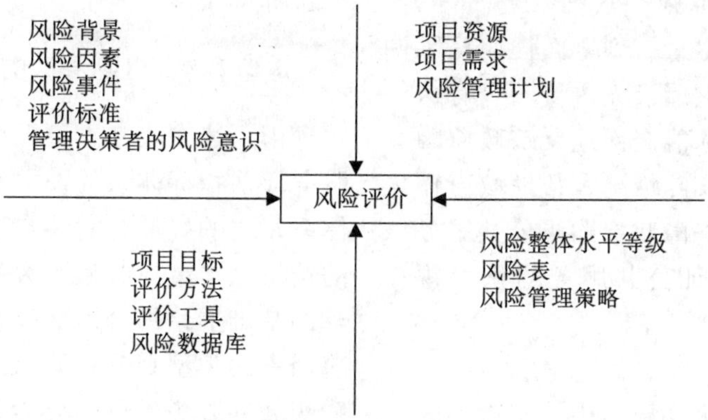

图 6.2　风险评估的过程

由图 6.2 可知：（1）输入。风险评估的过程输入是指为风险评估的全过程明晰风险背景、风险事件和风险因素，确定风险评估的标准，并给管理决策者灌输一定的风险意识。(2) 机制。主要是为风险评估过程提供控制目标、评估方法、分析工具和风险数据库，以及各类风险评估技术和其他手段。(3) 控制。依据公共服务资源、社会公众的服务需求和风险管理计划，对风险评估过程进行调节、控制。(4) 输出。输出指向的是风险评估的结果，包括政府购买公共服务的风险等级水平、风险表和风险管理策略，等等。

6.2.1.3　风险评估的方法

风险评估的方法有定性和定量两大类。定性评估法有主观评分法、层次分析法等，定量评估法有蒙特卡罗（Monte Carlo）法、等风险图法、决策树法、网络模型法和模糊评价法，等等。本章将重点运用定性和定量相结合的评估方法，也即基于熵权的模糊综合评估法对政府购买公共服务的风险进行分析，并尝试构建相关的风险评估指标体系和模型。

① 闫琨、黎涓：“虚拟企业风险管理中模糊综合评判法的应用”，《工业工程》2004 年第 3 期，第 40—43 页。

② 沈建明：《项目风险管理》，机械工业出版社 2003 年版，第 78 页。

6.2.2 政府购买公共服务的风险评估指标体系

按照风险评估的一般理论，结合前文提出的政府购买公共服务的风险类别和影响因素，本章尝试运用熵权的相关知识与模糊综合评估法建立一个政府购买公共服务的综合风险评估指标体系，关于熵权的模糊综合评估模型则将在后文再作具体分析。

6.2.2.1 风险评估指标体系的构建原则

1. 完备性、科学性原则

风险评估指标体系尽量做到全面性而且风险因素数量合适，既无遗漏又无重复。只有这样的风险评估指标体系才能全面地反映政府购买公共服务风险状况的实际情况，帮助政府作出正确的判断和决策，保障政府购买公共服务行为的顺利实施，并保证公共服务的供给规模、效率和质量。

2. 层次适中性原则

风险评估指标体系大小要适中，层次不能过多，要充分考虑风险因素的相关性，将具有强相关的风险因素作综合处理，综合为单一指标进行考虑，避免由于风险因素集过大、层次过多、指标过细所造成的舍本逐末，同时也要避免风险因素集过小、层次过少、指标过粗，而不能充分反映政府购买公共服务行为的风险层次和等级。

3. 可比性、可操作性原则

由于政府购买公共服务的风险类型多且复杂，每个风险因素还存在着不同的风险源，而不同风险因素的风险源亦可能相同，因此在建立风险评估指标体系时应尽量避免交叉，不要重复，以便在实际中对比风险的大小。同时，考虑到风险评估指标体系一经确立以后，就马上要在实际的政府购买公共服务过程中推广使用，因此构成风险评估指标体系的单风险因素要尽量与日常经营活动中所需的数量指标接轨，这样便于度量和评估。对于不能量化的指标也要求能够通过定性的方法得到有效的评估结果，且具体问题具体对待，确保在指标口径问题上的前后一致性。

4. 普遍性和特殊性相结合的原则

从风险评估的一般规律和一般理论来看，世界各国政府购买公共服务的行为均需要考虑一些普遍性的风险因素，如政治、法律、社会、市场、环境，等等。同时，在这些普遍性的风险因素中，各国的政府购买行为又会体现出个性化的特点。这就要求我们在作指标体系设计时，必须充分考虑和结合我国各级、各地政府的实际情况，以及各种类型公共服务项目的自身特点。

6.2.2.2 递阶层次的风险评估指标体系

由上述四大基本原则可知，政府购买公共服务评估指标体系的设立是非常复杂的，指标体系建立的好坏与完善与否，直接影响到评估的结果。本章在收集了大量资料和查阅广泛文献的基础上，结合前文对政府购买公共服务风险因素的类型划分，按风险是否可控，将政府购买公共服务的风险分为不可控制风险和可控制风险，并据此建立了具体的递阶层次的政府购买公共服务风险评估指标体系（参见图6.3）。

构建出来的递阶层次评估指标体系具有这样的特点：第一，包含若干层次，每一层次包含若干元素，通常又称这些元素为准则。本文所构建的递阶层次的风险评估指标体系包含四个层次。第二，最上层即目标层，只有一个设计准则，即构建政府购买公共服务的风险评估指标体系。第三，最底层的准则层即为具体的风险因素指标，一般称为指标层；其余各层均称为准则层即为风险源。本书所构建的政府购买公共服务的风险评估指标体系，有两个准则层，其中第二个准则层的每一个元素都受到第一个准则层所含的元素的支配，同时又支配指标层的多个元素。在本书所构建的政府购买公共服务的风险评估指标体系中，总目标为风险评估指标体系，若将第二准则层说成一级指

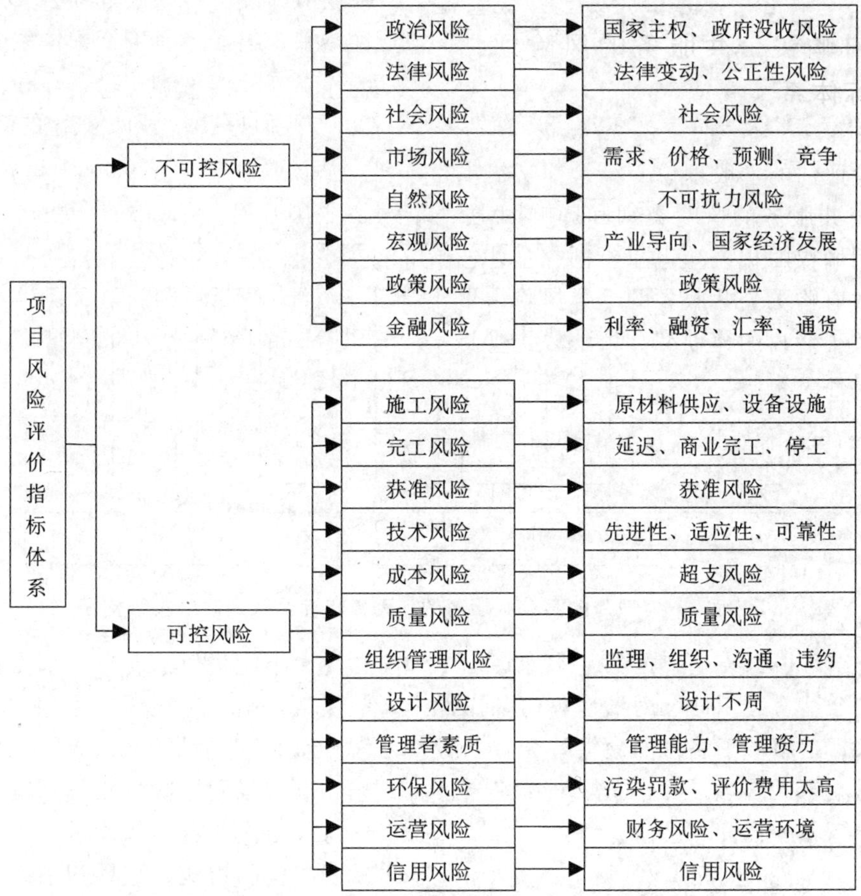

图 6.3　政府购买公共服务的风险评估指标体系

标，指标层说成二级指标，那么一级指标有 20 个，这 20 个指标又分别分解各自的下级指标，共形成 45 个二级指标。

6.2.3　政府购买公共服务的风险评估模型

在政府购买公共服务风险管理与决策过程中，对于那些本身无法用数字来定量描述的、或因缺乏某些数据一时很难以量化的、或在目前有困难量化的因素，一般采用模糊数学的方法来实现。模糊综合评估模型就是利用模糊数学将模糊信息定量化，对多方案、多因素的风险问题进行定量评估与决策。而单一的模糊综合评估法有一定的缺陷，即在确定权重时只有专家给出的主观权重，这样难以摆脱人为因素及模糊随机性的影响，但单一的熵值法又不能体现评估主体的立场。① 因此本书对政府购买公共服务的风险评估采用基于熵权的模糊综合评估法，利用熵权确定其风险评估指标客观权重，对具有不同量纲，代表不同物理含义的分指标进行标准化处理，再结合专家给出的主观权重，将指标的主、客权重综合度量得到综合权重，找出关键的影响因素并得到评估结果，从而最大程度地反映政府购买公共服务的风险因素。

① 李辉、徐霞："基于熵值权的 PPP 项目风险的模糊综合评价方法研究"，《商业现代化》2008 年第 528 期，第 163—164 页。

6.2.3.1　建立因素指标体系的递阶层次结构图

为了建模的方便、简洁，在建模之前需要根据前面设计的政府购买公共服务风险评估指标体系，建立多因素指标体系的递阶层次结构图，本书所涉及的一级指标和二级指标都比较多，所以只在图中列出其中的部分，即图6.4。

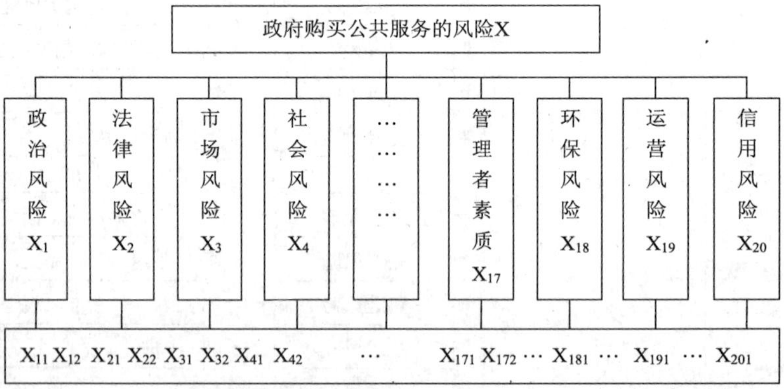

图6.4　政府购买公共服务的多因素指标体系递阶层次结构图

在结构图下根据模型建构的基本原理，结合模型的综合性、通用性、简洁性和可操作性等基本要求，运用基于熵权的模糊综合评估方法，对政府购买公共服务的风险进行综合评估，具体步骤如下：

6.2.3.2　确定风险评估指标集

根据前面已经建立的政府购买公共服务的风险评估指标体系，对于政府购买公共服务的20个主要风险因素记为 X_i（其中 $i=1, 2, \cdots m$），建立主要风险因素指标集为：

$X=(X_1, X_2, \cdots, X_m)$

它的每一个风险因素指标又由下一层风险中的几个因素指标决定：

$X_i=(X_{i1}, X_{i2}, \cdots, X_{im})$

X_{ij}（$j=1, 2, \cdots, n$）为下一层（在这为第三层）的风险因素指标，如果还有第四层，第三层的还可以由第四层的风险因素决定，依次类推。每个风险因素的下一层风险因素的数目不一定相等。而且对于这些因素的评估，通常都具有不同程度的模糊性。

6.2.3.3　利用AHP法确定指标权重集

所谓权重，即体现各因素等级所对应的重要性大小的量值。若直接请专家给出各项指标的权值，结果可能受专家们的主观因素影响太大，从而影响科学性，为了弱化主观因素的影响，本书采用层次分析法来确定指标权值。根据每一层次中各个风险因素的重要程度，分别赋予相应的权数，这些权数组成的集合就是权重集，它反映了各因素对于评估对象的影响大小。

第一层次风险的权重集

$A_0=(a_1, a_2, \cdots, a_m)$

a_i（$i=1, 2, \cdots, m$）是第一层次 i 个风险因素的权数，且满足：

第二层次风险的权重集：

$A_i=(a_{i1}, a_{i2}, \cdots, a_{im})$

a_{ij}（$j=1, 2, \cdots, n$）是第二层次中决定因素 X_i 的第 j 个因素 X_{ij} 的权数，且满足：

$$\sum_{i=1}^{m} a_i = 1 \quad (j=1,2,\cdots,m)$$

若还有更低层次，则还有相应的权重集。

层次分析法确定权重是通过比较若干因素对同一目标的影响，从而确定它们在目标中占的比重。具体步骤包括：

（1）构建评估问题各因素间两两比较的判断矩阵。可以采用专家调查问卷的形式，征询一些在政府购买公共服务风险方面的权威人士的意见，按照层次分析法的因素判断标度值，分别构造主因素层和各分因素指标层的判断矩阵。

（2）计算判断矩阵的特征向量，并做一致性判断。通过一致性检验的特征向量即为权重，比较常用的是方根法计算特征向量。

6.2.3.4　确定风险因素的评价集

在确定风险因素的权重后，需要确定各个风险因素的评价集。评价集是评价者对评价对象可能作出的各种评价结果组成的集合。一般用 V 表示，即评价集 $V=\{v_1, v_2, \cdots, v_n\}$。其中 V_j（$j=1, 2, \cdots, n$）代表第 j 种评判结果。

选择评价集的原则是：既要全面又要抓住主要矛盾。

评价尺度根据所列因素对政府购买公共服务风险的影响程度划分 5 个等级，即用模糊语言表述为“高，较高，中等，较低，低”。在模糊集理论中模糊语言用［0，1］间取值的模糊隶属度函数量化。

评价集的标准隶属度 =（0.9，0.7，0.5，0.3，0.1）

6.2.3.5　进行模糊综合评价

进行综合评价，首先需要对单一因素作出评价，然后再在单一因素评价的基础上作出综合评价。模糊综合评价是根据模糊评价矩阵 R，又已知 A，通过模糊变换原理可得 B，即 $B=AOR$。“O”称为综合评判合成算子，上式称为综合评价模型。

对单一因素的评价是一种模糊映射，所以评价结果只能用对第 i 个风险源因素层）下的第一个单因素作出第 j 评价尺度的可能程度的大小来表示。这种可能程度称为隶属度，记做 r_{ij}，即对第 i 个风险源（因素层）下第一个单因素作出第 j 评价尺度的专家人数/参加评价的专家人数。

对于多层次评价指标，在指标层模糊集合表示为：

$$R_{ij}=(r_{i11}, r_{i12}, r_{i13}, \cdots, r_{i1n})$$

$$(i=1, 2, \cdots, m)$$

从而得模糊评价矩阵：

$$R_i=\begin{bmatrix} R_{i1} \\ R_{i2} \\ \vdots \\ R_{im} \end{bmatrix}=\begin{bmatrix} r_{i11} & r_{i12} & \cdots & r_{i1n} \\ r_{i21} & r_{i22} & \cdots & r_{i2n} \\ \vdots & \vdots & \vdots & \vdots \\ r_{im1} & r_{im2} & \cdots & r_{imn} \end{bmatrix}$$

又通过

$$\begin{aligned} B_i &= A_i O B_i \\ &= (a_{i1}, a_{i2}, \cdots, a_{im}) \\ & O\begin{bmatrix} r_{i11} & r_{i12} & \cdots & r_{i1n} \\ r_{i21} & r_{i22} & \cdots & r_{i2n} \\ \vdots & \vdots & \vdots & \vdots \\ r_{im1} & r_{im2} & \cdots & r_{imn} \end{bmatrix} \\ &= (b_{i1}, b_{i2}, \cdots, b_{im}) \end{aligned}$$

得到模糊综合评价集（B_1，B_2，…，B_n）。

6.2.3.6　对综合评价矩阵进行标准化

由前一步的模糊综合评价集 B_1，B_2，…，B_n 得：

$$\begin{aligned} B &= (B_{1t}, B_{2t}, \cdots, B_{nt}) \\ &= \begin{bmatrix} b_{11} & b_{21} & \cdots & b_{n1} \\ b_{12} & b_{22} & \cdots & b_{n2} \\ \vdots & \vdots & \vdots & \vdots \\ b_{1m} & b_{2m} & \cdots & b_{nm} \end{bmatrix} \end{aligned}$$

如果是评价收益性指标，则以越大越优为原则，对 B 矩阵做标准化处理；如果是评价费用、成本指标，则以越小越好原则对 B 矩阵做标准化处理，最后得到矩阵 C 为：

$$C=\begin{bmatrix} c_{11} & c_{12} & \cdots & c_{1n} \\ c_{21} & c_{22} & \cdots & c_{2n} \\ \vdots & \vdots & \vdots & \vdots \\ c_{m1} & c_{m2} & \cdots & c_{mn} \end{bmatrix}$$

6.2.3.7　熵权模糊综合评价

熵权模糊综合评价就是利用熵权的思想来矫正专家主观色彩的权重分配，即利用模糊熵的计算公式得到模糊熵 H_i。

$$H_i = -k\sum_{j=1}^{n} f_{ij}\ln f_{ij}$$

上式中的 k 或 f_{ij} 分别用如下公式得到：

$$k = \frac{1}{\ln n}$$

$$f_{ij} = \frac{c_{ij}}{\sum_{j=1}^{n} c_{ij}}$$

另由公式

$$\gamma_i = \frac{1 - H_i}{m - \sum_{i=1}^{m} H_i}$$

可以得到因素层的熵值权为 γ_i。

最后利用公式

$$w_i = \frac{a_i\gamma_i}{\sum_{i=1}^{m} a_u\gamma_i}$$

可得到熵权模糊综合评价结果。

6.3 政府购买公共服务的风险管理

政府购买公共服务是创新公共服务体制机制、构建高效服务型政府的一种重要方式，也是政府体制改革的重要内容。在政府购买公共服务的过程中，政府和公共服务供应商都担负着不可替代的作用，所以根据前面对风险发生原因，结合风险评估和管理的具体分析，本书将在充分考虑我国的基本国情以及政府购买公共服务发展现状的基础上探讨我国政府购买公共服务风险管理的基本策略，并从宏观制度环境和微观机制建设两个角度提出防控风险的配套措施。

6.3.1 政府购买公共服务风险管理的基本策略

在政府购买公共服务的过程中，为有效进行风险识别和管理，归根结底要解决好四个问题——“买什么”、“谁在买”、“怎么买”，以及“向谁买”。“买什么”是要整合公众对公共服务的基本需求，明确合同的标的物；“谁在买”是要解决政府购买的信息不对称和寻租腐败问题，让政府成为市场上的“精明买家”；“向谁买”则是要解决公共服务供应商缺乏市场主体的独立性问题，保证其以实质独立地位与政府平等谈判。“怎样买”则是要从技术层面解决政府购买合同的定价、签约、执行和监管问题。这四个问题总体上规定和确立了我国政府购买公共服务风险管理的基本策略。

6.3.1.1 需求整合和决策风险控制策略

在资源有限条件下，政府如何集合公众对公共服务的需求，满足其多样化、多层次需求，是公共决策面临的首要问题。如果购买公共服务的界限模糊，可能导致政府履行职能出现新的“缺位”或“越位”。为此，就要积极推进公共服务决策的民主化进程，积极探索基层协商民主机制，反映和尊重民意，保障公众的知情权、话语权以及决策参与权。在确定政府购买公共服务的种类、数量和方式时，积极通过采取直接调研、统计分析等方法，明确汇总公众的真实需求。要依法确立政府购买公共服务的界限，并随着经济发展和社会民生改善，逐步扩大公共服务的购买范围。除国防、司法与法律、行政管理、基础科学研究等纯公共物品由政府直接组织安排生产外，其他诸如医疗、环保、社会保障、道路交通等服务质量易于衡量、便于进行监督和绩效评估的准公共产品与服务均可成为政府购买公共服务合同的标的物。

6.3.1.2　绩效管理和服务成本控制策略

政府要想成为市场上的“精明买家”，必须要通过有效的绩效管理和成本控制策略，以解决信息不对称和寻租腐败问题。信息失灵不利于政府筛选、甄别供应商的资质、信誉和能力，会导致高昂的交易成本。同时，政府作为公共服务项目决策者和执行者的理性“经济人”，会按自己的偏好选择产品，把本来的“为公众做个好交易”变成“为自己做个好交易”，化公为私，导致监管失效。为此，政府就需要尽可能地减少市场交易的隐藏环节，减低管理与服务成本。政府可选择多个供应商，或将整个服务分为若干执行阶段，在降低项目复杂性的同时也便于对各供应商进行绩效管理与考核。政府应设立灵活的合同条款，以便在特定时间为公众的特定需求对合同有关条款进行适当的调整与修订。政府可聘请专业机构作为咨询顾问，加强对购买行为运营与管理的学习，并应定期就合同中有关的绩效考核标准与供应商进行沟通与协调，在成本效益分析的基础上，建立诸如高绩效高回报、合约期满续约等合约激励机制，降低供应商的机会主义行为。

6.3.1.3　合同管理与服务质量风险控制策略

为减少合同锁定风险，政府可就同一服务项目与多个供应商签订均等业务量的合同，并利用供应商之间的竞争避免垄断，强化监督控制，增强在购买过程中的议价能力。政府应借助招投标过程建立一定的信息甄别机制，以区分供应商的生产资质与服务水平，并可运用诸如为供应商提供与其服务绩效高度相关的报酬、进行长期合作等激励机制来鼓励高质量的供应商投标。政府应建立面向供应商的绩效评估机制与监督体系，建立政府—供应商—公众之间有效的反馈机制，政府购买公共服务作为一种虚拟经营，合作伙伴之间应创建适合虚拟组织特性与要求的网络体系，及时了解各方行为动向，加快对公众需要和政府需求的响应程度。当政府就购买公共服务进行专用性投资时，应同时要求供应商进行相关投资，在资本分担、利益共享的基础上增强彼此的依赖性和信任感。

6.1.3.4　争议与冲突风险控制策略

尽量清晰地定义政府所需的服务，对那些由于有限理性和环境不确定性影响而暂时不能定义的部分可在附件中加以说明。这一方面可为未来合同的修订留有一定的空间；另一方面，对于环境变化时合同附件中已提及的事项就不需要再进行合同修订了。将长期合约与短期合约的特征相结合，即在注重培养长期合作关系的同时，设置不同的合同阶段，以便对各个不同时点的特殊情况进行考虑。在外包任务复杂且牵涉多个承包商的情况下，政府应明确各自任务，建立各方之间良好的沟通渠道，召开外包各方参加的定期与临时会议，就外包执行中的有关问题进行讨论，树立多赢的合作理念，增强相互的信任，使各方围绕外包业务形成目标一致的战略联盟。环境的不确定性很难控制，但政府可通过增强在外包业务和外包方面的专业能力与经验，一方面进一步完善合约、减少争议的可能；另一方面为处理不可避免的争议做好准备。政府在选择了拟合作的承包商后，还可要求各承包商自行联合提交完成政府所需服务的建议书，明确共同责任与各自责任，并设定任务主要负责方，以加强承包商内部的自行协调。

6.3.2　政府购买公共服务风险管理的配套措施

作为履行公共职能的创新机制，政府购买公共服务在我国的公共治理领域越来越普及。

从实践效果来看，政府购买公共服务有助于解决政府财政困难、促进行政管理效率和公私合作，提高公共服务质量，但也会出现公私利益冲突、私人垄断、机会主义、权力寻租和管制俘获等问题。为此，政府从宏观制度环境和微观运行机制两个方面推动政府治理创新，采取划定服务购买范围、明确供应商资质标准、发挥法律程序控制功能和加强政府监管责任等多重配套措施，不断建立健全政府购买公共服务的风险识别、防范、管理、控制和反馈机制。

6.3.2.1 建立健全政府购买公共服务的宏观制度环境

新制度主义经济学指出，无论是法律法规、官僚体系等正式的制度环境，还是风俗、习惯、态度、价值观念等非正式的制度环境，均对政府的治理结构和治理结果起着不容忽视的影响。因此，一个国家的历史轨迹、现行政策、法律法规、代理人偏好等都会对政府购买公共服务的决策和实施产生正效应和副作用。从这个角度而言，强化政府购买公共服务的风险管理，首先应从优化和构建宏观制度环境着手。

1. 完善法律法规体系

市场经济的本质是法治和契约经济，政府购买公共服务也是首先建立在合同约束基础之上。依法治国、依法执政不但是政府购买公共服务的行动依据，同时也是防范风险的有力武器。为此，就必须根据法律法规创造和规范市场秩序，明确政府购买公共服务过程中所涉及的各类主体的权利与义务关系，保障公共服务的公益性和公平性。

（1）明确政府购买公共服务的法律原则。尽快确立政府购买公共服务的法定民主程序与协商机制，创建平等规范的市场秩序；增加针对风险和危机状况的应急管理规定；通过法律诉讼与行政仲裁解决行政争议与合同纠纷；依法推动政府购买公共服务过程中行政救济和行政监督机制的健全、完善与实施。

（2）丰富完善政府购买公共服务的法律内容。通过立法明确政府部门在公共服务供给中的职责与权限，增加相关法律法规法条，专门制约政府购买过程中的权力寻租和腐败行为，加大检查与惩处力度，提高政府官员的腐败成本。对公共服务的供应商，要通过相关立法进一步规范和细化合同细则，明确委托—代理双方的具体权利义务关系，保障供应商通过履约行为取得合理合法的劳动报酬。完善政府规制，加大对公共服务供应商不道德行为的惩处力度，防止以效率代替公平，同时借助行政诉讼法，约束政府过度干预，实施行政救济。最后，还要通过立法确保在政府购买公共服务过程中社会公众的知情权与监督权。

（3）建立健全政府购买公共服务的法律构架。我国政府购买公共服务的法律体系，包括与之相关的法律、地方性法规、全国和地方行政规章、具有强制力的行政命令、通知、公告等构成。具体而言，达成契约协议的法律法规包括《合同法》、《地方公共服务外包实施细则》等；具有市场规制作用的法律法规包括《竞争法》、《反垄断法》、《价格法》、《招投标法》等；具有立法监督功能的法规包括《政府信息公开条例》、《公司法》、《政府采购法》等；实施行政救济的法律，包括《行政法》、《诉讼法》等。图 6.5 描述了多元形式、多类法律法规共同作用公共服务外包的过程。

2. 培育成熟的公民社会

俞可平指出，善治实际上是国家权力向社会的回归，善治的过程就是一个还于民的过程，表示政府与社会之间的友好合作，它有赖于公民自愿的合作对权威的自觉认同，要求公民的积极参与，其基础就是公民社会。① 成熟的公民社会是政府购买公共服务的基础，公民社会的发展对于防范政府购买公共服务过程中的各类风险发挥着至关重要的作用。一方面，公民社会的发展为公民提供了参与公共事务管理的契机，保障了公民利益诉求表达的热情和

① 俞可平：《引论：治理与善治》，社会科学文献出版社 2008 年版，第 9 页。

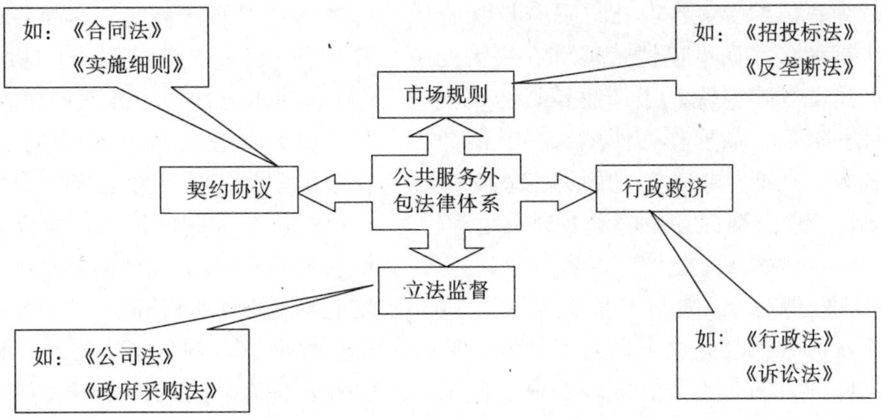

图 6.5　政府购买公共服务的法律架构

合法渠道，有利于反馈和整合社会公众的公共服务需求，有效提高了公众的参与能力和政府的决策合理性。另一方面，公民社会的发展也有利于非营利组织的培养和成长，从而为政府购买公共服务提供更多潜在的供应商，形成对政府寻租腐败行为更加有利的监督制约机制，推动公民积极参与项目监督及风险评估，提升政府购买公共服务的管理绩效和服务质量。

（1）积极发展非营利组织。由于政府购买公共服务强调公益性，而非营利组织在这一方面具有先天的优势，理应成为这一领域至关重要的活动主体。然而，相对而言，我国的非营利组织起步较晚，与企业等营利性组织相比市场竞争意识薄弱，服务供给的成本效益优势并不明显。同时，部分非营利组织由于挂靠政府部门，或从这些政府机构分离出来，在与其他公共服务供应商的竞争中处于绝对的优势。为此，首先要降低准入门槛，为非营利组织的发展提供空间。其次，政府要进一步放松管制，让非营利组织自主发展。最后，还应积极引入绩效评估机制，鼓励非营利组织之间的竞争，防止行业垄断及其背后的寻租腐败。

（2）强化公民的主体意识和社会责任。公民教育，简单地说就是“以平等为特征的、权利和义务相统一的如何做主人的教育”，也就是培养公民如何做国家主人的教育。政府购买公共服务离不开公民教育，也就是要使公民普遍具有主体与权利意识、法律和责任意识，以及公共与私人道德意识。公民教育的核心是培养公民意识，通过公民教育，使公民在不需要外在强制力的情况下就觉悟到自己作为一个社会公民应该承担的社会责任和理应具有的社会权利。

（3）推动公民参与基层民主实践。公民参与政治实践活动是培育公民文化的重要途径，也是对公民教育进行检验的手段。在政府购买公共服务的过程中，公民可以通过选举、投票、咨询、听证、满意度调查、监督等各类基层民主实践活动来整合与表达自身的利益诉求，并通过参加社会团体、参与社区公共事务管理等活动培养良好的责任意识和参与意识。

3. 培养公共组织风险管理文化

随着我国市场化改革的深入，组织必然要面对市场冲击等引发的各类风险。风险管理不仅成为组织的基本职责和主要工作内容，而且逐渐浸润到组织文化之中，并形成了各个组织从战略制定到实际运行过程对待风险的不同态度和独特认知，这就是我们所说组织的风险管理文化。就政府购买公共服务而言，必须将风险意识和风险理念融入政府决策、管理、评估过程之中，形成一种由内而外抗击风险、防范风险的管理体系。

（1）树立政府购买公共服务的风险意识。风险意识是正视、识别、防范和控制风险的前提。对于政府购买公共服务而言，首先需要政府高层具有风险意识，引导组织上下主动关注各类风险行为和风险要素；其次，具体购买行为的政府决策者必须高度谨慎，能够在决策之初就意识并主动规避风险，强调决策行为民主化和科学性；最后，政府作为所购买公共服务项目的监督人，还必须以高度的风险意识对市场上公共服务供应商的各种行为进行全程监督。

（2）对政府购买公共服务实施全程风险管理。对于政府购买公共服务而言，感知、辨识和发现风险的目的是为了有效地规避、防范和控制风险，甚至在风险中寻找新的机遇，寻求新的发展。为此，在公共服务的市场化过程中，要积极借鉴企业的风险管理流程，学会运用科学的工具和理智的决策规避、控制和防范风险。例如，采用清单法、现场调查法、层次分析法等方式识别风险；借助概率论、模糊数学等技巧评估风险；采用避免风险、转移风险、慎重管理风险、接受风险等策略实施风险管理[①]。

（3）实现风险文化建设与法制道德教育的有机结合。从国外经验来看，政府购买公共服务的风险管理不仅是组织文化建设问题，也与组织的法制观念和道德水平紧密相关。因此，应当加强决策人员与管理人员法律素质教育，制定诚信准则，通过法律规约和道德约束双重方式制约政府工作人员行为，防止寻租、腐败、渎职等现象出现。此外，还可以将组织的风险文化建设与其薪酬体系、人事制度结合起来，真正将风险意识内化到组织文化和个人行为之中。

6.3.2.2 建立健全政府购买公共服务的微观运行机制

1. 规范政府购买公共服务的合同管理机制

合同管理是保证供应商的生产活动满足政府购买公共服务要求的履约过程，是指各方参与主体自觉遵守合同规定和要求，按照各自职责行使权力并履行义务，协同完成合同目标[②]。具体包括四个方面的内容：

（1）细化合同条款和内容。清晰全面的合同细则是实施有效合同管理的前提，目的在于通过法定契约的形式规定委托人与代理商的权利与义务，并为合同的顺利实施提供保障。政府购买公共服务的合同细则包括服务内容、质量标准、合同价格、违约处罚和争议处理等内容。首先，合同细则既要尽可能详尽，又要避免对人员配备、资金投入、要素使用过度的限制。其次，合同细则应留有可变更余地，用于应对契约关系中的特殊事件。最后，合同还要对发生争议的处理作出说明。公共服务外包中的契约合同，是政府作为民事主体与供应商签订的具有平等自愿、共同约束作用的合同。如果合同执行过程中出现合同责任争端、质量争端、索赔争端等现象，应该聘请独立的仲裁委员会，仲裁及协商争议，不应该出现政府部门的行政执法行为。

（2）紧扣招投标管理。招投标是政府部门与公共服务供应商之间相互选择的过程，应注意两个方面的问题：一方面，保证招投标程序的公平性。首先，要进行普遍和深入的宣传，促进广泛而平等的竞争。其次，要启用专门的评标委员会对投标商进行资历审核，对标书进行可行性评估。最后，在招投标过程中可设定招标保证金和运作绩效保证金，从而保证投标的严肃性和履约的有效性。另一方面，保证遴选供应商过程的合理性。对政府购买公共服务而言，通常可采用三种方式遴选供应商：其一，标准明确、合同标的小、服务内容简单的项目采用开放式招标；其二，服务专业性较强、占用资金较多的项目采用选择性招标；其三，服务专业性特强、服务设施专业化要求高的项目采用合同谈判。表 6.2 对上述三种方式各自的特点与利弊进行了对比性

① 刘新立：《风险管理》，北京大学出版社 2006 年版，第 17—21 页。

② 郑国建：《项目采购管理》，机械工程出版社 2006 年版，第 129—130 页。

分析，政府部门可根据实际情况灵活运用，作出理智的决定。

表 6.2　代理商甄选方式优劣对比

方式	程序	优势	劣势
开放式招标	广泛发布招标通告	自由竞争	筛选成本高
	接纳所有资格合格者	发掘潜在代理商	耗时长
		透明化招标	低成功率
选择性招标	邀请符合条件者投标	筛选成本低	埋没潜在承包商
	选拔合格者	容易确定承包商	不完全竞争，合同价格偏高
			有限透明招标
直接谈判	一个或几个代理商谈判	节约筛选成本	限制竞争
		谈判灵活	缺乏透明，易腐败

（3）强化合同绩效监测。为监督和促进合同的履行，政府应以合同规定的绩效标准，依法按照系统的程序来检测供应商的绩效，切实落实合同条款。第一，要实现服务检测手段的多元化，引入包括投诉状况检测、代理商工作记录审阅、定期实地考察、不定期巡视、阶段性抽样调查与评估、公众舆论评估、公众满意度调查等多种方式。第二，要强调政府与供应商在价值观上的一致性，不把成本和定价作为公共服务生产和供给的唯一标准，特别是重点关注具有公益性的非营利组织、长期合作企业和接受原有政府雇员的企业等。第三，以通过绩效保证金、公司担保，或是质量保证体系等方式，强制供应商作出服务质量承诺。目前，质量保证体系通过一整套确保高效生产的管理程序大大减轻了管理者的监控压力，保证了企业行为的长期性和稳定性，因而在政府购买公共服务中备受推崇。第四，强调应对不同性质的服务，灵活运用警告、减少或拖延货款直到工作完成、迅速选择其他代理商、中止合同等有效惩罚手段。

2. 政府购买公共服务的监督机制

合理设计、积极健全、有效运行监督机制，可以及时调整政府与公共服务供应商之间的利益冲突，规范合同关系人的行为，因此成为有效防范政府购买公共服务风险，顺利推行相关改革的保障。

（1）强化对公共服务供应商的监督。供应商作为公共服务的终极代理人，享有信息优势，高效全面监督代理商的行为是防范风险的有效途径，可将内部监督与外部监督联合使用，专门监督与民众监督相结合。[①] 第一，委托专业的监管机构进行监管，同时也要提防供应商与监管机构间的不正当勾结。第二，依法强化对供应商的审计监督，充分核查其经营状况，鉴定其是否持续保有提供优质服务的资质和条件。第三，增强对供应商的经济监控，通过现代通信技术将银行账务系统与税务稽查系统联网，辅之以相关法律法规，防止代理风险。第四，重视民意测验和满意度调查，保证居民向政府主管部门投诉的渠道，通过强化群众监督推动供应商主动提升服务质量、服务效率和服务态度。第五，建立并推行以结果为导向的绩效评估体系。首先，通过数据推理、头脑风暴、专家评定等方法建立合理的公共服务质量评估指标体系，并合理设计指标权重；其次，依据指标对代理商供给的服务进行综合评定；此外，注重收集公众对服务质量的评估反馈，及时修改补充评估指标体系[②]。

① E. S. 萨瓦斯：《民营化与公私部门的伙伴关系》，中国人民大学出版社 2002 年版，第 3—5 页。

② 罗建刚：《委托代理——国有资产管理创新》，中国财政经济出版社 2004 年版，第 201 页。

（2）提升对政府部门的监督力度。政府部门在购买公共服务过程中兼具一级代理人和二级委托人的身份，极易出现合谋下的寻租腐败行为。为此，就需要做好以下三方面的工作：第一，强化经济监督。寻租的经济分析表明，对经济状况、经济环境的考察和限制能适度防止和控制腐败。为此，应加快预算和财务制度改革，建立预算报告公开制度，加强政府财务审计，防止政府官员徇私，将财政资源投放到不适合服务外包项目中；应建立个人及近亲财产申报制度，公开重要官员财产收入，对不明来历收入及时调查；应推行公务员制度改革，鼓励竞争任职，缩小公私部门的报酬差距。第二，重视合法性监督。合法性监督包括对政府部门项目决策、项目执行、行政效率等的监督，试图通过外部监督，加快政府制度变革，促进政府项目的廉洁和高效。可以通过政府信息公开、公众匿名举报、新闻自由播报等途径监督政府行为的公正和政治合法性。第三，加大腐败处罚力度。公正和独立的腐败处罚有利于宣传告诫，应建立独立的防腐组织进行评估和调查，对于证据确凿的行贿受贿行为给予公正的处罚，并引用事例进行防腐教育，提高政府官员的思想政治觉悟。

3. 政府购买公共服务的激励与约束机制

政府购买公共服务过程中的双重委托—代理关系所引发的寻租腐败风险可以通过激励与约束机制的设计，督促政府部门尽力实现其双重角色，敦促供应商在生产行为中实现公众效用的最大化。

（1）创建面向供应商的激励与约束机制。就激励机制而言，关键做好三方面的工作：第一，以利益驱动为基础。利润最大化是市场行为的终极追求，有利可图，供应商是提供优质高效服务的原初动因。政府在设计招标方案时，要充分考虑各方利益，采用“固定价格+奖励”、“成本+费用”等多种付款方式，激励供应商在控制成本的同时改进公共服务供给质量，引导其正当竞争，并减少交易冲突。第二，稳定长期合作机制。从经济学角度来看，长期守诺制将使得政府与供应商在公共服务上的目标函数更易趋近。长期合作降低了供应商对不确定需求的担忧，保证了其预期收益，提振了其加大技术及资源投入、提高服务质量的决心。同时，长期合同也降低了政府反复甄选供应商的信息收集、资质评估和谈判成本，提高了委托—代理收益。第三，引入锦标制度。对供应商的业绩评估应包括绝对量和相对量两个方面。锦标制度的引入，将有助于在多个供应商之间形成对比的情况，从而在其之间建立竞争机制。当然，前提是这些供应商之间的业绩是可以进行比较评估的。

就约束机制而言，为防止信息不对称可能导致供应商的道德风险与逆向选择，政府应从如下四个方面设计有效的约束机制：第一，落实合同约束。这有利于以契约化方式界定各方当事人之间的权、责、利关系。完善的契约合同应包括对代理人的充分授权、明确的责任条款、详细的绩效考核标准、不达标惩罚措施，此外还应该设立明确的争端处理程序。第二，重视市场约束。市场竞争是一种约束供应商行为的隐性机制，其作用不同于显性的合同约束。政府通过设计并优化竞争制度，规范市场竞争环境，促进供应商之间良性竞争并择优甄选，从而形成一种内在压力，强制供应商自我约束。第三，强化法律约束。政府加强公共服务市场化的法制建设，促进完全竞争，提升供应商服务质量；通过建立责任追究制度，切实规范公共服务供应商的市场行为；通过依法裁定惩处供应商的行为，减少政府部门的无效干预。第四，推进公众监督约束。政府应提供公众服务评估通道，鼓励公众积极参与公共服务评估；要建立基层协商民主机制，汲取各方利益相关者意见，促进服务效能的改进；要明确公共服务的申诉程序，建立有效的纠错机制，合理规避风险，切实改进服务质量。

（2）创新面向政府部门的激励与约束机制。就激励机制而言，应采用显性激励与隐性激励相结合的方式，加大政府官员勤政廉政的预期收益，激发其勤政廉政的动力。显性激励的关键在于克服官员的寻租心态，从工资制度上明确规定各级别官员的最低和最高经济待遇，从而克服收入分配不均引起的权利寻租。可尝试的举措包括；将不同级别官员的收入差距货币化、明晰化、法制化；将不同级别官员的“暗补”（福利、补贴等）显性化；以固定收入与风险收入（绩效奖励）相结合的方式刺激政府官员勤政廉政。当然，由于我国政府官员的规模庞大，政府财政负担较重，地区经济差异明显，无法实现普遍“高薪养廉”的显性激励策略，因而更应该引入竞争选拔、声誉等隐性激励机制，将个人品质作为选拔晋升的重要依据，从而间接刺激政府官员廉政勤政。

就约束机制而言，关键是依据政府官员道德风险行为的预期成本高低，通过提高道德风险行为被发现的概率和处罚率，增加其风险成本，进而弱化官员发生道德风险的动机。政府部门约束机制的重点是对政府实权官员实施全面监督和道德风险处罚，通过内外部监督的结合，减少道德风险发生的几率。第一，加大对官员寻租腐败行为的惩戒力度，细化制度规则，阻止执法人员变通等包庇行为。第二，政府将内部监督机构独立出来，实现垂直中央领导，分享监督结果，实现监督者与被监督者的激励相容。例如，可从没收腐败官员的财产中提取适当金额作为防腐奖励，并对防腐功高者实行职位晋升，从而调动监督者的积极性，避免监督者与被监督者勾结，强化监督力度。第三，强化外部监督，鼓励败德揭露。要强化公众监督和新闻舆论监督，如建立公务员财产申报制度，建立举报腐败奖励制度，鼓励新闻媒体揭露政府官员的腐败行为。

第7章

政府购买公共服务绩效评估

绩效评估于20世纪50年代美国的绩效预算制度（Performance Budgets）中真正被运用到政府公共管理中来。70年代，西方发达国家为缓解经济危机、管理危机、财政压力和政府公信力下降等问题，掀起了再造政府（reinventing government）的改革运动，政府绩效成为公共管理关注的焦点。自党的十八大报告颁布以来，政府购买公共服务一直就是当下中国学术界研究的热点，绩效评估作为其中的重点组成部分，也引起了广大研究者的重视。关于政府购买公共服务绩效评估的文章也层出不穷，本章节旨在梳理其中关注度比较高的部分，分别是政府购买公共服务绩效评估的模型、政府购买公共服务绩效评估的方法和提升政府购买公共服务绩效评估的建议。

7.1 政府购买公共服务绩效评估的模型

政府购买公共服务绩效评估是一项具体而又复杂的工作，在设计其模型时，既要注重经济效益，又要看重社会效益；既要看当前发展，又要看可持续发展；既要顾全局部发展，又要顾及全局利益。关于绩效评估的模型也很多，例如基于经济性、效率性、效果性的“3E”评价模型；基于投入、产出、后果、效率与成本效益的美国政府会计标准委员会的评估模型；基于一致性、效率、效果、成本与收益分析的澳大利亚“计划评估”模型；诸大建提出的基于效率、回应性、公平的绩效评估模型；蔡立辉提出的基于效率、能力、服务质量、公共责任和民众满意度的绩效评估模型等等。

“价值取向是影响和制约政府绩效评估体系的一个极为重要的因素，政府绩效评估模型的构成，评估方法的选择、评估信息的选取及评估结果的运用等，都受制于价值取向。”①鉴于目前政府购买公共服务绩效评估的模型众多，类型多样，且没有一个具体的分类方法，按照价值取向将政府购买公共服务绩效评估的模型进行分类，能较好地区分出模型的侧重点，指标的选取度，也能更好地选择出相应的绩效评估方法。下面所分析的政府购买公共服务绩效评估模型就是依据价值取向进行分类，主要可分为以效率为主要价值取向的评估模型、以结果为主要价值取向的评估模型和以民众为主要价值取向的评估模型三类。另外还在此三类评估模型的基础上分析了基于中国国情的绩效评估模型选择。

7.1.1　以效率为主要价值取向的评估模型

效率，原本是一个物理的概念，指的是能量变换过程中输入能量与输出能量的比率。运用在绩效评估上，效率指的就是投入与产出之间的比例，强调的是以最少的投入取得最大的产出。自 20 世纪早期现代政府扩张以来，提高公共服务效率的观念就广为流传。自伍德罗·威尔逊开始，如何以更少的投入办更多的事情成为政府关心的目标，即要提高政府运作的效率，要求政府公共服务的供给像企业那样运作，并要将行政人员的办事和资源最大效率化。我国自 20 世纪 80 年代初行政管理学恢复重建以来，政府机构和组织的效率与效能就一直是学科研究的重要主题。效率在绩效评估中的重要地位由此可见一斑，以效率为主要价值取向来分析政府购买公共服务绩效评估的模型，是符合当前研究价值的。具体来讲，以效率为主要价值取向的政府购买公共服务绩效评估模型可以分为以下几类：

1. “3E”评估模型

20 世纪 80 年代初，英国雷纳爵士带领的效率小组提出了“3E”评估模型，建议在财务管理改革中设立包括经济（economy）、效率（efficiency）、效益（effectiveness）在内的“3E”评估指标体系。不久，英国审计委员会将“3E”评估指标纳入到绩效审计框架中，并运用于地方政府以及国家健康服务系统的管理实践。此后，“3E”模型逐渐成为西方国家公共部门绩效评估的基本框架。当前政府购买公共服务的绩效评估很大一部分内容是属于政府部门对提供公共服务的社会组织的绩效进行评估，与西方国家公共部门绩效评估的思路相似，因此，“3E”评估模型可以用于政府购买公共服务的绩效评估。

经济测评的目的是树立成本意识，节约开支，尽可能降低成本，实现资金的价值，可选择成本与投入的比率、行政开支与业务开支的比率、人均开支、资源浪费额等指标进行经济测定。效率表示投入与产出之间的比例关系，可选择平均个案处理时间、反应速度等指标进行效率测定。英国地方政府研究协会提出从三方面作效率评估：一是转化效率，即输入转化为产出的效率；二是分配效率，即使顾客利益最大化的产出分配的效率；三是调整效率，即调整生产来满足顾客偏好的效率。效益通常以产出与结果之间的关系加以衡量，一般而言，效益测定具体包括对公共部门产出的质量测

① 任金秋、曹淑芹、蔡永亮：“服务型政府导向下的政府绩效评估”，《中国行政管理》2010 年第 2 期。

定、社会效果测定、结果反应测定等。针对具体情况，可以设置相应的经济、效率与效益的测量指标，并应当根据实际状况作出适当调整。之所以将“3E”评估模型归结成以效率为价值取向的评估模型是由于“3E”评估模型旨在评估其经济性，重视投入产出比，纵然有其他的评估指标在里面，但是其侧重点和主要着力点都在效率上，因此，将“3E”评估模型归类在以效率为主要价值取向的评估模型里面是符合标准的。

2. 美国政府会计标准委员会的评估模型

1994 年，美国政府会计标准委员会设计出一个评估投入、产出、结果、效率与成本效益的评估模型：投入指标（input indicators），这将测量某一项目消耗的资源，诸如提供一项服务所需全部雇员支出的总费用。产出指标（output indicators），这将报告产品数量，或为服务群体提供的服务单位（units of service）。它们同样包括“工作量”测评，反映生产一个产品或提供一项服务所付出的努力。结果指标（outcome indicators），这将测评报告项目与服务结果。结果指标拥有定量与定性方面的特性。例如：参与一项职业培训项目后 6 个月之内就业的人数；感到他们的邻里安全的居民百分比。效率与成本效益指标（efficiency and cost - effectiveness indicators）主要测量的是投入之后的产出成果，主要是用数字化的具体指标来衡量。美国政府会计标准委员会的评估模型主要着力点在于投入之后的成果，关注的焦点在于经济性的效率指标。因此，将此评估模型归类为以效率为主要价值取向的评估模型是可取的。

3. 国内主要的趋于效率性的绩效评估模型

国内关于政府购买公共服务绩效评估的模型研究早期的效率性倾向明显，因为那时市场化政府改革的呼声很高，我国也尝试进行市场化政府的改革。总结起来，主要有如下评估模型：诸大建在梳理了西方各国政府绩效评估的方法、流程以及指标设计的基础上提出公共服务绩效的评价标准应当包括效率、回应性和公平①。其中的效率测量指标主要是指技术效率、投入产出比，以及数字上的政府效益回收比例。卓越在研究政府绩效管理工具的基础上提出政府绩效的评估指标应当包括经济、质量、效率、公平、责任、回应性、服务等②。其中基于经济性和效率性以及质量与服务的评估指标都是以效率为价值取向。邓国胜在研究了我国非营利组织的特点基础上认为非营利组织评估的指标模型应当包括投入指标、结果指标、效率指标和质量指标③。

目标责任制与绩效评估的结合无疑是效率化考核的最佳表现，青岛模式便是如此。山东省青岛市以“科学民主的目标化决策机制、责任制衡的刚性化执行机制、督查考核的制度化监督机制、奖惩兑现的导向化激励机制”为核心目标的绩效评估体系作为政府目标管理的典范而受到广泛关注，青岛模式是目标责任制的典范，其理论基础结合目标管理理论，构建政府购买公共服务绩效评估体系，使政府购买公共服务绩效评估一方面具有实践的可行性，另一方面符合政府管理的基本目标。其基本特点是：

（1）建立起了严密的目标层次体系和目标网络。青岛市目标管理绩效考核委员会通过目标的层层分解，把各项重要决策、工作目标和部署转化为具体的、可量化的考核指标，通过政府各部门相互协调将责任、权力和利益层层分解，明确责任领导、责任部门和责任人，自上而下地构筑起“一级抓一级，一级对一级负责”的责任体系。

（2）重视评估结果的利用，使绩效考核与干部考核紧密挂钩。青岛市实行单位主要领

① 诸大建、王欢明等：“基于效率、回应性、公平的公共服务绩效评估”，《管理科学》2010 年第 7 期。

② 卓越、徐国冲：“绩效标准：政府绩效管理的新工具”，《中国行政管理》2010 年第 4 期。

③ 邓国胜：“非营利组织‘APC’评估理论”，《中国行政管理》2004 年第 10 期。

导政绩评定与本单位考核结果直接挂钩的办法，将考核结果量化到每一位市管领导干部。青岛模式的目标责任制将每个部门的责任效率最大化，在政府购买公共服务的绩效评估中，也可以考虑采用目标责任制来分析。

综上所述，无论是国外的政府购买公共服务绩效评估的模型还是国内的模型，效率都是一个不容忽视的价值取向。政府购买公共服务的效率是政府购买公共服务绩效能否取得良好绩效的重要考查指标，总结起来，它可以从技术效率、配置效率与制度效率三方面进行考察。技术效率是投入与产出的比例，即政府用于购买公共服务所投入的公共资源与所获得的公共服务之间的比例。当政府以越少的公共资源投入获得更多更好的公共服务，那么政府购买公共服务的效率就越高。配置效率是指公共服务承办方根据民众的需求提供公共服务的程度。当政府通过购买的方式向民众提供的公共服务越能满足民众多样化的需求，配置效率就越高。制度效率是指是否存在激励政府减少成本并提高效率的制度基础。

7.1.2　以结果为主要价值取向的评估模型

自20世纪70年代西方国家的"新公共管理"运动以来，由于政府再造，改变了政府在过程或规则控制下的效率低下和刻板无人情味的决策。内部管理上的非规制化使得政府从过程与规则控制转向结果控制，让政府人员对结果和服务质量负责，而不仅仅是追求效率的提高。巴达赫认为"新公共管理"最核心的观点是为结果而管理，最重要的结果之一是使顾客满意。哈蒂认为公共服务绩效评价不仅需要测量其效率，还需要对其结果进行评估。美国政府1993年通过《政府绩效与结果法案》，以立法形式使结果导向的绩效评价走向制度化；英国2001年发布了《地方政府白皮书：强势地方领导力——高品质公共服务》，强调对公共服务质量、结果的供给。

进入21世纪，我国学者提出建设服务型政府，即以民众为本位，通过高效的方式为社会提供满意的公共服务。这就是以结果为本、顾客导向的管理理念对效率途径、效率测量的取代。重视结果而不再只注重效率是服务型社会的发展变化趋势，重视结果的评估模型与指标代表着绩效评估并不以经济性为重，特别是在以民为重的政府部门。因此，以结果这一价值取向来归类政府购买公共服务的绩效评估模型是有其可取之处的。以结果为主要价值取向的评估模型大致可以分为以下几类：

1. "计划评估"模型

在澳大利亚，"计划评估"模型是一个对政府部门或项目从一致性、效率、效果、成本—收益分析四个维度进行系统评估的框架。该框架用于评估政府部门的效果与绩效，在当前的情况下，也可以演化为评估政府购买公共服务的绩效。一致性（appropriateness）指规划目标或预期成果符合政府政策优先性和民众需要的程序。效率（efficiency）要求对规划项目的投入和产出进行比较，可在项目规划的各个阶段进行。效果（effectiveness）或质量评估涉及的是取得的成果对政策目标的实现程度，这是评估的重点。效果指标反映的是该"计划"的实现程度，与刚开始投入之前的状态进行比较，采取"起点"与"终点"的评估模式，这样便能反映出绩效的高低。成本—收益分析（cost effectiveness analysis）主要分析取得实际成果所花费的成本及是否用较少的投入生产成果，即"成本收益之比"，也即货币形态的"投入"与"结果"之间的对比关系。这里的结果不是指产出的数量，而是指实际效果，不能直接转换成数量。之所以将"计划评估"模型归为以结果为价值取向的评估模型是因为该评估模型以"结果"指标为最重要的点，其他的指标都是为该结果指标服务，且绩效评估的最终结果是从该"结果"指标中体现出来的，因此该评估模型能较好地体现"结果"这一价值取向。

2. 平衡计分卡评估模型

1992年，哈佛商学院罗伯特·卡普兰和大卫·诺顿从企业发展的战略出发，开发出一种绩效管理的平衡计分卡模型（简称BSC）。平衡计分卡从四个层面来评估企业业绩：（1）财务状况；（2）顾客服务；（3）内部流程；（4）学习与发展。平衡计分卡是从企业发展战略出发，将企业及各部门的目标分解成由财务状况、顾客服务、内部经营过程、学习和成长在内的多元绩效评估指标模型。尽管它是针对企业的绩效评估提出的，但具有普遍意义，因为它揭示了一般组织运作的逻辑特征和绩效评估的基本要素。

美国等西方国家广泛借鉴平衡计分卡模型，建立了评估模型对政府购买公共服务的绩效进行评估。1996年，美国交通运输部的采购部，最先采用平衡记分卡对政府机构进行评估。平衡计分卡在澳大利亚、新加坡等国的政府部门中也得到了认可和应用。在世界司法领域中，新加坡地区法院系统最早建立了平衡计分卡评估系统。美国得克萨斯州将平衡记分卡法运用于政府的绩效评估，构建了由“外部效益、顾客满意度、雇员发展、内部过程优化”四个要素构成的政府绩效评估体系。现在，平衡计分卡模型也可以用于政府购买公共服务的绩效评估，可评估政府购买服务的财务状况、社会组织的顾客服务水平、整个内部流程以及在碰到问题时是否能及时反省并且懂得学习与发展的重要性。同时，这四个指标都可以用“结果”的价值取向来衡量，平衡计分卡考察的是政府的购买结果、社会组织的服务结果以及民众的反应结果，因此将平衡计分卡归类为以“结果”为价值取向的评估模型是可取的。

3. 国内主要的趋于结果性的绩效评估模型

如果要说谁来评估政府购买公共服务的绩效结果最好，那无疑要属正规合法的第三方机构了。2004年，甘肃省为进一步转变政府工作作风，为企业创业和发展营造一个规范严明的法制环境、诚实守信的信用环境、优质高效的服务环境和宽松和谐的创业环境，围绕树立科学发展观和提高地方政府行政能力这个主题，将全部14个市、州政府及省政府39个职能部门的绩效评价工作，委托给兰州大学中国地方政府绩效评价中心具体负责组织实施。甘肃省的这次完善了评价方式，拓宽了评价主体范围，而且针对省级、市级不同的职能部门分别建立了科学的指标体系。无论是对于政府还是对于社会组织，其结果的评估都很合适。因此，在考虑结果类的绩效评估模式时，不妨考虑让第三方机构参与评估的过程。

随着服务型政府的建设步伐加快，单纯以效率为价值取向的绩效评估模型已经不能满足政府购买公共服务的绩效评估要求，越来越多的学者呼吁在绩效评估中对结果的重视和分析。的确，“经济人”导向的“效率”评估模式过于企业化，与政府和公民相关的绩效评估都应该考虑到结果不能只以投入产出比计算，还应该考虑到具体情况。黄春蕾从过程的视角认为，影响政府购买公共服务绩效的因素主要是：需求发现能力，服务供给能力，监督激励机制三个方面。因此，政府购买公共服务的绩效评估也应从这三个方面下手，其关注的主要是政府购买的结果，社会组织服务的结果以及民众受益的结果①。陈振明基于对厦门市公共服务的实际研究情况，结合双元评估模式指出政府绩效的评价指标包括民众满意、公共服务供给情况和社会效益②。蔡立辉在结合了西方发达国家政府绩效评估和企业绩效评估的实际经验基础上，认为我国政府绩效的评价指标需要从效率、能力、服务质量、公共责任和民众满意度来考虑③。

由此，无论是国外还是国内，对于政府

① 黄春蕾等：“政府购买公共服务绩效评估研究述评”，《山东行政学院学报》2013年第6期。

② 陈振明等：“公共服务绩效评价的指标体系建构与应用分析——基于厦门市的实证研究”，《理论探讨》2009年第5期。

③ 蔡立辉：“政府绩效评估：现状与发展前景”，《中山大学学报》2007年第5期。

购买公共服务的绩效评估而言，以结果为价值取向的分类标准都是值得肯定的。由于政府购买公共服务的绩效评估指标是个多投入多产出的问题，因此并不能只关注其中的数字化的评估指标，还要多考虑其他结果类的评估指标。

7.1.3　以民众为主要价值取向的评估模型

20 世纪 80 年代，随着全面质量管理（TQM）在公共部门中的运用，以及公民责任运动的推进，公共服务绩效评价从过去的效率价值取向转向了结果和公民取向。全面质量管理是源于私人部门的管理措施，要求整合生产力指标、战略计划、评估以及结果沟通，关注政府公共服务的改进与测量，强调对服务产出或服务质量的评价。因而中国许多地方政府和研究者开始将民众满意度作为衡量公共服务质量的重要指标。20 世纪 90 年代后，随着顾客满意度测量技术的发展、成熟和运用，通过对公民满意度的测量来提升公共服务绩效的研究与实践开始为更多学者进一步关注。

美国 1993 年颁布了第 12826 号行政命令——“设置顾客服务标准”。要求所有向民众直接提供服务的联邦机构都要识别顾客、了解顾客所需，公布服务标准来测量所提供的服务。这一行政命令确定了政府公共服务的顾客导向。在和谐社会构建中，政府的绩效需要提高政府对公民的回应性，进行公民参与式的绩效评价，以实现经济与社会、公平与效率、发展与稳定等多元价值的平衡。周志忍认为服务型政府的职责归根到底是为社会和公民提供公共服务，因此需要坚持公民导向的原则，即立足于公民，评估内容、标准和指标体系设计从公民的立场出发，反映人民群众的要求和愿望①。1994 年山东省烟台市针对广大市民反映强烈的城市公共服务质量差的问题，率先试行“社会服务承诺制”；1998 年辽宁省沈阳市实施“市民评议”政府活动；1999 年广西自治区珠海市开展“万人评议政府”活动；随后江苏省南京、扬州等市实行万人评议活动。这些实践层面均体现了政府在绩效评价中以民众为导向。因此，以民众为主要价值取向来归纳政府购买公共服务的绩效评估模型是合理的。主要可以分为以下几种评估模型：

1. “总体绩效与间接绩效”结合模型

埃莉诺·奥斯特罗姆等将公共基础设施绩效概括为总体绩效和间接绩效，开发了一套系统的绩效评估系统。其中总体绩效标准包括：经济效率、通过财政平衡实现公平、再分配公平、责任和适应性。（1）经济效率，是由与资源配置及再配置相关的净收益流量的变化决定的，它主要是指资源配置是否符合帕累托最优标准。（2）公平，主要体现在两个方面：一是项目服务的收益与提供该服务的成本之间的财政平衡。也就是说，谁从基础设施中获益，谁就应该承担相应的财政负担，且谁获益较多，就要付出较多。二是基础设施提供中的再分配，要求资源配置给比较穷的人。（3）责任，主要是指政府官员对公共设施提供的责任。基础设施供给必须考虑最终使用者的愿望，避免基础设施建设不当。（4）适应性，是指基础设施提供对变化的环境作出反应，否则，基础设施的可持续性很可能遭到破坏。埃莉诺·奥斯特罗姆等还强调对不同绩效标准进行权衡，特别是要在效率和再分配公平之间进行选择权衡。埃莉诺·奥斯特罗姆所谓的间接绩效是指基础设施提供的成本，包括供给成本和生产成本两个方面，供给成本和生产成本又可分为转换成本和交易成本。此绩效评估模型最初用于评估政府的公共基础设施水平，但是政府购买公共服务的绩效评估与此相似，也可以理解为政府购买有关公共基础设施的服务，由社会组织提供。由此，此模型也可用于评估政府购买公共服务的绩效。之所以将之归结为以民众为价值取向的评估模型，是由

① 周志忍：“政府绩效评估中的公民参与：我国的实践历程与前景”，《中国行政管理》2008 年第 1 期。

于该模型所考虑的公平、责任以及适应性等指标都反映了民众的需求。

2. 美国坎贝尔研究所的评估模型

坎贝尔研究所设计的绩效评估模型主要包括五个基本维度：（1）财政管理。主要包括政府的举债能力管理是否符合法律规定的比例；退休金管理是否得当；现金管理是否得当，有多少做了风险性投资；政府采购各个环节设计和管理是否合理；项目管理是否合理合法，工程招标是否公开公平；《美国政府财会通则》对账目建立和管理的规定是否得到了严格的执行等等。（2）人事管理。人事管理机制复杂、情况各异，许多环节和因素都难以考核，目前主要评估等级工资制度和公务员甄选及退休制度的完善性。（3）信息管理。主要考核计算机的数量和质量，在政府工作中的应用率及所起的作用，计算机是否在最能服务于政府工作的人手中使用。（4）领导目标管理。主要评估领导者战略计划制定是否科学可行、完成得怎样、有什么样的推进措施、正负面的效应如何等等。（5）基础设施管理。主要评估公益事业管理的政策法规制定和实施是否及时而有效。该评估模型主要针对政府及其工作人员的绩效，但是从其最初的对人事管理以及领导目标的重视可以延伸出其对民众以及公民满意度的关注，因此将此评估模型归结为以民众为主要价值取向的评估模型是合理的。

3. 国内主要的趋于民众性的绩效评估模型

浙江省杭州市政府从2000年开始做了一个公民导向的政府绩效评估实践——杭州模式。2000年杭州市54个市级单位全面展开满意不满意单位评选，评选的主要内容是各单位的全局观念、服务宗旨、服务质量、办事效率、勤政廉洁、工作业绩等六个方面。杭州市专门成立了满意不满意评选活动领导小组办公室负责全面工作。活动的评价主体包括四大层面，一是市党代会代表、市人大代表和市政协委员层面；二是企业层面；三是市民层面；四是市直机关互评。据统计，共发出选票5969张，回收5787张，回收率达到96.96%。2005年，杭州对考核评价体系进行了改革，成立了杭州市综合考评委员会，对各单位的工作情况通过目标考核、领导考评和社会评价等三个方面进行综合考核评价。2006年8月，杭州市委在整合市级机关目标管理、市直单位“满意单位不满意单位”评选和机关效能建设等职能的基础上，组建成立了杭州市综合考评委员会办公室，作为杭州市综合考评委员会的常设办事机构，主要负责市直单位综合绩效考评、效能建设等工作。

杭州政府绩效评估模式以公民为主要导向，其特点包括整合了“自上而下”和“自下而上”两种评估模式，体现了公民满意原则；推进了绩效评估从“重结果”向“过程与结果并重”转化；考评维度体现创新创优，绩效导向进一步明确。总的来看，杭州模式（含目标考核和满意度评比）是对公民导向政府绩效评估的肯定，创新了政府绩效评估模式实践，具有一定的积极意义。政府购买公共服务的绩效评估也可以借鉴杭州模式的优点。

近年来，随着民生需求的呼声越来越高，民众在政府事务中的参与率也越来越高，很多政府购买公共服务的绩效评估都会涉及公民参与类指标。卓越在研究政府绩效管理工具的基础上提出政府绩效的评估指标应当包括经济、质量、效率、公平、责任、回应性、服务等。周志忍认为，鉴于政府供给服务的特点，政府绩效测量指标应当从投入、过程、产出、民众满意度和责任几个方面进行考察。王春婷在政府绩效指标研究的基础上提出了政府购买公共服务的四个绩效指标：政府成本、效率、社会公平度、民众满意度①。随着社会多元化趋势的发展，政府购买公共服务的评价指标也应该坚持多元取向，具体包括：3E+质量+民主+公平。

总的来说，民众在政府事务中都处于至关重要的地位，政府要以民为主，多多考虑人民

---

① 王春婷：“政府购买公共服务绩效与其影响因素的实证研究——基于深圳市与南京市的调查分析”，华中师范大学2012年。

大众的呼声。例如，江苏省南京市万人评政府部门绩效的活动，考核内容分为机关作风建设与“三个文明”建设情况、机关党风廉政建设情况、机关作风建设基础性工作三大类，考核分值依次为 50、30、20。以 2001 年为例，全市共发放评议表 8348 份，回收 6373 份，回收率达 76.34%；发放调查问卷 37.4 万份，收到意见和建议 36380 多条。实际参与评议活动的人数超过 1 万人。根据民众评议的结果，90 个部门被放在一起排序，相应实施绩效奖惩，位居前列的 8 个部门受到表彰和奖励，位居末位的几个局领导分别受到降职交流、免去行政职务、诫勉谈话等处罚。此类行为表明政府确实将民众的呼声纳入评议标准中了，应该大加赞扬。

7.1.4　基于中国国情的绩效评估模型选择

受新公共管理理论、新公共服务理论及西方改革实践的影响，我国行政改革探索迈入了政府治理的新阶段，明确提出建设服务型政府。服务型政府是相对于管制型政府的一种革命性的变革，与管制型政府的“政府本位”运作方式不同，服务型政府的基本运作方式是坚持“公民本位”，即公民是公共权力的来源和唯一合法的拥有者。政府代替公民行使公共权力，政府的任何公共行政行为都必须体现公民的意愿。政府绩效评估逐渐融入公平民主、民众满意等价值观念，着力提高公共服务的效率和民众对公共服务的满意度。政府购买公共服务绩效正是基于服务型政府建设理论与实践背景下，其绩效指标的设计也不仅要考虑成本与效率，更重要的是要彰显公平和公民本位的价值取向。政府购买公共服务绩效是政府采取向市场与社会购买的方式履行公共服务供给职能，考察的不仅是政府的行政绩效，还包括公共服务的质量与效果。因此，我们认为政府购买公共服务绩效应当以结果取向、民众满意取向和效率取向作为价值取向，从效率、民众与效果三个指标出发，其构成要素可以概括为：政府投入、效率、社会效益与民众满意度。

1. 政府投入

政府投入即政府成本，政府成本是政府及其行政过程中所发生的各种费用和开支，以及由此所引发的现今和未来一段时间的间接性负担。随着政府职能转变、经济的发展和社会的全面转型，政府成本不仅应包括政府最终消费支出，还应包括政府决策成本、交易成本以及由政府行为所产生的无形成本，如政府的公信力。对这部分成本的研究更为重要，因为由决策失误、不规范交易行为所引发的无形成本不仅浪费大量的公共资源，而且会产生一系列的外部性问题，如对生态环境破坏、为腐败提供滋生的土壤，而这种成本代价是传统的政府最终消费支出所不能界定和涵盖的。政府选择公共服务的供给方式决定了政府成本的主要构成。当政府选择直接提供公共服务时，政府的主要成本是政府规模成本、运行成本及决策成本；而当政府选择购买公共服务时，政府与服务承办方之间实际上是一种交易，政府让渡部分公共资源使用权于社会，通过购买的方式获得公共服务，服务承办方通过出售公共服务赚取利润或完成自身的使命，政府购买公共服务的实质就是公共服务的契约供给，所以政府成本主要是指交易成本和由交易结果带来的无形成本。

2. 效率

效率，即投入产出比，不管是在市场化政府的时代还是在服务型政府的时代，效率都是一个至关重要的评价指标。政府购买公共服务的效率是政府购买公共服务绩效能否取得良好成绩的重要考查指标，它也可以从技术效率、配置效率与制度效率三方面进行考察。技术效率是投入与产出的比例，即政府用于购买公共服务所投入的公共资源与所获得的公共服务之间的比例。当政府以越少的公共资源投入获得更多更好的公共服务，那么政府购买公共服务的效率就越高。配置效率是指公共服务承办方根据民众的需求提供公共服务的程度。当政府通过购买的方式向民众提供的公共服务越能满足民众多样化的需求，配置效率就越高。制度效率是指是否存在激励政府减少成本并提高效率的制度基础。

3. 社会效益

政府肩负着缓解社会矛盾、维护社会稳定、推动建立公平社会的使命。在有限的市场经济条件下，贫富不均且两极分化严重并呈扩大的趋势，使得社会各阶层之间关系日益紧张、矛盾不断涌现，社会不公平现象突出，面对这些棘手问题，政府需要运用公共权力对公共资源进行再分配，公共资源的公平分配是实现社会公平的前提条件，是政府实现社会公平的重要手段。政府应当以维护公共利益为目标，通过优化配置资源实现社会效益。社会效益不能仅仅依靠数字判断，民众福利是否有提升，社会组织的服务是否贴心，服务人员的工作是否值得用付出的成本考量，这些都是社会效益的具体评价标准。

4. 民众满意度

民众满意度源于商业领域，满意度是民众对服务质量特征的感知所做评估的一种度量，其本质上是可感知的效果与期望值之间的差异函数。换言之是指民众对某产品或服务的可感知效果与其期望值比较后所形成的感受状态的一种量化指标。目前学界一般认为，满意度是指可感知效果和期望值之间的差异函数。而民众的期望值受多种因素影响，如个人社会地位、经济状况、个人需求、认知、生活环境、先前经验等等，因此民众满意度并不是一个固定值而是一个不断变化的量。以“民众满意度”作为衡量政府绩效的最重要标准的思想源于新公共管理运动。英美等国的顾客导向理念（Customer Orientation）和公民宪章运动（Citizen Charter）都将民众满意度置于重要地位。因此，政府购买公共服务中的民众满意度是指民众对政府通过购买方式提供的公共服务的效果所感知的状态与其期望之间的比较值。

政府购买公共服务的绩效评估源于国外，在我国的发展还处于起步阶段。国外关于绩效评估的模式和指标可以参考，但是中国有自己的具体国情，在分析政府购买公共服务绩效评估的指标时，要结合具体情况具体分析。我们认为以上四个指标能很好地反应我国政府在购买公共服务中的具体评价标准，因此基于政府投入、效率、社会效益与民众满意度的绩效评估指标是符合当下趋势的。

7.2 政府购买公共服务绩效评估的方法

上一章主要介绍了政府购买公共服务绩效评估的模式。根据不同的模式，所形成的绩效评价方法大致可以分为以下三种：一是测算公共服务效率，其目的是计算多投入、多产出特点下的成本效益，多投入、多产出是衡量公共服务效率的典型特征。二是计算政府购买公共服务的效果，该效果不仅是指社会组织的效果，还包括政府部门服务的效果，通常采用结构方程和多元回归的方法。三是计算民众满意度的方法，各国都有衡量民众满意度的具体方法，在对这些方法进行分析和介绍的同时，要注意结合我国具体情况进行分析。

7.2.1 基于 DEA、FDH 与 SFA 等的效率评估方法

衡量政府购买公共服务的效率，通常需要估计成本和产出，可以认为当公共服务以特定支出而带来更多的受益人口时是有效率的。衡量政府购买公共服务是否有效率，至少需要有

两个研究对象进行比较。如果前一个研究对象的服务收益超过成本的差额大于后一个研究对象，则认为前者的服务支出更有效率。上述这种简单的成本效益比较是容易理解的，对于商业部门来讲，这是很简单的核算方式，然而对于公共服务而言，经常很难统计其收益，因为收益包括经济、社会和环境等多方面。对于成本而言，对其统计比较容易，包括人力、资金、技术投入等。可见，政府购买公共服务效率的衡量是一种多投入多产出的形式。

1. 数据包络分析

数据包络分析（Data Envelopment Analysis，DEA）方法 1978 年由 Charnes 和 Cooper 创建。该方法自 20 世纪 80 年代创建以来，大量的研究者使用其作为计算政府效率、公共服务效率的手段，因为 DEA 是计算多投入多产出非常合适的方法。DEA 是一个线性规划模型，表示为产出对投入的比率。通过对一个特定单位的效率和一组提供相同服务的类似单位的绩效的比较，它试图使服务单位的效率最大化。在这个过程中，获得 100% 效率的一些单位被称为相对有效率单位，而另外的效率评分低于 100% 的单位被称为无效率单位。

例如，欧洲中央银行的一份报告使用 DEA 方法对欧盟成员国的公共部门服务相对效率进行了分析；桑帕约采用 DEA 方法对欧洲和巴西的一些城市公共交通服务进行效率分析。这些研究的共同点是使用 DEA 方法对不同公共服务进行横向比较，也有一些研究对同一公共服务进行纵向比较，例如，Odeck 对挪威的城市公共交通服务合并前后提供的服务进行了对比分析，运用 DEA 来运算这些服务的马奎斯特生产率指数。同时，国内也有研究者采用该方法来评价公共服务效率，如彭国甫运用 DEA 模型对湖南省 11 个地级州市政府的公共事业管理绩效进行了实证分析，得出了较为满意的结论[①]。陈昌盛等在评价我国 31 个省市公共服务相对效率时，也采用 DEA 方法计算。王欢明、诸大建使用 DEA—Tobit 方法评价了长三角城市公交服务的相对效率以及其影响因素[②]。为了更加准确地衡量公共服务效率，一些学者对 DEA 方法进行了改进，例如龚锋采用四阶段 DEA 方法和 Bootstrapped DEA 方法对内地 70 个大中城市的公共安全服务进行了效率评价。布兰克采用 Bootstrapped DEA 对荷兰的医疗服务效率进行测量。刘海英等采用三阶段 DEA 方法对中国城乡医疗卫生服务效率进行了对比研究。对于公共服务效率的准确衡量，有利于提高政府的透明度，以及推动公共部门引入竞争等市场化手段具有现实意义和实践价值。

2. 非参数方法

非参数方法（Free Disposal Hull，FDH）分析是 DEA 算法的一个特例，该方法是数理统计学的一个分支，一般认为在一个统计推断问题中，如给定或者假定了总体分布的具体形式，只是其中含有若干个参数，要基于来自总体的样本对这些参数作出估计或者进行某种形式的假设检验，这类推断方法称为非参数方法。

科尔等采用 FDH 和 DEA 两种方法相结合来评价政府服务的绩效，威特等使用 FDH 方法测算公共产品供给效率的问题。

3. 随机前沿分析

随机前沿分析（Stochastic Frontier Analysis，SFA）是一种基于生产前沿面理论的参数方法。该方法由艾格纳、洛夫尔和施密特以及穆森和布勒克各自独立提出。20 世纪 90 年代以来，SFA 广泛地应用于国外医院的效率评价、费用控制和卫生改革研究领域，也用于测量政府购买公共服务效率。罗伊等在论证公共交通服务的效率时，就运用了 SFA 方法进行衡量。国内也有不少学者运用 SFA 方法进行公共服务绩效测评，其中涉及很多模型构建，这里就不一一赘述了。

① 彭国甫："基于 DEA 模型的地方政府公共事业管理有效性评价——对湖南省 11 个地级州市政府的实证分析"，《中国软科学》2005 年第 8 期。

② 诸大建、王欢明等："基于效率、回应性、公平的公共服务绩效评估"，《管理科学》2010 年第 7 期。

由以上分析可见，在针对公共服务的相对效率计算时，国内研究也基本与国外研究接轨，并且这些方法能够比较准确地测量不同公共服务的相对效率，受到学者们的广泛使用。采用DEA、FDH、SFA等计算公共服务效率的方法，优点是能够使用公开的统计数据得出定量化结果，结论可信度大；其缺点是计算结果仅仅是公共服务的效率，而没有体现公共服务的公平性、回应性和满意度等主观指标，不能完全反映公共服务绩效状况。

7.2.2 基于多元回归与结构方程等的结果评估方法

衡量政府购买公共服务绩效评估的结果，通常首先需要采取问卷调查的方式收集相关的数据。然后对数据进行相关的分析，最后针对筛选后出来的有效数据进行多元回归或者结构方程分析。

1. 多元回归模型

Stipak对于公共管理实践中的民众主观评价问题提出了一些建议，主张采用多元回归方法可以了解相关变量对公共服务评价的相关度，调查者必须针对服务的具体维度来向服务使用者采集绩效信息，而不是笼统地向他们调查对某项服务的总体满意度，这样才能获得更全面和有价值的信息。研究一个因变量、与两个或两个以上自变量的回归，亦称为多元线性回归，它是反映一种现象或事物的数量依多种现象或事物的数量的变动而相应变动的规律，建立多个变量之间线性或非线性数学模型数量关系式的统计方法。应用此法，可以加深对定性分析结论的认识，并得出各种要素间的数量依存关系，从而进一步揭示出各要素间内在的规律。一般来说，多元回归过程能同时提供多个备选的函数关系式，并提供每个关系式对实验数据的理解能力，研究者可以结合自己的理论预期，据此作出选择。多元回归模型在政府购买公共服务绩效评估中的应用也逐渐多起来，作为一种测量具体指标的方法，其在结果类指标的绩效评估中发挥了重要的作用。

2. 结构方程模型

结构方程模型（Structural Equation Modeling，简称SEM）。SEM是当今社会、管理领域中很重要的量化研究方法，它将传统多变量统计分析中的“因素分析”与“线性模式之回归分析”的统计技术融为一体，对各种因果模型进行模型识别、估计与验证。SEM是一种验证性的方法，具有理论先验性（通常必须有理论或经验法则支持），可以同时处理测量与分析问题，还关注共变数的运用，所谓共变数就是两个变量之间的线性关系。如果两个变量间有正向关系，其共变数为正；反之则为负数；两个变量间不具有线性关系，则其间共变数为零。政府购买公共服务绩效构成是无法观察到的潜变量，但是这些潜变量可以由一组观察变量来加以测量。通过SEM可以估计测量过程中的误差，评估测量的效度与信度，分析观察变量间彼此的复杂关系，因此，政府购买公共服务绩效运用结构方程模型作为验证方法是可行的。

埃博利采用结构方程法对城市公交服务的满意度研究，王君等采用多元回归的方法分析城市公共教育服务的满意度。总之，上述方法始终是围绕结果类指标为核心，将效果测评引入到公共服务绩效评估中，是反馈结果的重要方式，是政府通过重视内部规制的效率评价之后的反思与改进，其评价内容涵盖服务质量的多重属性，结论具有针对性，在公共服务领域测评中被广泛使用。但是这些方法需要投入大量人力和财力进行社会调查，而且其他研究者会对调查数据的真实性产生怀疑，因而需要科学收集数据。

7.2.3 基于ACSI、ECSI与SCSB等的民众满意度评估方法

民众满意度源于商业领域，满意度是民众对服务质量特征的感知所做评估的一种度量，其本质上是可感知的效果与期望值之间的差异函数。换言之是指民众对某产品或服务的可感

知效果与其期望值比较后所形成的感受状态的一种量化指标。目前学界一般认为，满意度是指可感知效果和期望值之间的差异函数。而民众的期望值受多种因素影响，如个人社会地位、经济状况、个人需求、认知、生活环境、先前经验等等，因此民众满意度并不是一个固定值而是一个不断变化的变量。以“民众满意度”作为衡量政府绩效的最重要标准的思想源于新公共管理运动。英美等国的顾客导向理念（Customer Orientation）和公民宪章运动（Citizen Charter）都将民众满意度置于重要地位。因此，政府购买公共服务中的民众满意度是指民众对政府通过购买方式提供的公共服务的效果所感知的状态与其期望之间的比较值。评估民众满意度的方法有多种，下面将一一介绍。

1. 美国顾客满意度指数（ACSI）

ACSI 是对消费的产品或服务质量的一种测评。一个公司的顾客满意度代表了它的顾客群对其所提供的产品和服务整体的满意情况，同时也包括了消费者的消费经历和期望。与之类似，行业的顾客满意度代表的是顾客对一个行业的产品和服务的总体满意情况，经济部门的顾客满意度反映了一个经济部门的总体满意情况，国家的 ACSI 则是对国家总体消费满意情况的评价。对于公司而言，顾客满意度代表了该公司提供的产品和服务的总体水平，而不是某个个人对特定交易的评价。当然，特定交易的满意度调查能为某种特定产品或服务提供有针对性的诊断。总体顾客满意度是对公司过去、现在和将来的业绩更全面而基础的评价指标。美国顾客满意度指数（ACSI）作为一种新的基于顾客的测评系统，可以用于评价公司、行业、部门和国家经济的绩效。为了反映国家整体的经济情况，ACSI 收录了 200 多家企业的数据，涵盖 7 个主要经济领域的 40 多个行业，这些企业 1994 年销售总额超过 2.7 万亿美元。ACSI 以年度数据为基础，得到每个企业的顾客满意度，再对这些企业的顾客满意度加权计算得出行业、经济部门及国家的顾客满意度指数。其测量模型如图 7.1 所示。

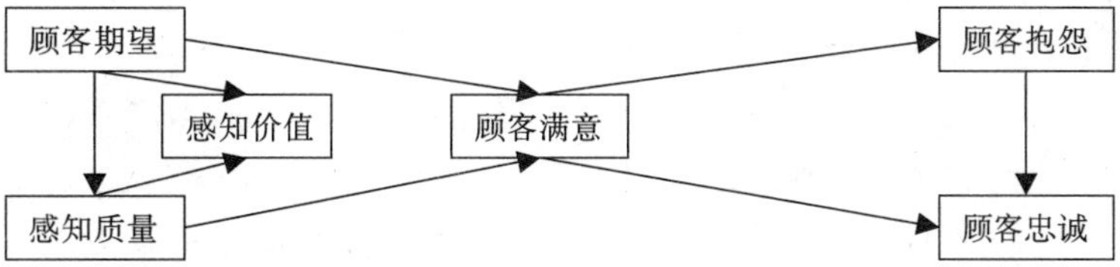

图 7.1　ACSI 模型

2. 欧洲顾客满意度指数（ECSI）

ESCI 模型继承了 ACSI 模型的基本架构和一些核心概念，如顾客期望、感知质量、感知价值、顾客满意以及顾客忠诚。ECSI 针对 ACSI 模型多了一个企业形象，少了顾客抱怨，另外 ECSI 模型在针对所有行业的测评中，都将感知质量统一地拆分为针对产品的质量评判和针对服务的质量评判。同时，ECSI 模型将顾客忠诚的标识变量转变为三个：顾客推荐该公司或该品牌的可能性、顾客保持的可能性、顾客重复购买时是否会增加购买量。其测量模型如图 7.2 所示。

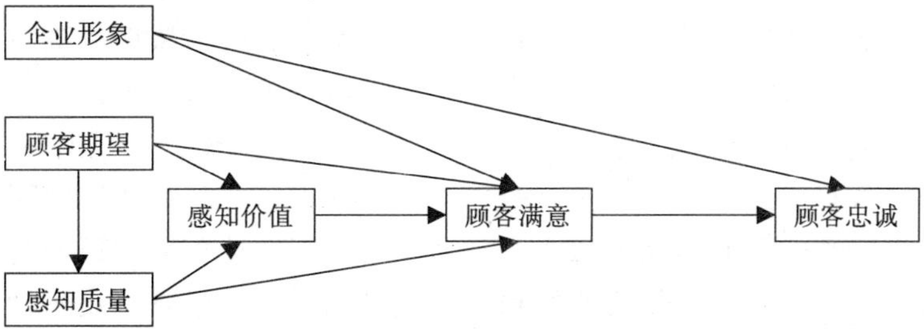

图 7.2　ECSI 模型

3. 瑞典顾客满意度指数（SCSB）

该模型中的核心概念是顾客满意，它是指顾客对某一产品或者某一服务提供者迄今为止全部消费经历的整体评价，顾客对于某一件产品或某一次服务经历评价的特定交易的顾客满意，这是一种累积的顾客满意。现行的各国顾客满意度指数模型均采用这一概念，主要是因为消费者不是以某一次消费经历评价，而是以迄今为止累积起来的所有消费经历为基础来作出未来是否重复购买的决策。因此，与特定交易的顾客满意相比，累积的顾客满意能更好地预测消费者后续的行为（顾客忠诚）以及企业的绩效，以它作为指标来衡量经济生活的质量也更有说服力。顾客期望、感知表现是顾客满意度的前因变量，顾客抱怨和顾客忠诚是结果变量。顾客满意度指数来源于顾客对公共服务的感知与期望，对服务的感知源于对服务的亲身经历与体验，对服务的期望源于享受服务之前的外界信息的影响，是对服务提供者未来能提高绩效的预期。因此，顾客满意度随着服务感知和期望的增加而提高，顾客满意度的提高影响着顾客对服务的态度，满意度高，从而顾客会减少抱怨，最终提高顾客对服务的忠诚度。其模型如图 7.3 所示。

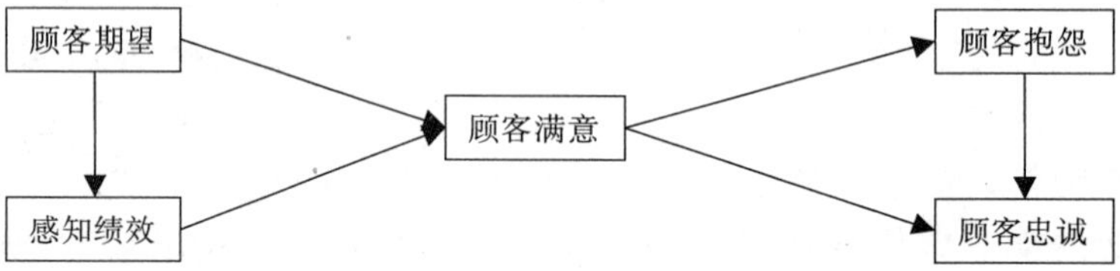

图 7.3　SCSB 模型

将上述模型中的顾客模拟成民众，公司模拟成社会组织，再根据具体情况稍加调整，顾客满意度模型便能用于评估政府购买公共服务的绩效了。

刘武等认为传统的政府绩效评估主要是在政府机关内部进行的，缺少对政府公共服务职能的评估，因而要建立顾客满意度指数模型对政府公共服务的满意度进行测量。公众满意是公共服务的价值导向，单纯将公共服务的服务对象比喻为顾客，容易忽略公民参与对公共服务产生的积极效果，具有一定的局限性，因此很多研究的对象不局限于直接的顾客，也包括其他利益相关者，称为公众或公民满意度。邹凯等构建社区公众满意度服务模型，得出影响公众满意度的前因变量和结果变量，如公众参与、服务提供的效率等变量都是影响公众对服务评价的重要因素，这些因素为公共服务的改革措施提供了很好的借鉴。当然并不是所有的公共服务满意度研究均建立在上述顾客满意度指数基础上，而是根据某项公共服务的特性和属性设立满意度指标体系。因此，将上述几种方法用于政府购买公共服务的绩效评估是可行的。

7.2.4　基于中国国情的绩效评估方法选择

政府购买公共服务（Government Purchase of Service Contracting）于 20 世纪 70 年代末发端于欧美国家，伴随着民营化运动的热潮，已经成为世界性的制度安排。我国一些地区已进行政府购买公共服务的试点工作，并取得了良好的效果。在现实问题的推动下，近 20 年来国内外学术界有关政府购买公共服务的研究逐渐升温。关于绩效评估的研究也逐渐增多，但总的来看，我国政府购买公共服务绩效评估的方法研究还是借鉴国外的方法较多，运用统计类和经济类的方法较多。绩效评估的方法大致有 20 多种，目前运用较多的是平衡计分卡法、标杆管理法、360 度反馈评估法、DEA、SFA、多元回归、结构方程以及各国顾客满意度指数法。也有一些学者运用其他方法来测量政府购买公共服务的绩效评估，比如诸大建运用灰色定权聚类方法评估上海市公共交通的服务情况；王春婷运用 SPSS 和 AMOS 分析深圳市和南京市的政府购买公共服务情况①。也有学者用 STADA 和信度、效度分析、交叉分析等评估方法来考量政府购买公共服务的绩效。

分析目前国内学者运用的各自方法，发现 DEA 和 SPSS 的分析方法运用较多，DEA 作为数据包络分析法自从 20 世纪 80 年代创建以来一直被学者们广泛使用，是计算多投入多产出的上佳方法，SPSS 作为统计学分析运算、数据挖掘、预测分析和决策支持任务的软件产品自从问世以来，也得到了广大学者的运用。因此，政府购买公共服务最常用的方法便是 DEA 和 SPSS 数据分析，但是由于具体的情况采用的具体分析方法不同，没有最好的评估方法，只有最适合的评估方法。学者们还是得根据自身研究的具体情况选择绩效评估的方法。

7.3 提升政府购买公共服务绩效的建议

国民经济和社会发展“十二五”规划纲要明确提出：“改革基本公共服务提供方式，引入竞争机制，扩大购买服务，实现提供主体和提供方式多元化。”这是完善基本公共服务体系，满足人民群众日益增长的基本公共服务需求的重要举措。党的十八大报告和十八届三中全会决议分别提出了“改进政府提供公共服务方式”和“推进政府购买公共服务”的目标。现阶段，不少地方政府购买公共服务已进入实质性实施阶段。政府购买公共服务是政府运行机制的重大变革，涉及政府机构改革、市场体系建设、财政管理改革等多个方面。但是政府购买公共服务在中国仍然属于新生事物，对于长期由政府提供的公共服务转变为政府以社会购买的方式向社会提供，无论是从政府角度还是从公众角度来看，都有一些不适应的地方，存在诸多问题。对于政府购买公共服务的建议只有在分析了相关的原因之后才能提出，因此我们将基于以上的分析提出政府购买公共服务绩效评估存在的问题并据此提出相应的政策建议。

1. 绩效评估主体相对单一

目前我国政府购买公共服务的绩效评估主体以政府为主，主要有政府及其部门的自我评估和上级行政机关对下级的评估等，其中尤以后者最为常见，并且评估的主体都是社会组织，并没有对政府自身的购买行为进行评估。这就容易形成只对上级负责而不对公众负责的现象。因此，公众在绩效评估中的作用并没有被充分发挥。长期以来，受“官本位”政治文化传统的影响，我国少数政府及其部门一直没有重视公众在绩效评估中的地位和作用。近年来，一些地方政府或部门发动了各种形式的公众评估政府绩效的活动，如南京市开展的“万人评议机关”活动，虽然这些公众评估政府绩效的举措具有很强的示范效应，但仍然问题重重。有些地方也大张旗鼓、兴师动众开展过名目繁多的民间评估政府绩效的活动，然而大都暴露出“三多三少”的弊端；一是形式主义多，实实在在少；二是虎头蛇尾多，善始善终少；三是空头支票多，真正兑现少。这样不仅未能起到变压力为动力、推动政府职能、作风转换的作用，反而冷却了人民群众对民主评估的热情及对政府承诺的信心。因此，如何

① 王春婷：“政府购买公共服务绩效与其影响因素的实证研究——基于深圳市与南京市的调查分析”，华中师范大学 2012 年。

正确地发挥公众在政府绩效评估中的作用，是我们必须解决的现实问题。

2. 效率化指标倾向太过严重

效率一直是政府购买公共服务绩效评估指标中最为重要的指标，但是纵观近几年的实践显示，在绩效评估的过程中基于投入产出比的单纯数字化指标并不好评估，因为政府购买公共服务的过程是一个多投入多产出的过程，很多指标并不能以数字计算。因此，总是着眼于绩效的评估手段并不科学。政府购买公共服务绩效评估这一在国外应用性很强的学术研究在我国却变成了“纯”效率性的学术研究，这不仅严重影响了政府购买公共服务绩效评估研究的深入，而且大大地降低了绩效评估研究的理论成果对评估实践的影响。虽然我国绩效专家和学者在政府绩效评估研究方面取得了一定的成果，但与西方国家相比差距还很远。有很多绩效评估的指标需要考虑，比如责任、公平、民众满意度以及回应性等都是政府购买公共服务绩效评估需要考虑的因素。总之，绩效评估不能唯效率化政府论，目前盛行的服务型政府的建设建议研究者多关注民众的声音。因此，在新形势下，要摒弃效率化指标投入过多的弊病。

政府绩效评估指标是度量一个政府绩效强弱的工具，只有绩效评估指标的设定正确合理，评测结果才能全面、客观、准确地反映政府绩效的实际水平与发展趋势，才能综合反映社会发展的全面性与协调性。但是，从我国目前的地方政府绩效评估实践来看，地方上政绩考核的数量化经济指标比之社会发展的指标较多，过多地强调了经济总量的增长要求，而忽视了可持续发展等一系列社会效益。政府以促进经济发展作为政府公共服务的唯一职能，以GDP增长幅度作为衡量地方政府及其官员政绩的主要标准。“官出数字，数字出官”，“成为我国行政的一个重要内容”。在具体的经济指标的指引下，某些政府往往忽视了教育、文化、卫生、环保等社会、人文方面的指标内容，以至于多数地方的公共服务严重不足和不到位，制约了地方政府公共服务能力与水平的提高。此外，当地经济发展的任务致使地方政府必须更直接地去参加经济生产活动，这严重背离了“小政府，大社会”的基本准则，某种程度上强化了政府的微观管理倾向，不利于政府职能的转变，与当前政府的行为价值选择要求相悖。

3. 购买服务资金未纳入政府财政预算

政府向社会组织购买公共服务的资金来源多样，有财政预算资金、福彩公益金和由政府支配的社会捐助等。福彩公益金作为购买服务资金比较普遍，譬如深圳市的社会工作服务购买在市一级由福彩公益金支付，在区一级由政府财政预算资金配套。在养老、助残、就业等领域，专项业务资金占有相当大的比例。目前只有上海浦东新区等少数地方或少数服务领域将政府购买资金统一纳入政府财政预算。深圳市就明确规定，新增的社会服务如果社会组织能够承担，原则上就不成立事业单位；将政府的部分职能转移或委托给社会组织承担，通过“费随事转”方式向社会组织购买公共服务，由社会组织来履行转移的职能和提供相应的服务。2009 年，深圳市政府将购买公共服务和大部门体制改革衔接，全市 31 个部门共取消、调整和转移 284 项职责和行政审批事项，而调整和转移的事项大多数由社会组织来承接，社会组织成为公共服务的重要提供者。尽管社会组织参与公共服务提供无论在服务领域的广度还是在提供服务的深度方面都获得极大的拓展，参与力度在不断加大，但从整体上来看，社会组织在整个公共服务体系中仍然处于非常弱势的边缘位置，地位相当脆弱。很多政府购买公共服务的资金并没有纳入政府采购资金当中，也没有专门的立法规定此项资金的来源和用处，这也是造成社会组织的薪酬和待遇普遍不高的原因之一。

4. 以民为本的价值缺失

我国是一个典型的“后发型”的现代化国家，政府在社会经济生活中处于绝对主导，在政府与民众的关系上，强调政府的权威性，奉行典型的“政府本位”的价值取向。在这种价值取向的指导下，地方政府绩效考核活动往往从政府自身的需要出发，更准确地说是从系统内上级领导机关的考虑和需要出发，片面强调政府对社会的管理和控制功能，很少考虑地方政府管理活动是否能满足当地社会、公众和企业的需要，某种程度上忽视了民众的需求和利益。同时由于评估实践更为重视直接掌握评估权的上级领导，而不是公众的满意度，所以民众很难对政府部门行为形成普遍的监督与控制，政府部门、官员也难以平常心态面对下属或百姓的评价和监督。以民为本的价值缺失使得政府绩效评估活动多呈现封闭型状态，民众在政府部门绩效评估过程中难以真正发挥其应用的作用。

政府购买公共服务对于我国而言还是新鲜事物。由于传统原因，公众更信赖政府，对私人提供的公共服务存在一定的疑惑；公众对政府购买公共服务的质量存在一定程度的偏见。另一方面，公共服务由市场与社会来提供，部分公共权力将转移，不利于政府部门购买的积极性，从而影响到公共服务的质量和购买数量。以政府为主导的政府购买公共服务绩效评估模式过分强调政府在评估中的主人翁地位，很多针对企业和社会组织的绩效评估行为都由政府来组织和引导，民众的参与度极少，这样一来原本宗旨是为民服务的政府购买公共服务的行为根本得不到民众的反馈，而且政府在这样的购买服务中是否有效率也无法评估出来。

针对政府购买公共服务绩效评估中出现的问题还很多，以上只是针对其中的典型问题所做的分析。面对出现的种种问题，我们提出以下几项政策建议，以期对政府购买公共服务的绩效评估有所帮助。

7.3.1　加大民众与第三方评估机构的参与力度

一般说来，公众从公共产品或服务使用者的角度能够对政府绩效作出比较客观的评估，而且公众评估有利于增强政府的责任感，迫使政府机关不仅要对上级负责，更要对公众负责，从而形成公众监督和上级监督相结合的绩效激励机制，建立让老百姓高兴和满意的服务型政府。但另一方面，必须正确认识和对待公众在政府绩效评估中的地位和作用，公众评估并非适合所有政府购买公共服务的绩效评估。只有那些直接向公众提供公共产品或服务的部门才适合采用公众评估，如公安、工商、税务、民政、农林和教育机关等。

正确对待主要公众和次要公众在绩效评估中的作用。有人担心，如果由公众来评估政府绩效，那么“栽花”部门将会比“挑刺”部门得到更高的评价，这或许有一定的道理，因为“栽花”惹人爱，而“挑刺”惹人恨。这就要求我们正确对待主要公众和次要公众在绩效评估中的作用：政府行为若能使主要公众或多数公众受益，就可获得大多数公众的积极评价，表现出很高的绩效水平；而次要公众的消极或负面意见固然不能作为评估政府绩效的重要依据，但却能够从这些消极或负面意见中发现政府管理存在的问题，从而有利于改进政府管理、提高政府绩效。

正确区分直接公众和间接公众。直接公众即是指直接接受政府提供的公共产品或服务，他们比间接公众更加了解政府公共产品或服务的质量和效果，因此直接公众在绩效评估中应当比间接公众具有更重要的地位。以教育部门为例，在校学生或其父母当然比那些非学生或非学生父母更加了解教育部门取得的工作绩效和客观存在的问题。加大民众在政府购买公共服务中的绩效评估有利于更好地评估出民众满意度的高低，为政府更好地服务于民打下坚实的基础。

关于运用第三方机构评价政府购买公共服务的绩效问题一直有颇多争议。有学者认为，第三方评价是指由与政府无隶属关系和利益关系的第三方组织所实施的评价政府及其部门绩效的活动，其合法性不足，专业性不够。但又有一些学者认为，很多专业的第三方组织都是由高校研究机构或者某些专业性强的技术机构组成，针对不同的公共服务类型，选择好相应的第三方评估机构即可。目前广东省东莞市、山东省、安徽省、北京市、上海静安区等地区已经开始尝试运用第三方机构来完成政府购买公共服务的绩效评估。如上海静安区出台了《关于静安区社会组织承接政府购买新增公共服务项目资质的规定》，规定由静安区社会组织联合会作为第三方机构进行评估。山东省潍坊市民政局出台第三方养老评估机制，对申请养老服务的老人进行评估。安徽省合肥市老龄办引入“现代居家养老咨询评估服务中心”对购买的服务项目进行第三方评估，主要从老人满意率、服务时间准确率、服务项目完成率、有效投诉结案率、服务档案的完善等方面进行评价。运用第三方机构对政府购买公共服务的绩效进行评估不仅能够评价政府的效率、社会力量的效率，对公民满意度也是一个很好的测量。

7.3.2 评估指标更多倾向社会公平和公民满意

在服务型政府的理念下，公民满意度对于公共服务的绩效评估尤为重要。公民满意度评价的是政府购买公共服务的效果性，是结果与产出之比。表示单位产出达到的预期效果程度，用来评价公共服务是否与目标一致，是否能够使公众都享受到公平的待遇。但是公民满意度指标一度遭到学者们的质疑，原因是公众满意度可能受到非服务性特征因素的影响，如种族、年龄等，并且公众对满意度问题的回答不能真实反映服务的绩效。但这种质疑遭到许多学者的反驳，布鲁德尼认为民意调查是公众表达意愿以及政府了解公众对公共服务需求的重要途径，是对公共服务绩效综合评价十分必要的。进入20世纪90年代后，随着顾客满意度测量技术的发展、成熟和运用，通过对公民满意度的测量来提升公共服务绩效的研究与实践成为主要的潮流之一。在研究中可以采用公众主观满意度来衡量，感受公共服务的产出与结果之间的关系，体现公共服务运营的外部绩效，体现政府、企业对公众需求偏好的回应性。

地方政府既是效率的推崇者，也是社会公平的保障和最后的依靠，决不能将效率作为其最高的标准和唯一目标。以效率至上为取向，公平就难有空间，至多做到兼顾公平，而在绩效的框架里，公平具有非常重要的位置，公平是政府、特别是政府基本功能的设计，是弥补市场机制不足的优势特征，社会保障、社会秩序等都是公平功能的具体载体。

政府权力的公共性要求政府对社会利益的划分以社会整体利益为前提，必须捍卫社会公平。社会不公平现象会抑制人们的积极性、主动性和创造性，当社会不公平程度超出人们可承受的范围，则会威胁社会稳定、最终引发社会的动荡和不安。政府作为公共权力的主体，而公共权力的主体与合法性都来源于公众，因此实现社会公平是政府义不容辞的责任，政府在实现社会公平方面发挥着极为重要的作用。政府所具有的公共性特征决定政府必须切实履行公共服务和社会管理的职能，如果政府不能承担起维护社会公平的职责，那么，其公共权力的拥有、执掌及行使也就失去合法性基础。政府肩负着弥合社会矛盾、维护社会稳定、推动建立公平社会的使命。在有限的市场经济条件下，贫富不均且两极分化严重并呈扩大的趋势、使得社会各阶层之间关系日益紧张，矛盾不断涌现，社会不公平现象突出。面对这些棘手问题，政府需要运用公共权力对公共资源进行再分配，公共资源的公平分配是实现社会公平的前提条件，是政府实现社会公平的重要手段。政府应当以维护公共利益为目标，通过优化配置资源实现社会公平。在政府购买公共服务的绩效评估过程中，政府也应该更加注重社会公正。

7.3.3 推进数据绩效测评与透明化资金使用

绩效测评，最重要的就是投入产出比。虽

然政府购买公共服务的绩效评估是个多投入多产出的评估过程，但是很多指标的测量标准还是要基于具体数据。正是因为如此，基于DEA、SFA、多元回归以及结构方程等的绩效评估方法才如此盛行。推进基于具体数据的绩效测评并不是唯效率论，其他的不能用具体数据说明的评估指标可以具体情况具体讨论。公平、民众满意度、责任、回应性等指标可以通过访谈以及问卷调查的形式收集，再运用相关的模型将问卷转换成具体的数据加以分析，这样就可以将主观测评转换成客观数据指标，并运用相关的数据处理方法进行分析，这样就可以得到相对令人信服的结果。

资金使用透明化也是一种具体数据的绩效测评要求，资金使用透明化的关键在于提升政府信息管理能力和推进信息公开，促使政府、承办方与公众之间信息对称，以降低政府成本。首先，政府必须抓好财政管理信息系统建设，通过电子政务推进政府信息公开。维护公众的知情权，推动行政信息公开是国际公共改革的潮流。信息成本具有固定成本高，边际成本极低，平均成本总是随产量的增加而下降的特点，促使资金使用透明化，成为进一步降低政府信息成本的必然选择。同时，通过规范化的报告机制建设推进政府信息公开。努力健全和完善应急预案体系，加强应急队伍建设，对服务购买出现的问题及时采取补救措施，建立统一高效的应急信息平台。最后，设计有效的激励措施，控制信息成本，实现资金使用透明化。

7.3.4　标准化政府购买与绩效评估流程

政府购买程序正当合理的程度直接影响到购买的效果。合理规范的购买程序可以节省时间与资金成本，减少政府随意购买行为，避免公共资源的浪费。从我们调查的案例来看，无论是否签订了合同，政府购买公共服务的过程中都存在某种程度上的“程序缺失”情况，购买行为很多情况下是基于熟人关系或者合作惯性。因此，规范政府购买公共服务的绩效评估需要做到以下几点：第一，明确需求，制订规划。政府应当建立回应机制，了解公众的真实需求，并且积极回应公众的需求，制订购买范围和购买计划，为公众提供满意的公共服务，减少公共资源浪费。第二，公开招标，签订合同。政府可以通过媒体、官方网站等多种形式公布所要购买的公共范围项目和预期的财政预算，采取公开招标的形式、严格选择服务承办方、制定明确的购买合同。第三，项目实施，监督管理。服务承办方应严格履行购买合同，接受政府与社会的监督。第四，评估服务、后续跟进。对承办方已完成的公共服务，政府应当采取多种方式对公共服务的效果进行评估。对于绩效评估的流程，要适当引进第三方评估机构参与评估的过程。政府、社会组织、民众以及第三方机构要各自扮演好自己的角色，履行好自己的职责，谁来评估，评估谁，如何评估以及评估结果如何处理都是需要仔细斟酌与考虑的。只有将这一评估流程标准化，政府购买公共服务的绩效评估才能得到可持续的发展。

政府将原来直接提供的公共服务事项，通过直接拨款或公开招标方式向社会公布购买服务项目、资金预算，政府购买公共服务内容、服务质量与数量、服务标准和相关要求、服务承接主体责任、服务期限及奖惩制度等，选择有资质的社会服务机构来完成。最后根据择定者或者中标者提供的公共服务的数量和质量来支付服务费用。政府把部分公共领域服务委托给具有资质的社会组织完成，社会力量开始成为公共服务的主体，政府购买公共服务要按照一定标准评估社会组织生产服务的质量和数量，对服务质量达到其标准的支付费用，未达到标准的给予辞退。总的来说，这是一种由政府出资购买、由社会组织直接提供、合同管理、评估兑现的新型公共服务供给模式。

一般来讲，政府购买公共服务绩效评估的

流程主要包括以下几个方面：第一，运用相关技术确定评估的指标。第二，确定绩效标准。绩效标准即是区分和明确每个评估项目上不同绩效等级的具体绩效要求，也是衡量评估项目和指标的量和质的尺度。第三，制定绩效评估方案。第四，绩效评估方案的实施。第五，评估结果的运用。第六，对绩效评估结果的反馈。要想提高政府购买公共服务的绩效，就必须将购买的流程标准化，这样才能从每一环节上找到具体的评估方式，对于偏离标准的部分也才能有比较的样本，有利于各个环节的监督与评估。

第四部分

案　例　篇

第 8 章

政府购买公共服务的案例

政府购买公共服务作为政府提供公共服务的新理念、新机制和新方法，已经在西方国家得到广泛推行。我国自 1995 年上海市浦东新区社会发展局向民办非企业单位“罗山市民会馆”购买公共服务以来，政府向社会组织购买公共服务的探索和发展也已经走过了 20 年的历程。目前，我国的政府购买公共服务已经在上海市、河北省、北京市、天津市、浙江省、江苏省等地得到了大范围的试点，在推行过程中取得明显的社会效果的同时也遇到了很多问题和困境。为了更好地为政府购买公共服务提供政策支持及促进公共服务的有效供给，本章选取具有代表性的两个案例来进行分析。由于上海不仅是我国政府购买公共服务的发源地，而且也在全国具有发达的经济能力，其开展的政府购买公共服务既有上海市政府购买公共服务的独特性，又不失政府购买公共服务的一般性。在具体地区选择方面，选择上海长宁区政府购买公共服务的实践为代表，因为长宁区虽然不是上海最早开展政府购买公共服务的地方，但是长宁区近几年在政府购买公共服务方面不仅在制度方面规范了政府购买公共服务的程序，如为转变政府职能，进一步加强政府向社会组织购买公共服务工作的制度建设，依据《国务院办公厅关于政府向社会购买公共服务的指导意见》、《中华人民共和国采购法》，制定并下发了《长宁区政府购买公共服务暂行办法》。而且还进一步建立健全了政府向社会组织购买公共服务的机制，规范了政府购买公共服务的行为，积极培育第三方社会组织，强化项目的招投标、评标和绩效评估，把政府向社会组织购买公共服务纳入到法制化、规范化、专业化、职业化、标准化建设的轨道，特别是在确定社会对公共服务项目的需求环节，规定要广泛征求社会公众的意见，在评估验收时，邀请服务对象参与并出具意见，最终评估结果向社会公告。这些举措加强了对政府向社会组织购买公共服务项目的监督管理，确保了财政资金使用的安全有效，并且以有限的资金获取最大的社会效益，提升了服务对象的满意度。现将上海市长宁区向上海市X社工师事务所购买的“让心灵充满阳光——居民心理健康教育项目”和向上海市Y爱心社工服务中心购买的“绿色家园——基本公共服务项目”的案例实施情况进行详细阐述。

8.1 让心灵充满阳光——居民心理健康教育项目

8.1.1 项目概况

8.1.1.1 购买动机

上海市长宁区甲镇位于长宁区西部，设33个居委会，居民36908户，户籍人口88913人，该镇是2011—2014年度国家卫生镇之一，也是上海市文明社区。随着社会的发展，该区居民心理压力大的情况日益突出，社区内因心理问题引发的纠纷、案件、事故等事件逐渐增加，不同层次人群产生了不同程度的生活焦虑，其中白领人士因职场竞争等因素产生了一定程度的心理焦虑，青年人因婚恋烦恼、中年人因情感困惑、老年人因孤独丧偶等原因也产生了不同程度的心理焦虑，这已经成为甲镇目前比较突出的社会问题，为此甲镇政府希望建立一套社区心理服务工作的标准体系，可以对社区的心理健康工作进行评估、分析，使得相关机构预防、干预居民各类心理问题的工作更加规范化、标准化，并对上海市社区心理服务工作的建设和发展起到指导性和前瞻性作用。甲镇开展了普及心理学知识活动，旨在提高居民的心理素质。为实现这一目的，甲镇政府决定实施政府购买心理教育服务，在2014年10月甲镇政府发出了购买“让心灵充满阳光——甲镇居民心理健康教育及辅导项目”的招标函。旨在为甲镇社区居民开展系列心理知识讲座、团体心理辅导、小组心理辅导及个案危机干预等心理援助服务。

8.1.1.2 购买内容

通过实地调查发现：（1）甲镇老年人群希望得到更加实用且操作性强的服务。（2）随着青年人群毕业即待业的人口越来越多，“啃老”现象在甲镇日益严重，已经严重影响到老年人的养老环境和状态。（3）该镇社区政府还没有建立一套应对居民因心理因素引起的一系列纠纷和事故的联动危机干预机制。这表明甲镇对心理健康教育服务的要求日益迫切，为此该项目的购买内容是向该镇社区居民提供系列心理知识讲座、团体心理辅导、小组心理辅导及个案危机干预等心理援助服务。

8.1.1.3 购买方式

项目的购买方式是竞争性购买，在上海公益招投标上进行公开招标，中标单位为上海X社工师事务所。

8.1.1.4 项目承接主体概况

上海市X社工师事务所是2013年2月成

立的由上海市从事社会工作和社会学专业教学、理论研究的工作者和实际工作者自愿组成的地方性的民办非企业的非赢利性社会组织，该事务所的注册资本是 5 万元，业务主管单位是长宁市民政局，登记管理部门是长宁区社会团体管理局。事务所采取理事会领导下的主任负责制，理事会是本单位的权力机构，理事会由 5 名成员构成，理事长 1 人，且理事长为法人代表。事务所有全职专业社工 2 名，兼职专业社工 30 名，全职专业心理咨询师 3 名，兼职心理咨询师 30 名，另有持有心理咨询师职业资格证书或社会工作者职业证书的志愿者数十名。业务范围为综合性或优抚安置、减灾救灾、社会救助、社区服务、社会福利、慈善公益等类型的社会服务活动，主要包括为老人、父女、少儿等群体提供社会工作专业化公益服务，提供专业督导等公益服务。

8.1.1.5　项目目标

该项目的目标主要有四点：（1）增强居民对心理学知识的了解，提高居民对自我心理问题的自我觉察、自我调整的能力。（2）及时发现、分析、诊断、处理社区居民的心理问题，促进居民心理素质的成长与发现。（3）使得社区居民能有效地调整自我情绪，降低焦虑、抑郁和恐惧等不良情绪的发生概率，减少家庭、社区由心理问题而引发的纠纷、案件、事故，有效预防各类心理疾病和危机的发生。（4）建立一套社区心理服务工作的标准体系，对社区的心理工作进行评估、分析，并规范相关部门的工作。

8.1.2　项目运营情况

8.1.2.1　项目宣传

根据项目的总体计划，2015 年 1—12 月在项目的前、中、后三个阶段策划不同主题不同形式的 4 次宣传活动，向各个区委、街道两新组织、社区学校、社区活动中心等宣传本项目，宣传政府有社区和谐的扶持政策和投入力度，扩大此次项目的社会影响力、公众知晓率，扩大项目的社会效益。具体而言，此次宣传的主要步骤为：

（1）在项目开始阶段：通过印发海报、单页等形式向各区委、街道两新组织、社区学校、社区活动中心等宣传此次活动的背景、目标和具体实施过程等，扩大项目的知晓度，促使更多的目标群体参与到项目中来。

（2）项目实施阶段：借助《新民晚报》、《新闻晚报》等媒体采访大型活动，对项目过程跟踪报道，宣传居委、街道两新组织、社区学校、社区活动中心等宣传项目的进展情况以及项目实施中的优秀案例、事迹等，宣传政府有关社区居民身心健康方面的扶持政策和投入力度。

（3）运用电视、微博、网站等网络媒体方式，继续了解社区居民的身心健康需求，并收集相关建议，以求更多社会资源，以便进一步完善项目的实施。

（4）举办心理健康活动，扩大此次项目的社会影响力、公众知晓率，扩大社会对心理健康的关注，为下一步工作打下基础。

另外，为了促进项目的实施，招募 20 名项目志愿者，并在 2015 年 1—3 月开展针对性的培训，储备和培养人力资源。对志愿者进行专题培训的内容包括社区政策培训、专业技能培训、项目管理培训。通过培训，让志愿者了解心理健康服务的基本理念和技能，在项目实施中，建立志愿者督导与评估机制，激励志愿者积极配合社区心理咨询和督导工作。

通过以上的宣传活动，传播健康理念，倡导公益服务，提高了社区居民的身心健康，提升生命质量。同时扩大项目的知晓范围，动员了更多的社会力量关注居民身心健康，使社区居民能够得到形式多样、内容丰富的心理服务，让社区居民在健康、精神慰藉方面得到专业、系统学习，促进社区居民身心健康，也使得社区居民能够准确及时地了解政策动向，让社区居民积极主动地参与到该项目中，进一步推动了社区心理健康教育工作。

8.1.2.2 项目实施

1. 个案咨询与危机干预服务

由专业的心理咨询师或社工为有心理问题的对象提供个别的心理辅导服务，发现并有效解决社区居民的心理危机，该项活动主要由社工或心理咨询师提供帮助。社工在开展个案心理辅导过程中，若遇到较为严重的问题，有必要时，可转给心理咨询师或专业精神卫生机构。对于特定的群体，在项目实施过程中，在初期、中期与终期，各完成一次心理测评，开展个性化干预与对比分析。

具体而言，在 2015 年 3—11 月从三个方面开展个案咨询与危机干预服务：

（1）个案筛查：由专业社工和心理咨询师带领并指导志愿者对项目所服务的社区居民做初步的成长需求评估与筛查，调查服务对象并了解其最需要解决的问题和迫切的需求，走访并了解服务对象的家庭状况、居委会及其他相关的社会支持系统，从侧面了解、评估服务对象的需求。

（2）制定个别服务计划：根据筛选结果个别化的工作原则，制订并研讨个案服务计划，报项目负责人对其进行督导评估，针对重点的个案，做好前、中、后的心理测评与对比分析。

（3）建立心理健康咨询工作室，实施个案服务：针对社区居民的实际情况及需求，为他们提供相应的服务，帮助他们正确认识自己、解决心理困惑、发掘自己的潜能，帮助他们利用自己的潜能提升自己解决问题的能力。

（4）开展危机干预服务，通过服务对象家庭、居委会及其他社会支持系统，为服务对象建立有效的支持和监督网络系统，促使社区居民形成良好的人际互动，以便达到更好的效果。

通过个案咨询与危机干预服务，关心社区居民心理健康，鼓励并支持其调整自身心理，宣泄不良情绪，积极面对生活，实现身心健康。同时提升社区居民自我认知和情绪控制能力、分辨是非能力和抗逆能力，促进社区居民了解自我、认识社会，形成健康的价值观和人生观，减少家庭、社区由心理问题而引发的纠纷、案件、事故，有效地预防各类心理疾病和危机的发生。

2. 小组心理辅导与沙龙

为让社区居民释放心情、调整心态，提高生活质量，除了开展个案心理健康服务外，还在 2015 年 3—11 月定期开展小组心理服务。首先组织一名社工和 2 名志愿者筛选不同的小组群体；其次根据小组群体的特点制定针对性的小组活动计划；然后开展小组性的心理康复与辅导活动。

通过小组心理辅导，减轻了社区居民的心理压力，提高了社区居民的交际面、个人修养、生活满意度和社区融入度，增强了社区居民的归属感。

3. 团体心理辅导

除了个案和小组心理辅导外，本项目还定期召集社区青少年、社区矫治人员、两新组织员工及社区工作者开展团体心理服务，把心理健康与心理教育引入到家庭、社区与组织，帮助家庭成员、组织成员、社区成员改善沟通、增加支持，促进人际关系和谐。在实施内容上分青少年心理团康活动、老年人团康活动、社区工作人员心理拓展活动。

4. 心理健康讲座

2015 年 2—11 月，“让心灵充满阳光——居民心理健康教育服务项目”进入社区开展了大型身心健康专题讲座。针对社区居民身心健康的特点，邀请身心健康专家定期进入社区开展以如何通过身体来读懂自己的情绪、如何简单有效地为自己诊断、如何进行自我保健为主题的大型心理健康讲座。具体分老年人身心健康专题讲座、街道白领员工心理健康讲座、社区工作者专题讲座、青少年心理健康专题讲座。

在老年人身心健康专题讲座方面，主要宗旨是提升老年人晚年的生活质量与幸福指数。

通过对不同阶段老年人的心理特点进行解读，让更多的老年人意识到自身的心理特点，能更有针对性地进行自我调节，从而达到心理平衡与健康。针对老年人如何面对孤独丧偶以及晚年情感生活的心理问题，通过讲解让老年人调整生活的状态，并就老人晚年的情感慰藉和老人的权益保障作出详细的讲解，帮助老年人提供如何安排身后事的心理咨询服务。另外，为了能够让老年人安享晚年，鼓励老年人走出家庭，走出房间，融入社区，投身到社区公益项目的活动中，还通过培训让老年人更加科学地进行养生保健。最后，针对老年人日常生活常见的法律问题及案例，结合老年人的消费心理，通过讲解来让老年人了解如何维护自己的合法权益。

在开展对街道白领员工心理健康教育方面，主要从白领人士的压力管理与情绪调节、白领人士在职场的沟通技巧与人际关系、白领人士的情感生活、白领人士的亲情关系这几个方面来展开。首先，针对白领人士的压力管理与情绪调节，通过讲座，帮助白领人士学会压力管理和情绪调节，为自己的身心健康提供有效的保障。针对社区内白领人士大都是 80、90 后的特点，通过心理学的沟通技巧，特别是“交互沟通分析”，给白领人士一个全新的关于人际沟通的实用方法。其次，在白领人士面对日益激烈的职场竞争压力，情绪上受到很大的影响，以至于在个人情感生活方面也有很大压力，一些白领人士的恋爱和婚姻状态产生了问题，针对这些问题，通过培训帮助白领更好地应对情感和婚姻中产生的问题。另外，白领人士婚后有了孩子，由于工作压力和育儿经验不足，加上自身成长过程中，父母包办了很多事情，因此在育儿方面产生了困扰，通过培训让白领人士了解更多的育儿知识，同时帮助大家选择适合自身家庭特点的亲子教育方法，使大家可以更好地工作。

在应对社区工作者的心理健康教育方面，主要从社区工作者的社会理念与方法、社区工作者的情绪调节和压力管理、社区工作者的日常工作中的沟通技巧三个方面来开展。首先，培训基层工作者与时俱进的社会工作理念和方法，让社区工作者能够掌握社会工作的三个基本工作方法——个案、小组、社区。其次，社区工作者作为政府各个条线的最终工作的落实点，承担了很大很烦琐的工作，涉及社区治理、为老助残、拥军优属各个方面，这些工作给社区工作者带来了前所未有的压力，通过培训让社区工作者学会心理调适的理念和方法，让大家都能保持一种健康的心理和良好的心态来迎接社区工作。另外，社区工作者经常会和不同个性的社区居民进行沟通，特别是处理日常的居民邻里问题，沟通技巧显得尤为重要，为此通过讲座培训讲述日常的沟通技巧，帮助社区工作者更加得心应手地处理社区内各种事务纠纷。

在应对青少年的心理问题方面，主要根据青少年的身心健康发展特点对其开展行为训练，尤其对于青少年遇到中高考问题，给予适度的心理引导，培养其正确的生活学习理念。另外还对青少年开展“祖辈课堂”系列教育，通过正面培训和正面引导，传播健康的生活学习心态。

8.1.2.3 项目质量监督管理

项目实施中，为确保项目的质量，甲镇政府相关管理部门制定了严格的项目执行标准，对项目的服务质量进行严格管理。标准要求首先建立层级管理制度，落实岗位责任，实行项目负责人制度。由项目的第一责任人向甲镇政府负责人定期汇报项目的进展工作，同时接受项目内部和需求方的双重监督。其次，对项目进行定期督导，规定由项目负责人对一线专业社工的工作进行指导，对一线专业社工的工作进行监督、授权与协调，并培训一线专业社工所需的专业知识，督导其与项目负责人沟通，规定其向理事会和专家组汇报工作。另外，规定项目承接主体要建立健全监督机制，构建起内部监督、外部监督和评估监督体系。

根据这些要求，项目承接主体首先建立了严格的层级管理制度、完善的内外部监督体制、项目自查制度。在层级管理制度方面，建立起项目负责人——项目督导——行政人员——项目小组协调人员——一线社工和工作人员为一体的层级管理体系（见图 8.1）。

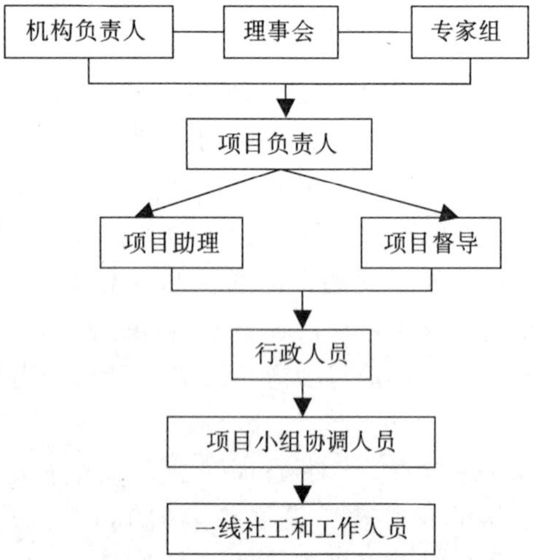

图 8.1　项目单位层级管理体系

其中，项目负责人主要负责项目的总协调和总联络，对项目负全部责任，项目督导负责和项目负责人一起对项目的实施进行监督，行政人员在项目负责人的管理下主要负责督导小组协调人员的工作，协调小组人员负责项目所在社区的服务实施与管理，一线社工和工作人员主要处理服务对象和志愿者之间的各种问题，向项目小组协调人员负责汇报。

其次，针对构建健全的监督体系，主要采取三方面的措施。第一，进一步强化目标责任制，建立激励机制，完善情况通报制度，建立常态、动态相结合的考评考核机制，完善培训、跟踪服务等管理预警和信息报告制度。第二，规定项目进程接受项目经理的指导和管理，以及甲镇政府管理部门的监测，设立项目例会，邀请社工、志愿者直接与项目主管及项目组成成员对话，并提出自己的建议或意见。第三，规定项目接受外部的监督，如有任何建议或意见均可致电、电邮或传真至项目组，由机构负责人分转给项目主管进行管理。

另外，项目实施单位在实施项目的不同阶段构建了规范化的自查制度。第一，在项目启动前期，根据项目内容，制定项目执行的整体规划方案；第二，在项目实施的第一个月，开展服务需求调查，并根据服务对象的需求，及时调整服务内容和方式，增强服务的新规的针对性；第三，在项目中期，通过上门走访、调查问卷的形式，了解项目的基本成效，梳理工作中存在的问题，进一步完善项目内容，提高项目执行质量；第四，在项目结束前，组织召开部分受益人座谈会、志愿者座谈会，全面听取意见，并按照项目要求，做好项目质量的自检。

8.1.2.4　项目资金管理

甲镇政府购买公共服务管理部门为了充分发挥政府购买公共服务资金使用的效率，强化对项目承接主体的资金管理，实施专项资金管理，落实专职的财会人员，经费的支出需要经过经办人、项目负责人、机构负责人签字。为此，上海 X 社工师事务所也通过建立规范的财务流程来强化财务管理，建立专项资金经费支出制度，规范台账，按照甲镇政府购买公共服务管理部门的资金预算开展项目。

8.1.2.5　项目风险管理

针对项目实施中的预期风险，上海 X 社工师事务所对潜在的风险设置了相应的解决方案，这些潜在的风险包括伦理风险、资金风险、人员培训风险、安全风险。伦理风险主要涉及服务对象的隐私和尊重个人决定的问题；资金风险主要涉及经费使用不合理，影响项目正常进行，由于不可控原因所致的项目金额超标；人员培训风险主要涉及在项目的开展过程中可能提供培训内容与对象的需求有差别；安全风险主要指服务对象的人身安全问题。伦理风险的应对方案是遵守社工“保密原则”等伦理原则；资金风险的应对方案是合理使用项目经费，严格执行项目实施计划与方案，如果项目实施金额超出投标金额，超出部分资金由实施组织自行承担；人员培训风险的应对方案是根据实际情况及反馈意见，及时进行调整，完善培训课程内容；安全风险的应对方案是制定周密的专业活动计划，落实规范的工作流程，实施安全责任制。

8.1.2.5　项目成果评估

甲镇政府购买公共服务管理部门对上海 X 社工师事务所的实施结果进行评估，上海 X 社工师事务所自身也对项目实施过程进行机构自评，在项目的实施终期撰写项目评估报告，不仅对服务对象而且也对工作人员进行评估，评估报告采用问卷调查、个别访谈、平分表等形式来完成。在项目实施中，对每次活动都进行评估小结，评估对象的改变、参与、动力和效果等情况，全面深入地评估项目实施前和实施后服务对象接受服务后的改变和成长情况。

8.1.2.6　项目社会效益

项目通过传播健康理念，动员更多的社区居民关注身心健康，使居民能够得到形式多样、内容丰富的心理服务，不仅让社区居民在健康、精神慰藉方面得到了专业、系统的学习，而且让社区居民减轻了心理压力，提高了交际面和个人素养；同时通过宣传和政策解读，也有效地提高了社区青少年、白领人士、老年人的心理健康，促进了社区健康行为的积极发展。另外，项目也得到了社会认可，《新民晚报》、《新闻晚报》、《长宁时报》、社区报等媒体对项目的实施进行了跟踪报道，对项目实施的成果给予了一致好评。

专栏 8.1　　让心灵充满阳光——居民心理健康教育项目服务要求

序号	服务项目	服务要求
1	项目宣传	定期开展项目宣传，传播服务理念，提升项目的知晓度，项目周期内不少于 4 次
2	志愿者招募与培训	招募 20 名志愿者，并开展针对性的培训，储备和培养项目人力资源，项目周期内部不少于 4 次培训，共计不少于 80 人次
3	个案咨询与危机干预服务	由专业的心理咨询师或社工为有心理问题的对象提供个别的心理服务，项目周期内部不少于 2000 人
4	小组心理辅导	定期开展小组与主题沙龙，项目周期内开展不少于 10 次，平均每次不少于 15 人参与
5	团体心理辅导	定期召集社区青少年、社区矫治人员、两新组织员工及社区工作者开展全体健康活动，项目周期内不少于 8 次，每次不少于 30 人
6	心理健康讲座	定期走入社区开展大型身心健康专题讲座，项目周期内不少于 28 次，平均每次参与人数不少于 50 人

8.1.3　项目启示

8.1.3.1　政府购买公共服务有效提高了公共服务供给的活力

心理健康教育服务是一种比较专业的服务，紧靠政府自身来提供的难度比较大，上海甲镇政府通过购买心理健康教育服务的方式来供给该项服务不仅有效提高了公共服务供给的质量，而且也有效提升了政府购买公共服务的活力。案例中中标单位在项目实施中根据服务对象的需求和特点提供了不同形式的心理健康教育服务，自身通过项目宣传、项目监管、质量管理和项目成果评估，使得其服务得到了社区居民和政府的认可，有力地推动了甲镇政府购买公共服务的实践，是甲镇政府探索向社会组织购买公益性服务的成功案例。这表明政府向社会购买服务是增强公共服务供给质量和活力的有效方式，尤其是公益性服务的供给，政府通过购买的方式，可以有机地将公益性和经营性结合在一起，增强了服务供给的专业化和市场化水平。

8.1.3.2 独立竞争性购买模式使政府购买公共服务更加标准化

该项目是通过独立竞争性的购买方式来购买，具体而言采用招投标的方式在上海公益招投标网站进行公开招标，经过开标后确认承接主体为上海市 X 社工师事务所。从项目的实施过程和实施结果来看，这种独立竞争性的购买方式使得甲镇政府购买心理健康教育项目更具标准化。首先是承接主体服务人员的专业化，上海 X 社工师事务所是由上海市知名的社会工作专家、心理咨询专家来领衔，所有的团队工作人员均持有专业资质证书，部分服务人员还拥有国家高级社会工作者和二级心理咨询师证书，且具有丰富的项目管理和实施经验；其次，在实务操作方面，上海市 X 社工师事务所自成立以来参与了十多项市区两级的公益服务类项目。另外，在项目的实施中，上海市 X 社工师事务所首先宣传心理健康教育的重要性和服务内容；其次通过个案心理咨询辅导、小组团体心理健康教育、大型心理健康讲座等方式将心理健康的理念和调适方法传播到更多的群体，为避免项目的潜在风险，设计了不同的应对方案，实施中为保证项目服务质量对项目服务质量进行监控，并对项目的成果实施自评，这些措施使得该项目的服务更加专业化和标准化。

8.1.3.3 政府购买公共服务需要政府和承接主体的良好互动

该项目虽然是政府实施购买服务的成功案例，但是该项目的实施缺少政府和承接主体的良好互动。主要体现在政府缺乏对承接主体服务质量的有效监督，仅在招投标环节对服务的内容和标准进行了说明，在项目具体实施中缺少对项目承接主体的中期考核等要求，也没有对政府如何行使监管权制定明细规定，更没有明确规定政府购买心理健康服务的具体技术标准，这使得承接主体在实施项目中缺少具体的参照标准，从而增加了政府购买公共服务的风险。尽管本项目承接主体比较尽责地完成了招标文件的要求，但是若政府在购买服务后缺少相应的中期考核监督机制，将会使得政府购买公共服务的意义形同虚设，一方面实施政府购买公共服务后，政府和公共服务承接主体是独立的主体，尤其在独立竞争性购买模式中，政府更需要加强与公共服务承接主体之间的有效互动，共同确保公共服务的供给质量。具体而言，一方面可以定期对服务承接主体的工作进行抽查；另一方面，依靠专业的第三方监管机构，对服务承接主体的服务质量进行监管，增加政府购买公共服务监督的专业性和针对性。

有效的监督管理是保证社会组织健康有序发展的关键，面对项目监督和管理行为的非程序化与非制度化，政府应该对服务项目实行动态的管理和监督。一方面，监督对象不仅是社会组织，还应包括政府的相关部门；另一方面，监督环节不仅要在项目实施中进行，还要在服务项目的申请、评审、立项、招标、订约、实施、调整、结项、评估、反馈等一系列环节都要有动态的管理办法和相应的监督部门。在实践过程中，首先，要建立长效监督机制，而不能停留在随意的考察和不定期汇报上。其次，要加强监管的客观性和专业性，通过第三方机构对项目运行问题的发现与协调，给予社会组织全方位的管理与支持。此外，政府应加强社会大众的公共意识教育，引导大众关注政府部门和社会组织的发展，并加强媒体与大众的互动，以形成有效的社会监督机制。总之，只有构建动态化的监督和管理体制，才能进一步确保项目资金使用效率，改善公共服务质量，健全公共服务供给体系，从而推动社会管理体制机制创新。

8.1.4.4　政府购买公共服务需拓宽购买领域并扩大社会效应

甲镇政府购买心理健康教育的实践证实政府向社会购买公共服务不仅提高了公共服务的质量，而且也增强了政府财政资金使用的效率。因此为促进社会公共服务整体质量的提高，需要进一步拓宽政府购买公共服务的购买领域并扩大其社会效应。尤其在提供社区公共服务方面，政府需要进一步拓宽购买领域，加大对扶老助残、就业创业帮扶、社区“一老一少”照护、社区矫正帮教等方面的服务购买，因为社区的公共服务质量不仅关系到社区的和谐发展，也关系到社会的稳定发展。这点也已经得到全国各地的认同，正在逐步推广。如上海浦东每年出资购买专家工作室，免费为群众提供矛盾调解、法律咨询等服务。深圳通过向民间社工机构购买社工服务，提高社工服务质量，并对社工岗位进行公开招投标，使其更加规范和透明。辽宁省大连市以购买服务的方式对社区卫生服务机构按规定开展的公共卫生服务项目予以补助，同时加强社区卫生服务队伍建设等。

8.1.4.5　政府购买公共服务需构筑合理的绩效评估机制

甲镇政府购买心理健康教育服务本质上是一种契约服务，由政府与社会组织通过招标竞标、签订合同、明确职责、提供服务等一系列环节构成。为给社区居民提供专业的心理健康教育服务，甲镇政府通过招投标的形式向社会购买心理健康教育服务，并取得了良好的社会效果。这表明要实现真正意义上的购买服务，首先要完善相应的法律规章，在购买过程中严格按照相关法律要求，采用公开招标的程序，保障参与竞标的公共服务提供者平等竞争，以确保购买活动环节的程序公平，实现政府与社会组织之间平等的合作关系。其次，建立透明的绩效评估机制，确保购买双方权责一致。合理的绩效评估机制是检验政府购买心理健康教育服务是否达到政府初衷的重要手段，也是检验政府是否实现职能转变、提高效率、改善老年人生活状况的必要方式。作为购买服务的双方，只有做到权责一致，才能使合作关系得以维系，实现共同目标。

在项目评估方面，引入第三方评估机制的方法以促进评估结果的客观与准确，但由于购买服务项目领域广、类型多，往往不能针对某些服务项目的特点建立相应的具有专业性、科学性和合理性的评估指标和绩效考核标准。比如近年来一直负责评估工作的第三方机构，负责数十家社会组织的评估工作，并且服务项目的领域和内容都不尽相同，为了工作进度，这些评估机构往往只能通过一些普适的标准进行考察，比如活动是否如期安排、是否达到数量、次数等，这样难免造成评估结果的不合理。

科学的评估结果才是调整政府购买服务的预算和选择政府购买服务承接主体的重要参考依据。为了准确评价各领域、各类型的项目绩效，解决当前项目评估体系较为粗放的问题，构建综合性评估机制势在必行。一方面，综合性评估体系首先要具有广泛的评估主体。只有综合购买方、第三方评估机构和服务对象的意见，才能对项目的运行和成效形成科学和全面的评价。尤其在教育、行为矫正等个人服务项目中，由于项目成果主要以书面和影像的方式呈现，且绩效难以量化，此时服务对象的满意度调查就至关重要。另一方面，评估的综合性还要求评估内容和方法上的系统化。评估方案内容应包括目标任务、基本方法、进度安排、人员安排、经费预算、风险控制等，能够针对不同项目的具体情况做相应调整。在评估方法上，不应拘泥于组织的日常工作记录、报告和各类管理制度档案等文本，还应在社会组织具体服务过程中进行现场考察，与服务对象、项目负责人及时沟通，加紧完善各领域、各类型项目的科学评价标准和体系。评估结束后，应对项目承接方的问题进行反馈与分析，引导和帮助社会力量提高公共服务项目的承接能力，使其充分发挥在公共服务供给中的积极作用，从而促进地区公共服务供给体系的逐步完善与多元发展。

8.1.4.6 政府购买公共服务需转变方式并建立良好的制度激励机制

社会组织在社区这个特定地域性的范围里担当起了社区居民和政府沟通的桥梁，具有团结民众、组织群众、服务民众的作用。为此，政府应采用多种途径解决社会组织活动经费问题，为社会组织发展壮大和发挥作用提供财力支持。首先，在公共财政框架中，政府应设立购买服务和其他资助的公共财政会计科目，每年从各级财政预算中拨出一定比例的资金专门用于对社会组织创业初期的扶持和向社会组织购买服务、提供资助和贷款贴息等。其次，支持社会组织参与政府购买公共服务事项的公开招标，鼓励社会组织承接社区医疗卫生、社区服务、公益事业、慈善活动和法律救助等与社会发展和居民日常生活密切相关的服务事项。并根据社会组织所提供的服务数量、质量和规模等，按照相关的标准进行评估，对达到评估标准的足额支付相应的服务费用并予以适当的奖励。最后，鼓励民间资本参与公共服务。政府除了以投标方式面向社会购买服务，或以资助、补贴方式支持公益组织承担公共服务外，还可选择若干领域向民间资本敞开大门，吸引民间资本参与到社会服务中。这样既能减轻政府负担，又能发挥社会组织和民间资本的作用，还能提供大量的就业岗位。

由于各类型、各领域的服务项目的具体运行机制不尽相同，诸如教育、社工等以服务个人为主的项目，需要得到长期、持续的制度激励，才能达到最优效果。因此，政府在引导社会组织根据方向选择具体申报项目时，不仅要强调创新性，还要结合服务领域和服务对象的实际要求。对社会需求较大、项目成效较好以及长远价值较高的项目，政府部门应允许重复申报，逐渐建立品牌性激励项目。总之，政府应逐渐完善购买项目的激励机制，提高公共服务的供给水平，使更多民众得到切实的关怀和利益。

8.2 绿色家园——基本公共服务项目

8.2.1 项目概况

8.2.1.1 购买动机

现代社会低碳生活和绿色发展的呼声越来越高，发展低碳经济、实施绿色新政已成为城市发展的潮流。从居民环境需求来看，随着经济社会发展和生活水平的不断提高，居民对周边环境的变化越来越敏感，对改善生态环境的诉求越来越多，主动参与环境保护的意识越来越强，环保工作的任务将更加艰巨，难度越来越大。因此，强调全社会共同参与将成为环境保护的重要途径。经过几年全国文明城区的创建活动，上海市B区已经成功创建文明城区，居民对垃圾分类意识虽然有了很大的提高，但是在日常的对垃圾分类的概念和执行力上还存在欠缺，建成最适合居住、最适合投资的生态城区压力还很大。（1）居民对生活垃圾分类观念、意识，及其原因、重要性有待进一步提高。受城市化推进过程的影响，生活小区的垃圾分类硬件（垃圾分类桶、箱等）尚未全覆盖，居民对生活垃圾分类的性质、种类概念模糊。居民对周边环境的变化越来越敏感，对改善生态环境的诉求越来越多。但居民对生活垃圾分类的原因、重要性的认识还不明确，公众未成为环境保护的真正参与者。（2）从政府单一的执行行政命令转变公众参与垃圾分类的思路有待进一步加强。从大环保的角度考虑，从全面、协调、可持续发展的理念出发，把环境保护单纯依靠政府行政命令来执行，转变为公众参与来解决环境问题，全社会的共同参与下，垃圾分类成为一种公众文化的管理模式未能实现。（3）环境质量有待进一步改善。白色垃圾扰民依然存在，环境质量离老百姓的期望还有差距。因此 2013 年 9 月上海市 B 区政府决定向社会购买"绿色家园——基本公共服务"项目。

8.2.1.2　购买内容

通过了解发现社区里公众参与环保的意识不是很强，因此该项目的主要购买内容是提供让公众参与垃圾分类、低碳环保等有助于构建绿色家园的基本服务。

8.2.1.3　购买方式

购买方式是通过上海公益招投标网进行网上招标，然后选择符合要求的中标单位提供绿色家园的服务。

8.2.1.4　项目承接主体概况

上海 Y 爱心社区服务中心成立于 2012 年 12 月，是上海市长宁区社会团体管理局审批成立的民办非企业单位。中心的领导机构根据相关法律及章程产生，并正常运转。理事会是中心的决策机构，中心还成立了监事会，以监督中心的财务运作情况。理事会下设人事部、财务部及项目部。机构健全、管理层次明晰。中心的管理制度健全、完善，本项目的管理制度主要有管理人员工作制度、工作职责、志愿者工作制度、财务制度、档案管理制度及信息披露制度等；中心配备了两名财务人员，每月向长宁区财政局申报营业税，每月都有纳税证明。中心的基本情况：从业人员 10 人，注册资金 10 万元，证书有效期至 2016 年 12 月 10 日。截至目前，中心日常运作正常，财务状况良好，信息公开。为实施绿色家园项目，Y 爱心社区服务中心设有项目经理一名，项目主管人员 4 名，志愿者 100 名，分别负责项目策划、内勤、协调、资源的调配、活动通知、现场活动以及活动报道，人员均具有大专及以上学历，并持有职业资格证书，其中三人具备中级职称。

8.2.1.5　服务目标

上海 B 区购买绿色家园服务的主要目标有三点：

（1）社区居民掌握正确的垃圾分类方法，垃圾分类处理率达到 90%；

（2）社区绿色环境人为破坏率下降，降到 10% 以下；

（3）通过本服务项目，强调全社会共同参与，将公众参与作为垃圾分类、解决环境保护问题、建设绿色家园、实现可持续发展的重要途径，积极倡导人人参与，在公众的参与下，环境保护成为一种公众文化。

8.2.2　项目运营情况

8.2.2.1　项目宣传

上海 Y 爱心社区服务中心自 2013 年 10 月中标 B 区绿色家园项目以来，在中心领导的关心支持以及项目工作人员和志愿者精心组织策划下，一直积极努力地宣传这一项目的重要性和实施意义。2013 年 11 月至 2014 年 10 月，为了让居民对垃圾分类的种类更加明确，有针对性地让居民自觉对垃圾进行分类，改变过去单纯依靠行政命令保护环境的概念。项目组通过室外大型宣传活动——横幅、设摊、DM 单片；社会日常宣传活动——电子屏幕、小喇叭、公共宣传栏、黑板报等，开展多种形式的宣传方式，做到信息畅通，合理引导。其次，为扩大项目影响力，让社区居民充分了解政府倡导低碳环保、垃圾分类、提高环境质量的益处，政府搭建了低碳环保渠道和平台，让更多居民有机会参与到低碳环保上来，通过公益服务，促进主营业务的发展。在2013年11月至2014年10月定期开展社区宣传活动，年度内大于4次。期间共举办大小活动50余次，培训人数400人次，发放垃圾分类宣传资料25000份，垃圾袋8000包，环保袋8000个，宣传用面巾纸3200盒，垃圾钳3000把，发放及回收调查问卷2921份。在全年垃圾分类活动的宣传中，在新闻综合频道新闻坊栏目、上海社会组织网站、《新闻晨报》社区版、Y爱心的微信、《长宁时报》、B区妇联成长家园及管辖小区的电子屏幕、宣传栏等多个平台进行全方位宣传。

8.2.2.2 项目实施

为了运作好这一项目，上海市Y爱心社工中心首先制定了切合实际、操作性强的项目实施方案；其次根据实施方案制订了总体工作计划和阶段性计划，并对各项任务进行拆解细分；然后明确任务分工和时限要求，并按计划分步实施。具体而言，上海Y爱心社工中心在政府购买服务合同约定的期限内（2013年10月18日至2014年10月17日），运用了科学的方法，进行了服务对象追踪、数据统计与分析、流程优化、项目资源回收再利用，主要通过每季度一次社区宣传及每月开展社区宣传日活动，如“啄木鸟在行动”、“绿色找茬——低碳环保互动日”、“变废为宝小组活动”，并在项目结束期末开展了社区“绿色风尚——环保创意大赛”以及“绿色风尚——垃圾分类文艺汇演”等，全方位地开展绿色家园建设活动。

1. 志愿者招募与培训

低碳环保、垃圾分类是最贴近居民生活的公益服务，专业志愿者团队的参与，可以提升项目的社会效益和社会的认同感。为进一步提升志愿者的服务能力，将通过招募和培训建立一支专业的生活服务志愿者总队，并于2013年11月1—15日对其不定期开展培训。培训人数达到规定的400人次，每次培训、服务活动都努力做到普及宣传知识，力争改变服务对象的观念。为了使培训达到预期的效果，提高培训的学习性和趣味性，除了宣传垃圾分类、熟悉小区活动的流程和调查问卷以外，中心还特别设计了垃圾分类游戏环节，并安排观看学习了小品《绿色环保——低碳生活》，用小品来演绎和诠释垃圾分类，做到寓教于乐，丰富了志愿者培训的形式。通过培训，使得每个志愿者总队都有相对应的主营业务，具有较强的沟通能力。

2. “啄木鸟”行动

2013年11月至2014年10月，在仙霞、天山、北新泾、中山公园四个社区开展“透明环保、责任环保”——营造人人爱护环境，人人参与环保的“啄木鸟”行动。一是现场服务对垃圾分类的种类做详细的解释，让居民掌握垃圾分类的种类；二是志愿者行动，监督、指导垃圾分类的种类，现场讲解垃圾分类后对提高环境质量的益处，对垃圾混放的居民做现场纠偏沟通，让居民了解保护环境，低碳生活从自己做起。该活动每月开展一次，共在12个社区开展12次，受益群众达4000人。通过人人参与“啄木鸟”行动，充分整合了社会资源，吸纳热心社会公益事业的社会公众积极参与绿色家园——低碳生活活动。

3. 绿色找茬——低碳环保互动活动

为明确垃圾分类的概念，积极推动人人参与垃圾分类，低碳生活。上海Y爱心社区服务中心于2013年11月至2014年10月在仙霞、天山、北新泾、中山公园社区开展12次绿色找茬——低碳环保互动活动，使居民进一步了解掌握垃圾分类种类；让更多的居民参与明白如何进行垃圾分类，更好地宣传垃圾分类、低碳生活。为进一步扩大项目影响力，该活动还发动社区居民亲手寻找垃圾，并正确找到垃圾分类的种类，强化垃圾分类种类的概念，带动大家一齐“动手分一分”，将“垃圾”分类，加深公众对环保知识的认识。通过此活动，让社区群众认识到低碳环保的重要性，并掌握了垃圾分类的方法，有效地促进了社区环境的改善。

4. 小小巧手——变废为宝活动

为了让孩子们更好地保护地球，增强孩子们的环保意识，举办“变废为宝”创意环保小组活动。本项目还举行了“小小巧手——变废为宝活动”，旨在利用我们最常见的生活垃圾（废瓶子、泡沫、纸板等），让孩子们巧妙利用，进行手工艺创作，同时，在创作过程中领悟“减废”、“回收再利用”的意义。活动于 2013 年 11 月至 2014 年 10 月组织 12 个居民区的青少年开展变废为宝活动，活动将传统工艺和低碳环保有机结合起来，激发了青少年参与环境保护的热情和动力，增强了环境保护的创新性。

5. 绿色风尚——环保创意活动

“啄木鸟”行动的主旨是通过倡导社区居民参与垃圾分类，提高社区居民参与环保的积极性。为进一步推动社区的绿色家园创建，上海 Y 爱心社工服务中心还通过更富有创意的垃圾分类活动，主要有绿色风尚——环保创意大赛、绿色风尚——垃圾分类环保文艺汇演。其中在绿色风尚——环保创意大赛活动中，通过举办环保创意展，以文艺汇演说、教、唱、诗歌朗诵的形式开展大赛，提高社区居民对垃圾分类种类的区别；达到人人参与，使环保走进家庭，环境保护成为一种公众文化。具体实施环节，环保创意设计大赛展旨在激发和培养广大社区居民的环保意识，紧密结合节能减排，围绕低碳经济、低碳生活、低碳科技，培养创新精神和实践动手能力。作品以书法、绘画、剪纸等形式，达到推动低碳生活的科研探索、创意发明设计等的实践活动。在绿色风尚——垃圾分类环保文艺汇演活动中，以文艺汇演说、教、唱、诗歌朗诵、环保小知识等形式举办文艺汇演，根据日常生活中居民对垃圾分类的认识为作品创作源泉，发动居民自编自演，通过环保小知识进行互动，提高社区居民对垃圾分类种类的区别；文艺汇演通过 10 个节目，传递人人参与，环保就在身边的零接触，促进环境保护成为一种公众文化。

8.2.2.3　项目运作

中心制订了项目成员的职位说明及培训方案，通过明确工作内容与工作计划，确保项目工作人员和志愿者都能更好地完成工作。此外，每次培训都会有完整规范的记录。中心对项目资金实行专账管理、专人负责、专款专用、合理安排，不得挪作他用。为了规范项目运行情况，每次活动前，中心都会制订具体的计划方案。活动过程中，工作人员统一印发调查问卷，参加活动的业主均需在调查问卷上签名方有效，现场还发放满意度测评表，征询业主及居委会的意见，针对反馈存在不足或问题进行整改并有完整记录。活动完成后，中心工作人员会快速、全面、真实地记录服务运作和活动情况，并会以图文通讯稿的形式发往上海组织网、公司月讯、《新闻晨报》社区版、微信公众平台及《长宁时报》等新闻媒体广泛推广。在项目实施过程中，中心广泛收集和采纳服务对象、社区各方面及相关部门的意见建议，按月提供有关数据报表并上报项目进展情况，自觉接受有关部门和社会各界的监督，积极配合做好评估和绩效考评工作。中心还及时收集、整理各项活动资料，确保整个项目从方案制订到实施完毕全过程资料的完整齐备，并分类装订，做到清晰明了、方便查阅。

8.2.2.4　项目质量管理

在项目实施中，服务购买部门为保证项目质量，按照《B 区政府购买公共服务暂行办法》，主要从自我评估、工作制度、财务制度这几个方面对服务的执行标准和要求进行了严格规定，在这些文件要求下上海 Y 爱心社工服务中心为完成项目，也在项目实施中实行了严格的质量管理，在构建自我评估体系、工作制度、财务制度方面对项目的服务质量进行了管理。在构建自我评估体系方面，主要通过：（1）结对活动每月听取服务对象反馈意见；（2）每月工作人员对项目开展情况、进程、年目标达成自评一次；（3）对每项主题活动进行过程与结果评估；（4）项目结束对过程、结果、目标达成、影响力可持续性进行评估。在工作制度方面，主要实行工作例会制度和考勤制度，每月召开工作例会，工作例会由项目负责人主持召开，主要布置当前工作，通报有关工作，并要求工作人员遵守作息时间，请假半天以上需经中心主任批准。在财务制度构建方面，规定财务工作由会计和出纳两人组成；按照国家会计制度的规定记账，数字准确，账目清楚；自觉配合银行做好对账工作；办理会计事项，必须按原始凭证给予受理支付。在项目执行过程中向需求方每月准时递交项目业务活动表和项目完成情况月报表，项目过半后向需求方准时递交项目中期报告；项目结束后向需求方提供台账、项目决算表、项目总结报告等相关数据资料。

8.2.2.5 项目资金管理

中心的财务管理方面做到专款专用。资金使用按照政府购买服务项目资金管理办法、政府采购等有关规定执行。根据《民间非营利组织会计制度》和《会计基础工作规范》进行项目财务核算、账户开立。财务制度健全并规范执行，重大开支、资金拨付必须通过完整的审批程序。同时，还能及时提供会计资料、项目完成及时决算与审计、固定资产及时入账等资料，努力做到项目实际成本小于或等于预期成本。

8.2.2.6 项目风险管理

针对项目实施中的风险，上海 Y 爱心社工服务中心对潜在的风险进行分类，并根据每类风险的特点，设计了不同的应对方案，具体见表 8.1。

表 8.1 项目风险管理指标及应对方案

风险类型	应对方案
资金风险	开设项目资金专款账户，有专门财务人员负责按照项目预算使用资金
技术风险与质量控制	聘请区环保局技术人员开展项目指导和志愿者培训，提升志愿者的服务能力
服务质量问题风险	严格按照项目实施计划执行，每次活动结束做好反思和总结，进一步完善项目实施过程。定期向项目需求方汇报项目进展，召开座谈会听取意见

8.2.2.7 项目评估

项目每次活动中都有满意度测评表，自觉接受居民监督，按月上报项目进展情况及有关数据报表，每季度有自评表、自查表，每半年自觉接受有关部门和社会监督，积极配合做好评估和绩效考评工作，评估的指标见表 8.2。

表 8.2 上海 Y 爱心社工服务中心构建的项目评估指标

项目评估指标	指标预计水平	指标考核信息
社区居民掌握正确的垃圾分类方法	垃圾分类处理率达到 90%	环卫工人访谈记录
社区居民参与环保活动主动性提高	参与率 80%	调查问卷
社区绿色环境人为破坏率下降	降到 10% 以下	现场访谈记录

8.2.2.8 项目社会效益

项目的运行结果最终受社会监督，项目的社会效益最终反映项目实施的质量，长宁市政府向上海 Y 爱心社工服务中心购买的绿色家园——基本公共服务项目的社会效益主要体现在以下几个方面：

1. 服务对象及其家属对所提供服务的满意度

在社区做宣传过程中从满意度测评表上可以看出，居民对项目宣传是满意的，收回满意度测评表 100 份，满意度达 99.5%。居民希望此类宣传继续进行下去，认为这是造福后代的好事情。通过宣传，让社区居民知道了如何进行干湿垃圾的分类，他们也会在日常生活中自觉做好。

2. 服务区域对服务机构提供服务的认可度

上海 Y 爱心社区服务中心收回 25 张社区居委会的满意度测评表，满意度为 100%，居委会对上海 Y 爱心社区服务中心的宣传形式及志愿者的服务态度的认可度很高。

3. 相关职能部门对服务提供机构服务工作整体评价

B 区仙霞新村街道和华阳街道社会组织服务中心两家职能部门对上海 Y 爱心社区服务中心的服务感到非常满意。中期评估中上海 Y 爱心社区服务中心的成绩达到了优，可以看出民政局对服务工作是充分肯定的。

4. 舆论评价

上海新闻综合频道新闻坊两次采纳了上海 Y 爱心社区服务中心的新闻稿，区绿化市容局对上海 Y 爱心社区服务中心进行了专访，并将其刊登在《长宁时报》的专栏版面，让更多的市民朋友能够了解并参与到“绿色家园”活动。

专栏 8.2　绿色家园——基本公共服务项目服务要求

序号	服务细分项目	服务要求
1	社区宣传	让更多居民有机会参与到低碳环保上来，定期开展社区宣传活动，年度内 4 次（每季度 1 次）
2	志愿者招募与培训	为进一步提升志愿者的服务能力，将通过招募和培训建立一支专业的生活服务志愿者总队，并不定期开展培训。招募活动 2 次，培训活动 2 次，招募志愿者 100 人
3	《透明环保、责任环保》——营造人人爱护环境，人人参与环保的“啄木鸟”行动	在仙霞 、天山、北新泾、中山公园四个社区开展《透明环保、责任环保》——营造人人爱护环境，人人参与环保的“啄木鸟”行动。每月 1 次，共计 12 次，受益 12 个居民区，受益人数约 4000 人
4	志愿者表彰	为了充分发挥先进典型的引导、示范和带动作用，推动志愿者队伍壮大发展，推选 30 名同志为“绿色家园——低碳生活先进志愿者”荣誉称号
5	人人参与垃圾分类——辨别垃圾分类绿色找茬活动	志愿者带动大家一齐“动手分一分”，将“垃圾”进行分类，加深大家对环保知识的认识。共开展 12 次（每月 1 次），受益社区为 12 个
6	小小巧手——变废为宝小组活动	利用废报纸，志愿者带着孩子们进行手工剪纸制作，共开展 12 次（每月开展 1 次），受益人群为 12 个社区的青少年
7	绿色风尚——垃圾分类环保创意展	环保创意设计大赛以书法、绘画、剪纸等形式，达到推动低碳生活的科研探索、创意发明设计等有实成果的实践活动。共开展 1 次，受益群体为 12 个社区的居民
8	绿色风尚——垃圾分类环保文艺汇演	发动居民自编自演，通过环保小知识进行互动，提高社区居民对垃圾分类种类的区别；传递人人参与，环保就在身边的零接触，促进环境保护成为一种公众文化。共开展 1 次，举办 10 个节目，受益群体为 12 个社区居民

8.2.3　项目启示

8.2.3.1　政府需要扩大招标的公开性来增加购买的透明度

从目前的招投标程序来看，上海市 B 区政府购买公共服务的招投标程序还需要进一步完善。虽然该项目是通过招投标的方式来进行，但是招标的实质仍然是一种“非公开的竞争性谈判”，这种方式由于缺少公开性，不利于社会的监督，尤其是中标价格是否合理更缺少社会舆论的监督。因此，为增强公共服务的透明度，政府购买公共服务需要进一步扩大公共服务的购买过程的公开性，充分利用网络平台增加招标程序的公开透明化。这不仅可以进一步督促政府和公共服务承接主体更好地提供公共服务，而且也可以让更多的社会公众参与到政府购买公共服务的过程中，有助于政府购买公共服务的规范化和标准化。

多数社会组织申请政府购买服务项目主要是通过该组织的主责单位（即“枢纽型”社会组织或区县社会建设领导小组办公室）进行。社会组织主要是把自己的服务计划体现在《项目申请表》中，而各“枢纽型”社会组织具体负责申报项目的指导、协调和初步筛选。在实际运作中，同一个“枢纽型”社会组织要联系、负责多个普通社会组织，其运用的资源和能力较为有限，从而导致项目的公开性不够。例如，项目承接方的自身条件、运行情况等信息的公开度经常不够全面，上海X社工师事务所在申报项目时，无论是其“枢纽型”社会组织还是购买方，通常不会全面公开承接主体的设施、人员、治理结构及资产管理等相关情况。虽然在审核项目时会适当参考以往的成绩，但项目能否通过标准，主要在于项目书的撰写而不是承接主体的实际情况。上海X社工师事务所的工作人员表示，他们所能做的就是尽量完善项目申报书，社会对于审核标准和环节并没有一个系统和清晰的了解。此外，在公示环节，社会公众除了知道申报项目的通过情况外，并没有得到关于项目申请失败的原因、建议和相关反馈。总之，在项目审核与公示环节中缺乏应有的信息公开，这在一定程度上影响了社会组织自身的进步与承接项目能力的提升。

8.2.3.2 政府购买公共服务应丰富服务购买的方式

上海市B区购买的社区基本公共服务项目和上海市长宁区甲镇购买的心理健康教育服务都是采用招投标的方式来实施，实践证明这种公共服务的供给方式有效地满足了社会公众对公共服务的需求，然而并不是所有的项目都可以通过招投标的方式来进行的，对于达不到公开招标的条件，但是社会需求比较迫切的公共服务，政府要积极探索多元化的方式来实现对服务的购买，如可以采用邀请招标、竞争性谈判或单一来源购买等方式来推进政府购买公共服务的开展。另外，还需要进一步丰富政府购买公共服务的资金支持方式，除了直接拨款外，还需要发展更多的方式来实现公共服务的购买，如发放优惠券、定额补助等方式，这些方式已经在无锡、北京等地得到试点，并取得良好的社会效果。

8.2.3.3 政府购买公共服务应加大社会公众的参与度

上海市Y爱心社区服务中心在实施B区政府所购买的项目时，之所以取得很好的社会效果，一个重要的原因是吸引更多的社区群众参与到服务供给的过程，根据社区群众的实际需求量身定做社区需要的基本公共服务，得到了社区民众的广泛认同。上海Y爱心社区服务中心在每项服务中，都发动社区群众参与，如人人参与垃圾分类、人人参与环保的“啄木鸟”行动、让居民参与到低碳环保等活动，通过这些活动将环保文化的理念渗透到社区群众的生活中，不仅加强了社区群众对环保的科学认识，而且也有助于社区环境的长期保持。这也证明社会公众参与到政府购买公共服务的过程中不仅可增强政府购买公共服务的活力，而且也有利于政府购买公共服务的可持续发展。

8.2.3.4 政府购买公共服务需进一步支持社会公益行业协会的发展

在该项目实施中，公共服务的承接主体主要按照政府的招标文件和标准来提供公共服务，这种购买方式缺少独立的第三方来对公共服务的质量进行监督和评估，不利于发挥政府购买公共服务的公开透明高效的特质，若要真正实现政府购买公共服务的公开透明，需要建立独立的公益行业协会来行使该职能。尤其是公益行业，其项目的公益性特点不仅决定在实施项目的过程中要尽量实现项目的公开公正，而且也要保证项目经费拨付和使用过程的公开透明，实现此目标仅仅靠政府自身不能同时行使资金拨付和监管的职能，公益行业协会则可以有机实现政府向公益组织购买公益服务的目标。而且，专业独立的公益行业协会还可以更加全面地对公共服务承接主体进行客观合理的评估，从而保障政府购买公共服务质量和效率的提高。

8.2.3.5　政府购买公共服务仍需不断创新并精细化社区服务的内容

在绿色家园的项目中，上海 Y 爱心社工服务中心不仅有效地将社区需要的这些服务进行精细化分类，而且还针对每类服务的特点将实施方案精细化，这使得该项目取得了良好的社会效果。这表明政府在购买公共服务的过程中精细化服务内容可以提高政府购买公共服务的质量，尤其是对于社区服务而言，精细化服务内容更能够提高社区居民的满意度。上海 Y 爱心社工服务中心的这种做法值得政府在更多的服务购买领域广泛推广，而且政府购买公共服务还要在精细化服务内容的基础上形成配套和系列化的服务格局才能更好地促进公共服务供给的多元化。

8.2.3.6　政府需要进一步明确自身责任并树立服务型政府的理念

通过“绿色家园——基本公共服务”项目，可以看出社会组织可以有效提高公共服务供给的质量，获得良好的社会效益和舆论评价，因此，在政府购买公共服务中 ，政府要明确自身责任，积极进行观念的更新，充分认识公共服务购买的巨大优势。一要加快推进政府职能转变。政府购买服务是政府管理体制创新的发展方向。政府不可能大包大揽社会管理和公共服务，必须改革政府投入方式，推行多元化的公共产品供给模式。这既是政府职能转变的需要，也是加快服务型政府建设的要求。二要明确政府的角色职责。政府要从公共服务直接生产者向间接提供者的角色转换，工作重心转移到了解公民公共服务需求、制定公共服务发展规划、确定公共服务标准、加强监督管理等方面。三要确立政府与社会组织平等合作、相互尊重、优势互补的多元共治模式。社会组织是政府的合作伙伴，必须保证社会组织的高度民间化，切忌变相成为政府隶属机构，力求社会组织进一步发展和完善。

上海 Y 爱心社工服务中心作为购买对象的社会组织，是独立的民办非企业单位，其在绿色家园项目中，通过开展不同形式的环境保护活动，有效保护了社区的环境。因此，该项目的经验表明政府购买公共服务应从健全社会组织的内部治理结构和鼓励其参与公共事务管理两个方面着手，提升社会组织的内外治理能力。一方面，政府要以更开放、更宽容的态度来对待社会组织，为社会组织提供公平有序的竞争环境，适度培育引导，加强对于社会组织的社会管理创新，营造关系更融洽、合作更顺畅、服务更满意的良好氛围。政府要加大对于社会组织的扶持力度，鼓励民间资本向社会组织提供捐赠，增强社会组织的内生力，进一步提升社会组织参与购买公共服务的能力。另一方面，社会组织自身要增强自主发展、自我管理能力，大力完善内部结构，增强自身的独立性，改变“依附式发展”的地位，减少对政府的依赖。

附　录

政府购买公共服务大事记

1996 年

上海市浦东新区以罗山市民会馆委托上海基督教青年会管理为契机，打破了以往政府全盘投入和管理的模式，大胆探索政府向社会组织购买公共服务的新模式。此后，上海、广东、江苏、北京、四川、浙江等地纷纷开展了政府向社会组织购买公共服务的试点探索，购买范围逐渐扩大到医疗卫生、教育、计划生育、就业培训和社区服务等诸多领域。

1999 年

深圳开展环卫清扫工作外包项目。

2000 年

上海市卢湾区民政局购买“居家养老服务”和“入住养老服务”。

2003 年

南京市鼓楼区政府建立了购买服务、社会组织运作的居家养老服务网。

2004 年

上海市委托民办非企业单位开展社区矫正人员、“失学、失业、失管”社区青少年和药物滥用人员的相关社会服务工作。

佛山市南海区狮山镇政府向辖区内民营医院购买公共卫生服务。

宁波市海曙区向星光敬老院购买养老服务。

2005 年

国务院扶贫办、江西省扶贫办、中国扶贫基金会和亚洲开发银行共同启动“非政府组织与政府合作实施村级扶贫规划试点”。

无锡市在市政设施养护、污水处理等十多项公共事业领域实行政府购买服务。

2007 年

江西省以公共卫生服务券及教育券的方式购买公共服务。深圳市培育社会工作机构，购买社工服务试点。

2009 年

财政部批准国家彩票公益金向中国红十字基金会救助贫困家庭白血病儿童专项基金注资5000 万元。

广东省将三大类 17 项职能通过授权、委托及其他方式转移给社会组织。

天津市开发区委托泰达公共服务中心依托社区提供政府公共服务和行使部分公共管理职能。

成都市发布指导意见，探索建立政府购买社会组织服务制度。

2010 年

北京市将社会组织公益行动纳入民生服务领域，投入 4277 万元安排 300 项政府购买服务项目。

杭州市下发指导意见，向社会组织购买八大类服务。

2011 年

北京市社工委发布《2011 年政府购买社会组织服务项目指南》。

2012 年

［3 月］国家发布《中央财政支持社会组织参与社会服务项目公告》；11 月，民政部、财政部联合发布《关于政府购买社会工作服务的指导意见》。党的十八大强调，要加强和创新社会管理，改进政府提供公共服务方式。

广东省出台《广东省推进政府向社会组织购买服务工作暂行办法》和《省级政府向社会组织购买服务目录》。

2013 年

［7 月］国务院常务会议研究推进政府向社会力量购买公共服务，明确将适合市场化方式提供的公共服务事项，交由具备条件、信誉良好的社会组织、机构和企业等承担。

［9 月］国务院办公厅印发《关于政府向社会力量购买服务的指导意见》，提出“十二五”时期，政府向社会力量购买服务工作在各地逐步推开，统一有效的购买服务平台和机制初步形成，相关制度法规建设取得明显进展；到 2020 年，在全国基本建立比较完善的政府向社会力量购买服务制度。

［11 月］党的十八届三中全会提出，推广政府购买服务，凡属事务性管理服务，原则上都要引入竞争机制，通过合同、委托等方式向社会购买。

［12 月］财政部印发《关于做好政府购买服务工作有关问题的通知》，将政府购买服务资金纳入预算，并严格资金管理，加强绩效评价。及时充分地向社会公开购买服务的项目内容、承接主体条件、绩效评价标准等信息，确保社会力量公平参与竞争，严禁层层转包、

豪华购买、暗箱操作等违规违法行为。

北京市计划安排 8000 万元市社会建设专项资金，向社会组织购买 500 个公共服务项目。

2014 年

［1 月］财政部发布《关于政府购买服务有关预算管理问题的通知》，就妥善安排购买服务所需资金、健全购买服务预算管理体系、强化购买服务预算执行监控、推进购买服务预算信息公开、实施购买服务预算绩效评价等问题作出规定。

［2 月］财政部党组成员、副部长刘昆在《人民日报》发表《贯彻落实三中全会精神大力推广政府购买服务》。合理界定购买范围，明确购买目录，解决好“买什么”的问题；准确把握购买主体，厘清各主体间关系，解决好“谁来买”的问题；规范市场准入，培育市场主体，解决好“向谁买”的问题；健全购买机制，完善购买程序，解决好“怎么买”的问题；加强绩效管理，完善监督机制，解决好“买得值”的问题。

［4 月］财政部发布《关于推进和完善服务项目政府采购有关问题的通知》，就分类推进服务项目政府采购工作、加强政府采购服务项目采购需求管理、严格服务项目政府采购履约验收管理、推进政府采购服务项目绩效评价等作出规定。

［8 月］财政部、国家发改委等四部门发布《关于做好政府购买养老服务工作的通知》，明确以老年人基本养老服务需求为导向，将政府购买服务与满足老年人基本养老服务需求相结合，重点安排与老年人生活照料、康复护理等密切相关的项目，逐步拓展政府购买养老服务的领域和范围。

参考文献

[1] 郑晓燕:《中国公共服务供给主体多元发展研究》,上海人民出版社 2012 年版,第 13—14 页。

[2] [法] 莱昂·狄冀:《公法的变迁:法律与国家》,辽海出版社 1999 年版,第 446 页。

[3] 马庆钰:"关于'公共服务'的解读",《中国行政管理》2005 年第 2 期,第 79 页。

[4] 陈昌盛、蔡跃洲:"中国公共服务综合评估报告(摘要)",《中国经济时报》2007 年 1 月 22 日。

[5] 王锋、陶学荣:"政府公共服务职能的界定、问题分析及对策",《甘肃社会学》2005 年第 4 期,第 1 页。

[6] 蔡乐渭:"公共服务的发展与行政法的新任务",《中国行政管理》2008 年第 6 期,第 25—28 页。

[7] 马庆钰:"公共服务的几个基本理论问题",《中共中央党校学报》2005 年第 2 期,第 58—64 页。

[8] 李善峰:《山东社会蓝皮书 2010 年:城乡公共服务体系建设》,山东人民出版社 2010 年版。

[9] 刘昆:"贯彻落实三中全会精神大力推广政府购买服务",《中国财政》2014 年第 4 期。

[10] 马英娟:"公共服务:概念溯源与标准厘定",《河北大学学报(哲学社会科学版)》2012 年第 2 期,第 77 页。

[11] 王海龙:"公共服务的分类框架:反思与重构",《东南学术》2008 年第 6 期,第 48—58 页。

[12] [美] E. S. 萨瓦斯:《民营化与公司部门的伙伴关系》,中国人民大学出版社 2003 年版,第 5—13 页。

［13］李慷："关于上海市探索政府购买服务的调查与思考"，《中国民政》2001年第6期，第23—25页。

［14］虞维华："政府购买公共服务对非营利组织的冲击分析"，《中共南京市党校南京市行政学院学报》2006年第4期，第46—51页。

［15］顾平安："推进政府公共服务的合同制管理"，《理论前沿》2008年第18期，第25—26页。

［16］闫海、张天金："政府购买公共服务的法律规制"，《法制建设》2010年第6期，第68—72页。

［17］王浦劬、莱斯特·豫萨拉蒙：《政府向社会组织购买公共服务研究》，北京大学出版社2010年版，第3—4页。

［18］杨灿明、李景友：《政府采购问题研究》，经济科学出版社2004年版，第8页。

［19］章辉、李景友："扩大服务类政府采购路径分析"，《财政研究》2013年第4期，第51—54页。

［20］珍妮特·登哈特、罗伯特·登哈特：丁煌译，《新公共服务：服务，而不是掌舵》，中国人民大学出版社2004年版，第127—130页。

［21］许燕："国外政府购买公共服务范围及特点比较分析"，《价格理论与实践》2015年第2期，第111页。

［22］唐纳德·凯特尔：孙迎春译，《权力共享：公共治理与私人市场》，北京大学出版社2009年版，第141页。

［23］何海兵、刘易："从包办到购买：政府公共服务供给模式的转变——以上海市五里桥社区为例"，《2010年中国社会学年会——社会建设的理论与实践：本土化的探索》，2010年7月1日。

［24］杨宝、王兵："政府购买公共服务模式的中外比较及启示"，《甘肃理论学刊》2011年第1期，第142页。

［25］贺巧知："政府购买公共服务研究"，财政部财政科学研究所2011年。

［26］杨桦、刘权："政府公共服务外包：价值、风险及其法律规制"，《学术研究》2011年第4期，第56—57页。

［27］欧莉萍："地方政府购买公共服务研究"，湖南大学2012年。

［28］丁煌："政府的职责：'服务'而非'掌舵'——《新公共服务：服务，而不是掌舵》评介"，《中国人民大学学报》2004年第6期，第151—152页。

［29］黄薇："新公共服务：理论认可及其现实困境"，《中共郑州市委党校学报》2007年第1期，第61—62页。

［30］王枫云："从新公共管理到新公共服务——西方公共行政理论的最新发展"，《行政论坛》2006年第1期，第91—93页。

［31］全球治理委员会：《我们的全球伙伴关系》，牛津大学出版社1995年版，第2—3页。

［32］黄鹂：《国外大都市区治理模式》，东南大学出版社2003年版，第6—8页。

［33］格里·斯托克："作为理论的治理：五个论点"，《国际社会科学杂志（中文版）》1999年第2期，第19—30页。

［34］毛寿龙：《西方政府的治道变革》，中国人民大学出版社1998年版，第7页。

［35］俞可平："全球治理引论"，《马克思主义与现实》2002年第1期，第20—32页。

[36] 罗月领：《城市治理创新研究》，清华大学出版社 2014 年版，第 3—5 页。

[37] 杰瑞·斯托克："地方治理研究：范式、理论与启示"，《浙江大学学报》2007 年第 2 期，第 5—15 页。

[38] 欧文·E. 休斯：《公共管理导论》，中国人民大学出版社 2001 年版，第 257 页。

[39] 金太军："'新公共管理'：当代西方公共行政的新趋势"，《国外社会科学》1997 年第 5 期，第 21 页。

[40] 戴维·奥斯本、特德·盖布勒：东方编译所译，《改革政府：企业家精神如何改革着公营部门》，上海译文出版社 1996 年版，第 25 页。

[41] 蒂文·科恩、罗纳德·布兰德：《政府全面质量管理》，中国人民大学出版社 2002 年版，第 152 页。

[42] [美] 莱斯特·M·萨拉蒙：《公共服务中的伙伴——现代福利国家中政府与非营利组织的关系》，商务印书馆 2008 年版，第 47—50 页。

[43] 邱晶："北京市政府向社会组织购买公共服务研究"，首都经济贸易大学 2012 年。

[44] 竺乾威："从新公共管理到整体性治理"，《中国行政管理》2008 年第 10 期，第52—58 页。

[45] 曾凡军："从竞争治理迈向整体性治理"，《学术论坛》2009 年第 9 期，第 82—86 页。

[46] 曾凡军、韦彬："后公共治理理论：作为一种新趋向的整体性治理"，《天津行政学院学报》2010 年第 2 期，第 59—64 页。

[47] 彭锦鹏："全观型治理：理论与制度化策略"，《政治科学论丛》（台湾）2005 年第 23 期，第 61—100 页。

[48] 马骏、叶娟丽：《西方公共行政学理论前沿》，中国社会科学出版社 2004 年版，第 63—78 页。

[49] 刘有贵、蒋年云："代理理论述评"，《学术界》2006 年第 1 期，第 69—78 页。

[50] 刘东、徐忠爱："关系型契约特殊类别：超市场契约"，《经济理论与经济管理》2004 年第 9 期，第 54—59 页。

[51] 张喆、贾明、万迪昉："不完全契约及关系契约视角下的 PPP 最优控制权配置探讨"，《外国经济与管理》2007 年第 8 期，第 24—29 页。

[52] 马骏、叶娟丽：《西方公共行政学理论前沿》，中国社会科学出版社 2004 年版，第 50—62 页。

[53] 赵慧云："合同制治理视角下的社区卫生服务政府购买研究——以长沙市 A 区为例"，中南大学 2011 年。

[54] 魏中龙：《政府购买服务的运作与效率评估研究》，武汉理工大学出版社 2000 年版，第 96 页。

[55] 魏中龙：《政府购买服务的理论与实践研究》，中国人民大学出版社 2014 年版，第 87—88 页。

[56] 许光建、吴茵："政府购买公共服务国际经验比较与借鉴"，《人民论坛》2013 年第 32 期，第 24—25 页。

[57] [美] 撒拉蒙、王浦劬：《政府向社会组织购买公共服务研究》，北京大学出版社 2013 年版，第 46—50 页。

[58] 玛丽莲·泰勒："迄今为止的英国经验"，《新华日报》2014 年 12 月 23 日。

[59] 杨建伟："西方国家购买公共服务对我国的启示"，《东方企业文化》2010 年第 11 期，第 260—261 页。

[60] 李一宁、金世斌："推进政府购买公共服务的路径选择"，《中国行政管理》2015 年第 2 期，第 95 页。

[61] 王泽彩："健全完善政府购买服务管理体制研究"，《学习园地》2014 年第 8 期，第 13 页。

[62] 麻富根："政府购买公共服务的国际经验与启示"，《中国政府采购》2014 年第 5 期，第 27 页。

[63] 王洋："发达国家政府购买公共服务的经验及启示"，《辽宁经济》2013 年第 23 期，第 8 页。

[64] 周宝砚、吕外："英国政府购买公共服务特点及启示"，《中国政府采购》2014 年第 12 期，第 19 页。

[65] 朱晓红："西方政府购买基本医疗服务的风险管理及其启示"，《中南林业科技大学学报》2013 年第 7 期。

[66] 孙辉：《与第三部门合作》，同济大学出版社 2010 年版，第 106—107 页。

[67] 贾西、津苏明："中国政府购买公共服务研究终期报告"，http：// www. docin. com/p—69911928. html，2009 年 6 月。

[68] 刘军民："英国政府采购制度考察"，《财经》2012 年第 28 期，第 19 页。

[69] 周学荣："英国公共服务改革及其启示"，《国家行政学院学报》2010 年第 6 期，第 34—39 页。

[70] 张建伟："西方国家政府购买公共服务对我国的启示"，《东方企业文化》2010 年第 16 期，第 260—261 页。

[71] 句华："公共服务合同外包的适用范围：理论与实践的反差"，《中国行政管理》2010 年第 4 期，第 51 页。

[72] 廖雨果："公私合作制中的政府角色分析"，《甘肃行政学院学报》2006 年第 3 期，第 4 页。

[73] 陈如男："特许经营的反垄断问题研究"；《江苏省法学会经济法学研究会》。

[74] 张可心："特许经营合同法律风险控制研究"，《行政管理》2011 年第 6 期，第 3 页。

[75] 袁屹："公共服务市场化探析——国际经验与中国对策"，华中师范大学 2004 年。

[76] 杨欣：《公共服务合同外包中的政府责任研究》，光明日报出版社 2012 年版，第 53—54 页。

[77] 詹中原：《民营化政策：公共行政理论与实务之分析》，五南图书出版公司 1993 年版，第 44 页。

[78] 吕孝礼："德国非营利组织参与提供公共服务的经验和启示"，《行政管理论坛》2010 年第 7 期，第 3 页。

[79] 龚志兴："德国公共服务的管理与改革"，http：//www. chinareform. org. cn/gov/ governance/Experience/201006/t20100609_ 25417. htm，2010 年 6 月 8 日。

[80] 瑞典考察团："德国、瑞典政府向社会组织购买服务情况考察报告"，《中国社会组织》2013 年第 11 期，第 27—30 页。

[81] 陈熙："公私合作伙伴关系下公共项目融资的研究"，《中国行政管理》2012 年第 14

期，第17—18页。

［82］苏明：“健全完善政府购买服务管理体制研究”，《学习园地》2014年第8期，第2页。

［83］饶博：“‘政府购买服务’调查”，http：//jx. offcn. com /html/2013/07 /17886_ 5. html，2013年7月8日。

［84］殷瑞锋：“德国公共服务供给与监管的经验与启示”，http：//www. chinareform. org. cn/gov/governance/Experience/201006/t20100609_ 25417. htm，2010年6月8日。

［85］龚志兴：“德国公共服务的管理与改革”，《社会主义论坛》2011年第2期，第5页。

［86］陈天祥：“建立科学的政府购买公共服务机制”，《人民论坛》2013年第32期，第16—18页。

［87］刘石磊：“德国：公民可对公共服务打分”，《中国社会组织》2014年第2期，第49页。

［88］王德讯：“日本规制改革评析”，《亚非纵横》2008年版，第56—62页。

［89］植草益：《微观规制经济学》，中国经济发展出版社1992年版，第290页。

［90］韩丽荣、盛金、高瑜彬：“日本政府购买公共服务制度评析”，《现代日本经济》2013年第2期，第188页。

［91］［美］莱斯特·M. 萨拉蒙：贾西津、魏玉等译，《全球公民社会——非营利部门视界》，社会科学文献出版社2002年版，第268—277页。

［92］王婷：“日本政府如何向民间购买公共服务”，《中国经济周刊》2013年第34期。

［93］李秀峰：“韩国金大中政府行政改革的成效及特点分析”，《太平洋学报》2006年第8期。

［94］［韩］李圭成：“财政经济部长官访谈录”，《新东亚》1998年第5期。

［95］［韩］《公共改革白皮书》，韩国企划预算处2003年6月9日。

［96］施雪华、孙发锋：“中韩服务型政府建设比较研究”，《政治发展研究》2011年第4期。

［97］梁时娟、张子龙、王首清：“中、英、日、韩PPP项目模式的政府管理比较研究”，《项目管理技术》2013年第5期。

［98］陈雅忆：“论行政任务委托民间办理——以法国公共服务委托契约为中心”，台北大学2004年。

［99］苏财源：“行政机关业务委托民间办理成功因素之研究——以高雄市政府建设局屠宰场业务委外之个案分析”，中山大学2003年。

［100］姜晓萍、吴菁：“国内外基本公共服务均等化研究述评”，《上海行政学院学报》2012年第5期，第4—16页。

［101］姜清舫、陈方正：《风险度量原理》，同济大学出版社2000年版。

［102］何文炯：《风险管理》，东北财经大学出版社1999年版。

［103］世界银行：《与贫困做斗争》，中国财政经济出版社2001年版。

［104］罗观翠、王军：“政府购买服务的香港经验和内地发展探讨”，《学习与实践》2008年第9期，第125—130页。

［105］王名、乐园：“中国民间组织参与公共服务购买模式分析”，《浙江省委党校学报》2008年第4期，第5—13页。

［106］张文礼、吴阳芸：“论服务型政府与公共服务的有效供给”，《兰州大学学报》2007年第3期，第96—102页。

［107］詹国彬：“政府购买公共服务的风险及其防范对策”，《宁波大学学报（人文科学版）》

2014 年第 6 期，第 72—79 页。

[108] 沈建明：《项目风险管理》，机械工业出版社 2003 年版，第 12 页。

[109] 郭捷：《项目风险管理》，国防工业出版社 2007 年版，第 55 页。

[110] 闫琨、黎涓："虚拟企业风险管理中模糊综合评判法的应用"，《工业工程》2004 年第 3 期，第 40—43 页。

[111] 李辉、徐霞："基于熵值权的 PPP 项目风险的模糊综合评价方法研究"，《商业现代化》2008 年第 528 期，第 163—164 页。

[112] 陈波、李元福："模糊综合评判法在 PPP 项目风险评价中的应用"，《交通科技与经济》2008 年第 10 期，第 119—121 页。

[113] 俞可平：《引论：治理与善治》，社会科学文献出版社 2008 年版，第 9 页。

[114] 刘新立：《风险管理》，北京大学出版社 2006 年版，第 17—21 页。

[115] 郑国建：《项目采购管理》，机械工程出版社 2006 年版，第 129—130 页。

[116] 罗建刚：《委托代理——国有资产管理创新》，中国财政经济出版社 2004 年版，第 201 页。

[117] 任金秋、曹淑芹、蔡永亮："服务型政府导向下的政府绩效评估"，《中国行政管理》2010 年第 2 期。

[118] 诸大建、王欢明等："基于效率、回应性、公平的公共服务绩效评估"，《管理科学》2010 年第 7 期。

[119] 卓越、徐国冲："绩效标准：政府绩效管理的新工具"，《中国行政管理》2010 年第 4 期。

[120] 邓国胜："非营利组织'APC'评估理论"，《中国行政管理》2004 年第 10 期。

[121] 黄春蕾等："政府购买公共服务绩效评估研究述评"，《山东行政学院学报》2013 年第 6 期。

[122] 陈振明等："公共服务绩效评价的指标体系建构与应用分析——基于厦门市的实证研究"，《理论探讨》2009 年第 5 期。

[123] 蔡立辉："政府绩效评估：现状与发展前景"，《中山大学学报》2007 年第 5 期。

[124] 周志忍："政府绩效评估中的公民参与：我国的实践历程与前景"，《中国行政管理》2008 年第 1 期。

[125] 王春婷："政府购买公共服务绩效与其影响因素的实证研究——基于深圳市与南京市的调查分析"，华中师范大学 2012 年。

[126] 彭国甫："基于 DEA 模型的地方政府公共事业管理有效性评价——对湖南省 11 个地级州市政府的实证分析"，《中国软科学》2005 年第 8 期。

[127] B. Guy Peters. The future of governing: four emerging models. University Press of Kansas, 1996: 25.

[128] Karla W. Simon. Reinvigorating civil society in China - a socio-Legal Analysis. Oxford University Press, 2012: 22 - 23.

[129] Paul Anthony Samuelson. The pure theory of public expenditure [J]. Review Of Economics and Statistics, 1954 (36): 387 - 389.

[130] James M. Buchana. An Economic Theory of Clubs [J]. Economics, 1965 (32): 1 - 1 4.

[131] Vinzant Janet. Where Values Collide: Motivation and Role Confliction Child and Adult Pro-

tective Services [J]. American Review of Public Administration, 1998 (4): 347 -366.

[132] Rhodes R. A . W. Understanding Governance: Policy Networks, Governance, Reflexivity and Accountability [M] . Buckingham: Oxford University Press, 1997: 46 -60.

[133] Kooiman J. Modern Governance: New Government - Society interactions [M]. London: SAGE Publications, 1993: 12.

[134] Salamon, L. The Tools of Government. A Guide to the New Governance [M]. Oxford: Oxford University Press, 2002: 38.

[135] Osborne, D. , Gaebler T. Reinventing Government: How the Entrepreneurial Spirit is Transforming the Public Sector From the Schoolhouse to Statehouse [M]. Mass: Addison - Wesley. 1992: 5.

[136] Patrick Dunleavy. Digital Era Governance: IT Corporations, the State, and E - Government. Oxford: Oxford University Press, 2006: 227 -237.

[137] Hansmann H. B. The role of nonprofit enterprise [J]. The Yale law journal, 1980, 89 (5): 835 -901.

[138] Fernandez S. Understanding contracting performance an empirical analysis [J]. Administration & Society, 2009 (1): 67 -100.

[139] Akerlof G. A. The market for "lemons": quality uncertainty and the market mechanism [J]. The quarterlyjournal ofeconomics, 1970: 488 -500.

[140] Sappington DEM. Incentives in principal - agent relationships [J]. The Journal of Economic Perspectives, 1991 (6): 45 -66.

[141] Gazley B. Beyond the contract: The scope and nature of informal government - nonprofit partnerships [J]. Public Administration Review, 2008, 68 (1): 141 -154.

[142] Salamon Lester M. of market failure, voluntary failure, and third - party government: Toward a theory of govemment - nonprofit relations in the modem welfare state [J]. Nonprofit and Voluntary Sector Quarterly, 1987 (1 -2): 29 -49.

[143] Sundquist J. L. Privatization: No panacea for what ails government [C]. Public - Private Partnership: New Opportunities - for Meeting Social Needs. Cambridge: Ballinger Books, 1984: 303 - 318.

[144] DeHoog R. H. Competition, negotiation, or cooperation: three models for Service contracting [J]. Administration & Society, 1990, 22 (3): 317 -340.

[145] Johnston J. M. , Romzek B S. Contracting and accountability in state Medicaid reform: Rhetoric, theories, and reality [J]. Public Administration Review, 1999: 383 -399.

[146] Lamothe M. , Lamothe S. Beyond the search for competition in social service contracting procurement, consolidation, and accountability [J]. The American Review of Public Administration, 2009, 39 (2): 164 -188.

[147] Baker G. , Gibbons R. Murphy K. J. Relational contracts and the theory of the firm [J]. The Quarterly Journal of Economics, 2002 (1): 39 -84.

[148] Ray D. The time structure of self - enforcing agreements [J]. Econometrics, 2002 (2): 547 -582.

[149] Karla Simon. Government policies and guidelines of England [J]. Country (Region) Studies, 2013 (12): 37 -39.

[150] BOWMAN. The great train robbery: Rail privatization and after [EB/OL]. http://www.cresc.ac.uk/sites/default/files/GTR%20Report%20final%205%20June%202013.pdf, 2014-03-05.

[151] APSE. The value of returning local authority services in-house in an era of budget constraints [EB/OL]. http://www.unison.org.uk, 2014-04-15.

[152] Lucas. Privatizing the railways was a disaster [N]. The Guardian, 2013 (5).

[153] Wistrich E. Contracting in the public services: the case of transport in the UK [J]. New Public Management EGPA, 1997 (6): 32.

[154] Marion J. G. Costs and benefits of affirmative action in California government contracting [J]. Executive Summary, 2005 (5): 60-68.

[155] Warner M. E., AmirHafez. Privatization and the market structuring role of local government [J]. Economic Policy Institute, 2001 (17): 112.

[156] Savas E. S., Privatization and Public-Private Partnerships [M]. New York: Chatham House Publishers, 2000: 73-76.

[157] James M. Buchanan. An economic theory of clubs [J]. Economics, 2007 (32): 1-14.

[158] Fred S. Machesney. Rent extraction and rent creation in the economic theory of regulation [J]. Journal of Legal Studies, 1987, 16 (1): 78-84.

[159] J. D. Donahue.. The privation decision: Public ends, private means [M]. New York: Basic Book, 1989: 138.

[160] Paul C. S. L., Angus W. L. public sector purchasing of health services: A comparison with private sector purchasing [J]. Journal of Purchasing and Supply Management, 2004, 10 (6): 247-256.